帰ってきたニッコウキスゲ

——満州建設勤労奉仕隊の制度体系と新潟・清和開拓団班の活動の全貌——

高橋 健男

創英社／三省堂書店

上・帰国直前の昭和一六年八月一九日、清和開拓団本部員と満州建設勤労奉仕隊新潟・清和開拓団班の隊一行。清和開拓団本部前にて。前から二列目中央左が開拓団長代理、右が横渡冬樹隊長。その右隣に桜井虎雄隊付。野田良雄は前から三列目左から四人目（本文第二部九参照）。

左・満州建設勤労奉仕隊参加当時の野田良雄。昭和一六年五月頃、当時数えで一八歳（本文第二部一参照）。

上・昭和一六年六月一日、日満連絡船、大阪商船・おうりよく丸上船記念絵葉書（本文第二部三参照）。

下・昭和一六年八月、弟・虎男宛絵葉書（本文第二部九参照）。

上・昭和一六年六月五日、旅順戦跡、東鶏冠山北保塁見学記念、ロシア軍コントラテンコ少将戦死所の碑前にて（本文第二部四参照）。

下・昭和一六年八月二日、虎林県公署訪問記念（本文第二部八参照）。

内原訓練所にて訓練に向かう行進、先頭・野田良雄。
（昭和16年5月22日、本文第二部二参照）

〈現地勤労奉仕作業風景〉

③清和小学校グランド建設作業
右奥の建物が校舎（本文第二部八参照）

①作業場まで隊列を組んで行進
（本文第二部五参照）

④トーチカ増設工事　右後方の建物が本部

②道路整備作業（本文第二部五参照）

上・昭和一六年八月一六日、清和国民学校を会場に開拓団員・現地中国人のための慰安演芸会記念。中段左から二人目、白鉢巻が野田良雄（本文第二部八参照）。

左上・炊事当番、右より二人目が野田良雄（昭和一六年七月一六日、本文第二部六参照）。

左下・朝食風景。中央に見えるのは湯沸器、宿舎にて。

上・昭和一六年五月二五日、満州建設勤労奉仕隊新潟・清和開拓団班一行三八名、内原訓練所入所記念。後より二列目、左より二人目が野田良雄（本文第二部二参照）。

下・昭和一六年八月二八日午前九時半、日満連絡航路日本海汽船・月山丸にて帰国。新潟港埠頭にて（本文第二部九参照）。

はじめに

我が家の庭のニッコウキスゲ（2016年5月）

黄色い可憐な花

二〇〇八（平成二〇）年の初夏、我が家の庭に花弁が細長く黄色の花が三、四個咲いた。株分けしていただいた方はそれがニッコウキスゲだと言うが、植物に詳しくない筆者は、日光に群生していることからその名が付いたというこの花についてよく知らない。とにかく、前年秋に一株いただいてきて翌年初めて咲いたその花は、黄色が鮮やかで細長い花弁が可憐《かれん》だ。今では群生の様子で我が家の庭の一角を占めている。

この花は、一九四一（昭和一六）年八月末、旧満州（現・中国東北部）から種を持ち帰り、自宅でずっと育ててきたものの株分けに咲いた花である。今から七六年前、満州建設勤労奉仕隊の一員として旧東安《とうあん》省（現・黒竜江《こくりゅうこう》省東部）虎林《こりん》県に入植していた新潟県送出集団第七次清和《せいわ》開拓団に三カ月間の勤労奉仕に出向いた、旧中頸城《なかくびき》郡下黒川村出身の野田良雄さん（現・上越市柿崎《かきざき》区、九三歳。大正一三年生まれで渡満時は満一七歳）が、開拓団の野原一面に咲いていたこの花に魅せられて、帰国する時にその種を集めて持ち帰った。農家で植物や花木にも知識・技能が豊富な野田良雄さんは、種から育てて開花させ、株を増やし続けた。

中国残留日本人孤児・婦人の訪日調査が始まってしばらくした頃、野田良雄さんは地元地方紙に「満州のニッコウキスゲ譲ります」の投稿をした。それを見聞きした人が何人も「欲しい、欲しい」と求め、その後、新潟県内外各所でその可憐な花が咲き続けている。

野田良雄さんにとってこの花は、自身の満州体験の思い出として大切だというだけではない。勤労奉仕から帰国した四年後の一九四五（昭和二〇）年八月九日以降、清和開拓団の人たちは悲惨な状況に陥った。戦後にその状況を聞かされた野田良雄さんは、この花を一生懸命に育てることは満州の土となった殉難者たちへの供養なのだと考えた。勤労奉仕の期間中に世話になったり交流したりしたあの人この人の顔が、戦後七〇年を経ても野田良雄さんの脳裏から離れることはないのである。

帰ってきたニッコウキスゲ

野田良雄さんは過去に数回、有志による慰霊訪中団の一員として新潟県送出満州開拓民殉難者の現地慰霊に出向いている。清和《せいわ》開拓団の旧入植地に行くことができた二〇〇五（平成一七）年夏、野田良雄さんは自宅のニッコウキスゲを小さく株分けし、二、三株持参した。現地は昭和一六年当時の姿をほとんど変えており、国内旅行社や中国人現地ガイドが調べてくれた「ここが旧入植地」という場所に、持参したニッコウキスゲの株を植えて多くの殉難者に静かに手を合わせた。

その二年後、二〇〇七（平成一九）年八月、筆者は野田良雄さんの清和開拓団旧入植地への二回目の慰霊訪中に同行した。当時新潟県送出の満州開拓団や満蒙開拓青少年義勇軍について調査・研究を進めていた筆者は、何人もの関係者に体験聴取している間に、野田良雄さんに出会っていた。一九四一（昭和一六）年の勤労奉仕隊記録である手書き手記、『満洲建設勤労奉仕隊點描記』および『記念写真集』も拝見していた。加えて、元清和開拓団員だった人や開拓団で当時一〇歳前後の子供だった人たちにも会っていた。

二年前の清和開拓団旧入植地訪問は、野田良雄さんが現地特定をできていないままでの訪問であった。自身が過ごした開拓団第五部落がどこかも皆目分からなかった。株分けして持参したニッコウキスゲは、それでも場所を覚えやすいようにと目立つ電柱の下に植えたのだが、二年後の訪問ではその電柱さえも場所が分からなくなっていた。

二〇〇七（平成一九）年は、筆者が入手した岩橋熊雄元清和国民学校長（故人）作成の「清和開拓団見取図」を元に関係者に聞き取りを行い、開拓団の各集落位置や個人の住居、野田良雄さんが演芸会で裸踊りを披露したという元国民学校校舎など、その位置関係や具体的な事柄がはっきりしていた。前年に清和開拓団旧入植地を訪問し、昔の自宅跡に立ったという岡山県の須田まさ枝さん（旧刈羽《かりわ》郡横澤村出身、渡満時一〇歳）からの情報も得ていた。さらには、現地で須田さんを案内したという、開拓団時代からその場所にあり今は村（現在も「清和

ニッコウキスゲの里帰り先、王銀国宅

村」の名称）の雑貨・食料品店となっている、かつての「清和開拓団購買部」で働く青年を紹介してもらっていた。須田まさ枝さんの元自宅隣に住む主婦へは、前年に撮影した記念写真を手渡すことまで筆者は頼まれていた。

今回は野田良雄さんが滞在した清和開拓団第五部落跡に立つ望みがかなう。野田良雄さんは再びニッコウキスゲの株を三、四株持参した。この時、六五年の時空を越えてニッコウキスゲが里帰りした。

満州建設勤労奉仕隊の全貌解明を

二〇〇七（平成一九）年の慰霊訪中から帰った筆者は、野田良雄さんが昭和一七年に手書きで残していた『満洲建設勤労奉仕隊點描記』に解説を加えて、二〇〇八年に限定出版した。貴重な歴史資料として世に残しておくべきだと判断したからであった。そしてなによりも、訪中の同行者やそれまでに体験聴取した元清和《せいわ》開拓団員らに寄贈して、当時の記憶のひとつに加えて欲しかったからである。また、筆者は独自に『新潟県満州開拓史』（二〇一〇年に自費出版。二〇一一年、第七回新潟出版文化賞大賞受賞）を編集すべく、満州建設勤労奉仕隊や在満報国農場に関しても調査を進めていた。

満州農業移民関係の書に、また研究者の著作や引揚者の手記においても、満州建設勤労奉仕隊関連の論考・記述が少ないことに気づく。満蒙開拓青少年義勇軍関係や青年たちの満州派遣関係の研究者である白取道博はその著書『満蒙開拓青少年義勇軍史研究』（北海道大学出版会、二〇〇八）に、「『満州建設勤労奉仕隊』に関する基礎的考察」と題する補論を掲載している。その中で白取道博は、「参照し得る関連研究が少ないことによるばかりでなく、満州建設勤労奉仕隊の編成が錯雑して展開したこと」などについて言及し、満州建設勤労奉仕隊研究においてその全容解明が出来ていないきらいについて指摘している。そして同書二一ページでは、「『満州建設勤労奉仕隊』に関する研究蓄積はほとんどなく」、「『満州建設勤労奉仕隊』を主題に据えた論考を歴史研究の系譜に見出すことはできない」と、満州建設勤労奉仕隊をめぐる諸事実の把握が未だ緒についていない現状を報告している。

また、満州開拓関係の全貌をまとめている全国拓友協議会刊『満洲開拓史』(一九八〇、四四三ページ)は、満州建設勤労奉仕隊は興亜《こうあ》青年勤労報国隊などの形態で始まったのだが、担当が文部省から農商省に移行し、いつの頃からか米穀増産班や報国農場へとその重点が変わっていっていたと解説する。そしてその性格や内容の変遷のために、「満洲建設勤労奉仕隊という名称も一般には殆んど忘れがちとなり…」と記している。制度や実態がその変遷過程でおぼろになっていき、加えて実態解明のための基礎資料が少ないことが満州建設勤労奉仕隊研究の現状であると理解できる。

公的資料としては、一九四一(昭和一六)年一一月に当時の文部省社会教育局がまとめた「満洲建設勤労奉仕隊概要」(国立国会図書館所蔵および北博昭『満洲建設勤労奉仕隊関係資料』所収)によって、昭和一四年度実施の興亜青年勤労報国隊、および昭和一五年度、昭和一六年度において実施された満州建設勤労奉仕隊のうち青年隊に関する実施概要が国全体の動きとして確認できる。

本書ではそれらを参照しつつ、国(当時の文部省や拓務省)の通牒《つうちょう》を受けた地方の行政機関や各組織がどのように動き、地方において満州建設勤労奉仕隊がどのように編成され、派遣地における勤労奉仕や青年たちの現地生活がどのようなものであったのかを、一地方の資料体系を追うことによって国全体の動きの全貌を解明したい。さらには、満州での勤労奉仕体験によって時の国策に対し青年たちがどのような感想を持ったのかなどを、満州建設勤労奉仕隊新潟県開拓団班隊長が残した記録文書、隊員が残した体験報告・手記・記録を元に、満州建設勤労奉仕隊の実像を描き出したい。つまり本書では、満州建設勤労奉仕隊の制度や形態の変容経緯、在満報国農場での生活体験、奉仕隊員たちの満州での終戦と故郷への帰国までなどについて、新潟県庁や新潟県立文書館で発見した数種の報告文書と関係者への体験聴取によって明らかにしていく。

以上、各種発掘資料を元に満州建設勤労奉仕隊の編成・送出から在満報国農場の経営、その終焉までの全貌を提示するのが本書の目的である。

本書の構成と記述

本書が元とした基礎資料は、新潟県送出の集団第七次清和開拓団に勤労奉仕に入った奉仕隊記録である。一九四〇（昭和一五）年に派遣された満州建設勤労奉仕隊新潟県開拓団班「田巻隊」の田巻甲《こう》隊長（当時は燕青年学校教諭、三〇歳）が、四一種の文書類を一つづりにして残している。現在は新潟県立文書館の所蔵である。

田巻隊の隊員であった阿部正雄さん（柏崎市、当時二四歳）が勤労奉仕隊報告、『鎮魂―満州建設勤労奉仕隊新潟田巻隊始末記―』を物している。また、一九四一（昭和一六）年派遣の「横渡隊」の隊員・富井源蔵さん（十日町市、当時二四歳）が勤労奉仕体験を日誌風に記録し、もうひとりの隊員であった野田良雄さんが詳細な記録として手書きの『満洲建設勤労奉仕隊黠描記』を残している。これらの手記により、同一開拓団への複数年度の勤労奉仕実態を知ることができる。本書ではそれら資料内容をできるだけ多く本文中に引用するが、「田巻文書」については一章を設けて重要文書の紹介に当てたい。本文中に掲載した地図・図表類はすべてこれらの資料からのものである。

新潟県の在満報国農場に関する一連の文書は、新潟県庁に保管されていた。県は旧厚生省援護局から照会を受けたらしく、一九六二(昭和三七)年一一月一五日付で新潟県民生部世話課長が、「新潟県送出満洲建設勤労奉仕隊(西火犂報国農場)調査資料」を送付していた。そして、新潟県の西火犂《シーホーリ》在満報国農場に関する「新潟県在満報国農場実態調査表」、「報国農場隊員名簿」、「新潟県在満報国農場長の帰還報告」、「新潟県在満報国農場隊員の帰還報告」(二通)とともに関係資料として保管されていた。貴重なのは、国の一九四五(昭和二〇)年七月に決定された「在満報国農場緊急措置」実施を担当した当時の農林省職員の、終戦までの全満報国農場長会議や水泡に帰した各種手配の内容を報告する昭和二〇年九月一〇日付の文書、「動乱ノ満洲ヨリ帰リテ」がその中に含まれていたことである。

これらの文書の記載内容は、その大部分を本書に引用して紹介する。このうち資料のほぼすべてを紹介するのは野田良雄記録で、第二部をそれに当てた。野田良雄さん本人による用語解説と筆者による注記は、記録の各項目の末尾に加えた。旧満州現地の現在の様子は筆者の六回にわたる訪中の際に撮影した写真を活用した。野田良雄さん所蔵の『記念写真集』からの写真や絵葉書なども活用し、読者に現地や当時の様子を知っていただく手助けとした。

満州建設勤労奉仕隊の発足と送出の概要、在満報国農場へと変化する経緯については第一部に総論としてまとめた。国の動きとともに地方(=新潟県)での具体的な動きについては「田巻文書」や前掲記録などによったが、それら資料の発見経緯と資料内容についても第一部で触れる。「田巻文書」の一部は第二部の野田記録の注記に活かすとともに、重要文書と思われるものについては第五部に資料として収録した。

満州建設勤労奉仕隊新潟県開拓団班の勤労奉仕先であった集団第七次清和開拓団は、新潟県の開拓団のうちで最大の犠牲者を出した開拓団であった。第四部の最初に入植当時の開拓団の様子と旧ソ連軍の満州侵攻後の悲惨事とを詳述した。

第三部は新潟県在満報国農場のすべてについてであり、第四部は二〇〇七(平成一九)年の慰霊訪中において、六六年ぶりに清和開拓団の地に帰り着いたニッコウキスゲにまつわる記録である。

　用字・用語については一部現代用語・漢字に直して引用した場合もあるが、元資料を尊重して旧字、旧用語、旧言い回し等をそのまま生かした。また元資料には今では使われなくなったり不適切となったりしている用語等が含まれるが、これも歴史資料を尊重する意味からそのまま用いた。新潟県立文書館所蔵の「田巻文書」の引用や旧公文書通知文などでは、原文のままカタカナ表記で引用・収録した。それぞれご理解を賜りたい。

目次

第二部　満州建設勤労奉仕隊記録

二　一般関係文書　350

おわりに　377

参考文献　381

旧満洲国地図

本書関連旧満洲国地図

第一部 満州建設勤労奉仕隊とは

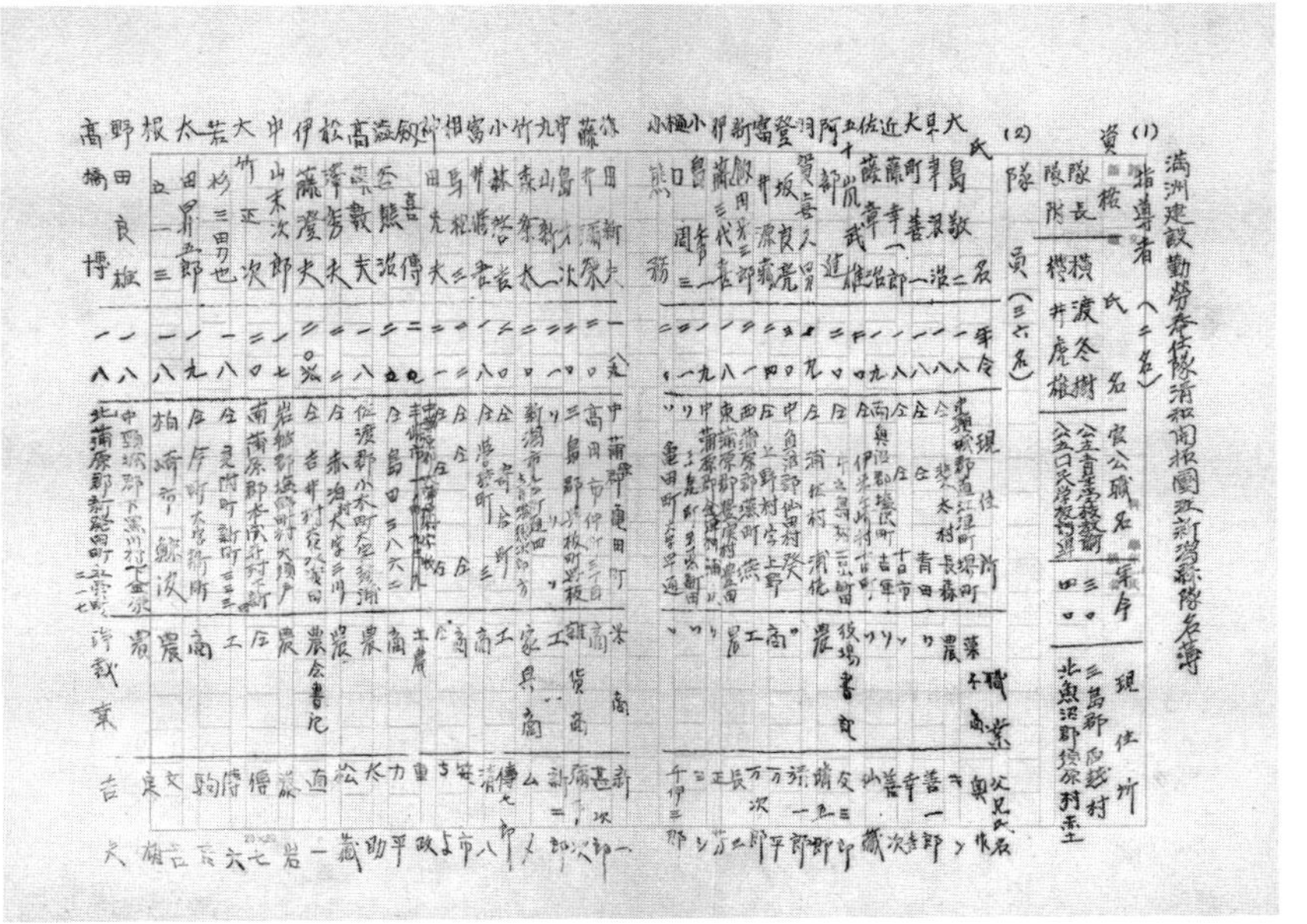

昭和 16 年度満州建設勤労奉仕隊清和開拓団班新潟県隊名簿
（第一部二の 1（3）参照）

第一部　満州建設勤労奉仕隊とは

一　満州建設勤労奉仕隊前史

1　食糧増産政策と少年農兵隊

一九四七（昭和二二）年、農業技術協会が「過去十年間の食糧対策を克明に忠実に実際の資料に従って事実上の担当者によって描き出さん」と、食糧政策誌の編纂《へんさん》に取り組んだ。満州建設勤労奉仕隊の派遣から在満報国農場の設置・経営に至る時代背景をそれによってうかがい知ることができる。食糧増産政策を主眼として編纂された『農事訓練と隊組織による食糧増産』（一九四九）により、各種の流れを最初に確認しておきたい。

満州開拓移民の送出について見れば、一九三一（昭和六）年九月の満州事変、翌一九三二（昭和七）年三月の満州国建国を受けて、第一次試験移民が送出された。その後年々満州開拓民の送出・入植が拡大実施され、一九三六（昭和一一）年には「二〇カ年一〇〇万戸送出計画」が国策として成立して、昭和一二年度以降二〇カ年を四期に分け、総計五〇〇万人の開拓民送出へと本格化していった。満州建設勤労奉仕隊の派遣は当然、この入植開拓団の経営と深いつながりを持つ。

一方国内では、昭和五、六年頃から深刻となった農村恐慌対策として一九三二（昭和七）年には、農山漁村経済更生計画事業がスタートした。それは、農家をして適正規模の農業経営を確立・保持させることの要請に応えるものであった。満州の未墾の沃野に開拓民を送り出す道が開けたことは、その意味で農村更生に一大光明を与えるものであった。

しかし、日中戦争の拡大、太平洋戦争への突入という戦時体制に入ると、軍および国民全体への食糧供給体制は危機に陥っていった。多数の青壮年および少年までもが軍隊と軍需工場とに奪われ、農業労働力は激減の一途をたどることとなる。このことが後々、満州における開拓団経営の脆弱《ぜいじゃく》化を招き、短期的な労力奉仕を主体とした勤労奉仕隊の派遣が要請されることになる。最終的には食糧増産の新たな拠点として位置づけられる「報国農場」の設置に至るが、その経緯の詳細は後述に譲る。今しばらく前史をたどろう。

各種の統制が矢継ぎ早に実施され、各種の戦時政策は相錯綜《さくそう》し、相互に矛盾をはらみつつ農村に圧力を加えていった。一九三九（昭和一四）年秋の食糧事情の悪化により、政府は食糧の増産割り当て、作付け統制、作付け転換などの増産計画に向かった。農家の自家保有米制度、消費者の消費量割当制度を求める食糧管理制度が敷かれた。農林省と農業報国連盟（昭和一三年一一月発足、会長・有馬頼寧拓務大臣）は、農村中堅人物育成のための農業増産推進隊を発足させた。

農業報国連盟とは、農業面での国家総動員体制づくりを目指し、各種の農業団体を結合して創設された組織である。これは日中戦争開始による戦時日本の食糧増産運動に呼応し、食糧の確保と増産が戦争遂行のための国家的最重要課題となっていたからである。農業生産における国家的総動員の手始めが援農集団勤労作業の実施（昭和一三年六月）であった。

太平洋戦争突入により海外からの食糧輸入は困難となり、国内のほかでは満州が唯一の食糧供給地となった。そこで国内ではさらなる食糧自給体制の強化が強いられた。国は食糧増産応急対策要綱（昭和一八年六月）、第二次食糧増産対策要綱（同八月）を策定し、農村青少年等による食糧増産隊を編成、随時随所で農耕・開墾等に送り出した。内原訓練所（現・茨城県水戸市）で訓練中の満蒙開拓青少年義勇軍訓練生が所外訓練として国内各地に派遣されたのも、この頃からである。

一九四四（昭和一九）年五月、農業報国連盟は農業報国会と名称が変わった。初代理事長には後に農林大臣になった石黒忠篤が就き、農業増産報国推進隊や食糧増産隊を軍隊式編成で組織し、戦争末期の食糧増産運動を展開した。少年たちの食糧増産隊は通称「少年農兵隊」と呼ばれた。

農業報国会によって作成された食糧増産隊綱領がその趣旨を、「我等ハ皇国ノ少年農兵ナリ。天祖ノ神勅ヲ奉シ、国ノ本タル農道ニ追進シ、身命ヲ捧ゲテ土地改良、食糧増産ヲ達成シ、永ク農業ヲ以テ家ヲ継ギ国ニ報イ、期シテ聖慮ヲ安シ奉ラム」と謳《うた》いあげる。綱領は総則、基礎訓練、移動作業、作業教範の四編から成り、それぞれ事細かに各種規定が述べられている。第一編総則の最初は、次の一〇項から成る「農兵隊の使命」である（注、句読点を追加）。

一　農兵隊ハ綱領ノ実践ヲ最高ノ使命トス。

二　使命ノ自覚ハ農兵隊ノ生命ニシテ、使命観ハ皇国民タルノ自己ヲ自覚スルニ発シ、皇国絶対ノ理想信仰ノ為ニ悦ンデ自己ノ生命ヲ捧グルニ至ラシメンモノナリ。

三　開墾ハ開魂ニシテ、使命ノ自覚ハ心田ノ開発ニアリ。土ノ開墾ニ勤労ノ汗ヲ絞ッテ始メテ肇国ノ理想ヲ知リ、自己ノ使命ヲ自覚ス。土ハ皇土ニシテ、自己ハ皇国民ナリ。

四　農ハ国ノ本ナリ。日本民族ノ此ノ光輝アル伝統的理想信仰ハ皇国ト共ニ不易ナリ。

五　農ハ日本民族ノ伝統ト共ニ創造ノ継続ナリ。開墾ハ皇土ノ浄化ニシテ、生産ハ生命ノ禊ナリ。

六　農ハ天地ノ化育ニ賛スル聖業ニシテ、農場ハ我等ノ道場ナリ。食糧ノ生産ハ国力ノ基礎ニシテ、勤労ハ其ノ原動力ナリ。

七　農兵隊ノ本領ハ農業労働ヲ手伸シム農民精神ノ発揚ニ存ス。

八　兵農一如ハ皇国ノ伝統的理想ニシテ、兵ハ銃ヲ執ッテ一死国ニ報イ、農ハ鍬ヲ持ッテ一生ヲ国ニ捧グルニアリ。

九　綱領ノ実現ハ皇国日本ノ理想世界ノ創造ナリ。我等ハ永遠ニ揺ガザル皇国農村ヲ確立スル国本農家タルノ使命ヲ負ウ皇国農兵ナリ。

十　農兵隊ハ幹部隊員各々其ノ使命ヲ自覚シ、目的ヲ一ニシ、常ニ頭ヲ働カセ、体ヲ働カセ、綱領実現ノ一途ニ邁進スベシ。

農兵隊はその趣旨に基づき、「農家ノ後継者タルベキ青少年ヲ以テ」編成された。勤労作業内容は、大きく開墾・土地改良と品種改良・病虫害防除などの農業技術改良に分けられる。開墾・土地改良事業により水田造成、暗渠《あんきょ》排水、客土《きゃくど》などが実施された。この集団的勤労作業が農業学校の夏季実習、興亜《こうあ》青年勤労報国隊へと続く。

さて、満州への勤労奉仕隊の派遣は一九三九（昭和一四）年に始まる。昭和一四年は「興亜勤労報国隊」の名称が用いられ、一般青年や学生が満州に送り出された。その後その内容や規模に変化が加えられ、担当も文部省、拓務省（＝大東亜省）、農林省（＝農商省）の三省の協力で行われたり、いずれかの省独自の派遣であったりした。内容の変遷はあったものの満州建設勤労奉仕隊派遣の制度は、昭和二〇年度まで続いた。昭和一六年からの「米穀増産特別班」の編成はまさに食糧増産政策を受けたものであろうし、「特設農場」への全国農学校最上級生編成隊の派遣や分村開拓団への母村からの青年たちの派遣は、食糧増産と開拓民派遣の両方に資するものであった。

満州建設勤労奉仕隊派遣の四年目、昭和一七年度には、食糧増産対策の一環として「在満報国農場」の設置が閣議決定された。そして昭和二〇年度には全満で五八農場となり、農場隊員の派遣総数が約四、六〇〇名に上った在満報国農場経営が、勤労奉仕隊派遣の中心となっていった。満州建設勤労奉仕隊の変遷をまとめた『農事訓練と隊組織による食糧増産』（三八八ページ）は、その状況を次のように説明する。

斯の如く満洲建設勤労奉仕隊は、当初は農林省の関与が少なかったが、次第に農林省（農商省）関係に重点が移行してしまい、更に米穀増産班から漸次報国農場に重点が変わって行ったのであった。そしてこの性格、内容の変遷のため内地では満洲建設勤労奉仕隊という名称も一般には殆んど忘れられ勝となり、在満報国農場一色となってしまった。

そして現在では研究者においてさえ、「参照し得る関連研究が少ない」、「満州建設勤労奉仕隊の編成が錯雑して展開した」こと等により、「満州建設勤労奉仕隊研究において全容解明ができていないきらいがある」とされる。このことはすでに「はじめに」で触れたが、白取道博の論考「『満州建設勤労奉仕隊』に関する基礎的考察」を参照されたい。本書では以下、その全貌解明を各種資料に基づいて詳述する。

2　満蒙開拓学生義勇軍運動

満州国建国後に国策として送り出された満州開拓団は、試験移民期を経て大量送出へと変化していった。一九三八（昭和一三）年からは徴兵検査前の青少年を対象とした満蒙開拓青少年義勇軍の送出も始まった。女性も女子勤労奉仕隊員、あるいは〝大陸の花嫁〟として渡満していった。

満州建設勤労奉仕隊が送り出された初年度、昭和一四年時点での満州開拓事業は次のように進展していた（『週報第一六四号』昭和一四年一二月六日付）。内閣府発表の昭和一四年七月一日現在の実績は、集団開拓団の総数が第一次から第八次までで合計八九集団、一二、六三二戸、総人口二五、二四五名に達し、自由開拓団は二、三〇九戸、総人口六、九三三名となっている。満蒙開拓青少年義勇軍現地訓練所の同年九月末現在の総人員数は二八、四〇一名で、そのうち大訓練所（四カ所）九、七二四名、特別訓練所（三カ所）五、一五三名、甲種訓練所（一三カ所）一、六三五名、乙種訓練所（九カ所）五、三九四名であった。ほかに満鉄（＝南満州鉄道株式会社）鉄道自警村《じけいそん》訓練所（二〇カ所）に五、四九五名が入所していた。

時は日中戦争の勃発（昭和一二年七月）で東亜新秩序の建設がその目標となる。国民精神総動員運動が「挙国一致」「尽忠報国」「堅忍持久」の三大スローガンのもとに展開された。これは官製の国民運動で、具体的には応召兵の慰問、遺家族の援護、献納や勤労奉仕などの銃後援護と生産能率の向上、消費節約、軍需物資増産などの運動が展開された。

昭和一四年八月には毎月の一日が「興亜奉公日《こうあ》」と定められ、国家総力戦に本格的に入ろうとしていた時代であった。興亜奉公日は、「全国民ハ挙テ戦場ノ労苦ヲ偲ビ、自粛自省コレヲ実際生活ノ上ニ具現スルトトモニ、興亜ノ大業ヲ翼賛シテ一億一心、奉公ノ誠ヲ效シ、強力日本建設ニ向カッテ邁進シ、以テ恒久実践ノ源泉タラシムル日トナスモノトス」という閣議決定の趣旨に基づき、翌九月一日から実施された。

それより前の一九三三（昭和八）年、教育界の一部では、夏休みを利用して学生を満州各地に送り出し、彼らに満州認識を深めさせる満州見学旅行団が組織された。ただし、この見学旅行団は各開拓団入植地にまで足を踏み入れるものではなかったので、昭和一二年に至って、勤労奉仕学徒実習団の編成が考えられるようになった。このことが茨城県友部に開設されていた日本国民高等学校の加藤完治校長ほかの認めるところとなり、満州移住協会主催、満州拓植公社、農村更生協会後援で、少人数ではあったが、学生実習団の組織・渡満となった。

これが端緒となり一九三七（昭和一二）年七月、学生たちが自主的に自己鍛錬する学生義勇軍運動が広まった。学生たちは満蒙開拓青少年義勇軍の内原訓練所で、いたいけな、銃身より低い背丈の少年たちの勇ましい姿を目にした。そしてそれら少年たちの指導者の問題に思いをはせた。学生たちはこれら純真な少年たちの幹部となって、かつまたいい兄貴分となって、少年たちの悩みを悩みとして共に大地と闘いうる同志を学生たちの中から得ようと考えた。それが学生義勇軍の再組織化に進み、全国の大学、高校、専門学校の学生たちに参加が呼びかけられた（『加藤完治の世界』三三二ページ）。

学生義勇軍の基本および目的は、農業労働・実習、奉仕活動、公的事業への参加等を通して自己訓練を達成し、それぞれの人生観の確立を図ることにあった。その目指すべき指標が、例えば、次のように掲げられた（『新満洲』昭和一四年六月号）。

一　日本人としての理想・信念の確立

一　神聖な労働体験を通じ、誠実剛毅なる精神と溌剌強健なる体力に対する不動の自信の獲得

一　国策遂行に積極的参加を行い、次代国家の推進力としての不屈不撓の気概の養成および実践的性格の鍛錬

その訓練は内地および大陸において集団修練を行うとされた。つまり学生義勇軍の運動は、「いわゆる自己訓練、つまり自己完成を目的として、実地・実物に触れ、行い、習い、練り、学ぶとする行為、ないしは活動を進める運動」であった（『学生義勇軍運動』一一ページ）。

一九三八（昭和一三）年夏には勤労実習団二〇〇名、東京帝国大学の医学生を中心とした学生義勇軍衛生班六〇名の特別班の編成が行われた。勤労実習団の学生たちは、北満虎林《こりん》線沿線に入植していた八カ所の開拓団に二五名ずつに分かれて約二週間滞在、それぞれ農業労働に、あるいは入植地建設にと働いた。特別班は満蒙開拓青少年義勇軍の現地訓練所のひとつである哈爾浜特別訓練所、および試験移民のひとつである第三次瑞穂《みずほ》村開拓団（昭和九年一一月、北安《ほくあん》省綏稜《すいりょう》県に入植）において医療実習に当たった。東京帝国大学医学部には大陸衛生研究会が発足し、長期休暇を利用しての衛生研究隊の派遣も行われた。研究誌『大陸衛生』創刊号（北博昭『満州建設勤労奉仕隊関係資料』所収）は昭和一四年三月二〇日の発行である。

学生義勇軍運動への学生たちの積極的参加は、「従来の学校教育の目標に更に一段の国家的意義が付加され、学生

も国民、しかも大いに期待せられる国民の一員たるの自覚を強調し、学生においても出来得る限り国策遂行に直接参加しつつ、自己の精神、体力の鍛錬を行い、適切な実践的指導を為し得る気概と実力を養成させるべきである」(『新満洲』昭和一四年六月号)という気運を盛り上げていった。

3 興亜青年勤労報国隊

東亜新秩序の建設に向かって国民精神総動員が叫ばれている中、日本青年の大陸認識を深め皇道精神の鍛錬・陶冶《とうや》を動的に行なわせる必要があるとのことで、興亜《こうあ》青年勤労報国隊運動が起こった。それは、「銃後にあって日本国民の中堅たるべき青年を組織し、八紘一宇の皇道精神を以て大陸開拓に鍬を以て勤労奉仕せしめ、日本国民としての自覚を益々深からしめんとするもの」、具体的には「土地改良、土木、建築、工業、鉱業等の労務に従事し、国境地帯の軍役奉仕をも行って日満共同防衛、共同建設の重大任務を遂行するもの」(『新満洲』昭和一四年八月号)である。

興亜勤労青年報国隊は汗と脂とで尊い興亜の勤労奉仕を行うもので、中等学校、青年学校、その他の集団で組織され、夏季の一定期間、開拓団現地で労働の手助けをした。文部省の指導下にあった学徒至誠会なる団体が、昭和八年以来、興亜勤労学徒報国隊を組織するようになった。当時新潟市域を中心に発行されていた新潟新聞が昭和一三年七月二九日付で、「満洲派遣学徒勤労実習団一行二三〇名、新潟出帆」の記事を掲載している。

一九三九(昭和一四)年四月、文部省は満州国政府および北支《ほくし》派遣軍の協力を得て学生・青年一万人を満蒙および北支に派遣し、興亜建設に参加させることとした。それは、「現代日本青年にとっての必須第一の資格は、大陸に対する透徹せる認識と新東亜建設への熱烈なる情熱とであらねばならない」との考えに基づく派遣であった。つまり、

「現代日本青年は時代精神の主潮としての興亜精神を確実に把握し、体認し、果敢に之を実践に移す叡智と情熱と実行力とを持ってこそ、初めてその名に値する日本青年たり得る」（『週報第一四二号』昭和一四年七月五日付）と望まれた。

ここに示されている興亜青年勤労報国隊の派遣目的に、後の満州建設勤労奉仕隊で求められた食糧・飼料の増産は謳《うた》われていない。この点について興亜学生勤労報国隊の記録をまとめた北博昭はその編成背景を、「昭和一〇年代の初期において勤労奉仕という名の集団労役の提供は、なかなか盛んだった。当時の勤労奉仕は、集団労働によって皇道精神や肇国《ちょうこく》精神の高揚と心身の鍛錬を図ろうとするものであった」（『興亜青年勤労報国隊　東朝義記録』）と解説する。『週報』の解説は、「本計画は従来行われたような単なる修学旅行でもなく、また単なる見学視察でもない」と言葉を添えている。

興亜青年勤労報国隊には青年隊と学生隊とが編成された。具体的にその派遣人数等を見てみよう。まず、派遣方面は満州方面と北支・蒙彊《もうきょう》方面（現在の中国大陸北部や内モンゴル方面）とに分けられる。北支方面は主として官公私立大学の学生を充て、満州方面はその他の学生・生徒ならびに一般青年が充てられた。満州方面は、青年隊がおおむね満州開拓移民入植地に、学生隊がおおむね国境地帯に配置された。北支・蒙彊方面は、河北、山東、山西、蒙彊地域に派遣され、学生・生徒は北支現地軍の指揮下に入った。派遣人員数および期間等は次のとおりである（『週報第一四二号』昭和一四年七月五日付）。

方面	区別	隊員数	指導員数	計	期間
満州	先遣隊	二九〇	一〇	三〇〇	
	青年隊	三、八〇七	四三四	四、二四一	六月下旬より九月中旬まで
	学生隊	一、四六〇	三一四	一、七七四	七月中旬より八月中旬まで
	計	五、五五七	七五八	六、三一五	
北支蒙彊	学生隊	一、六四〇	二七八	一、九一八	七月中旬より八月中旬まで一ヶ月

満州派遣青年隊は、青年学校男子生徒、男子青年団員ならびに青年学校教員養成所生徒で構成され、隊員採用には志願制度がとられた。学生隊は、全国の農業・医学・工学関係を除いた専門学校、高等学校、大学予科ならびに九州、山口・愛媛両県を除く師範学校の学生・生徒で編成された。全国約三〇〇校から各学校単位に五名または一〇名が選出された。隊員は一〇名を一分隊とし、分隊長は学校長が選任する学生を持って充てられた。

北支派遣隊もこれに準じた編成だった。隊員全員が学生をもって組織され、全国の大学、農業・工業・医学関係の専門学校、高等師範学校、教員養成所ならびに九州八校、山口・愛媛各県一〇校の師範学校の学生・生徒による編成であった。

勤労奉仕内容に関しては、「学生も青年も各々その長ずる所に従い、学ぶ所に応じて、忠誠と労力と技術とを興亜の聖業に捧げる」ものとされた。『週報』掲載の文部省解説は、次のように多数の勤労奉仕種目を掲載する。つまり、農耕、除草、中耕、病虫害駆除、刈取り、調整、開墾、牧畜、土地改良、土木、建築、工鉱労務、輸送、医療、獣疫予防治療、国境建設、資材踏査、兵站《へいたん》勤務、宣撫《せんぶ》工作、文化工作等である。

派遣隊員は出発前の一週間、茨城県水戸市内原の満蒙開拓青少年義勇軍訓練所において準備訓練を行う。指導者は、事の成敗の鍵は指導者の価値であるということで、隊員の倍の期間、つまり二週間の準備訓練を行った。大陸派遣では衛生保健問題に慎重を期す必要があったので、健康診断、種痘その他の予防接種を励行した。また、医師を招聘《しょうへい》しての医療班を組織し、おおむね中隊ごとにこれを配置し、医科系諸学校の教授および学生を適宜動員した。興亜青年勤労報国隊の派遣は、「次代日本の精鋭を抜いて興亜時代の先端を行くもの、まさに青年日本の先兵ともいうべきである」と『週報』の文部省解説はまとめている。

この年の七月二五日、東満国境に近い牡丹江《ぼたんこう》省綏陽《すいよう》に二〇〇余名の学生部隊が勤労奉仕に入った。作業は午前七時から午後の五時半まで、昼食の一時間の休憩を除いて毎日九時間半の勤労奉仕であった。『新満洲』昭和一四年九月号は、いくつかの勤労奉仕部隊の現地報告をこの号に特集している。弥栄《いやさか》村に入った東京隊一三五名、千振《ちぶり》村への埼玉・千葉・茨城隊、第七次埼玉村への熊本部隊、第七次山形開拓団への岡山部隊などの報告である。また、獣医特別班として編成された東京高農獣医科の学生二〇〇余名は全満各省に派遣され、綏陽においては馬の流行病、鼻疽《びそ》や炭疽《たんそ》の撲滅に当たったとの報告もある。

4　満州建設勤労奉仕隊への期待

渡満勤労奉仕隊の名称については種々入り混じっている感があり、それについては後述するが、興亜《こうあ》青年勤労報国隊が誕生した一九三九（昭和一四）年、当時満州国にあった開拓総局総務処長・五十子《いらこ》巻三（満州国崩壊の年、昭和二〇年には最後の満州国開拓総局長）は、今後発展していく奉仕隊について「満洲建設勤労奉仕隊に期待す」の小論を『新満洲』昭和一四年一一月号に寄せている。五十子巻三は、「本年夏内地から一万名に達する満洲建設勤労奉仕隊を迎えたことは殊の外めざましいことであった。満洲国をあげてこの一万名の若人を歓迎し、その労苦に対して深甚の感謝を捧げることはいうまでもない」と、奉仕隊送出の成功を感謝する。

満州においては国家建設の速度が増し労働力不足に陥っていたので、「まさに旱天に慈雨の思い」だった。特に開拓地においては、ちょうど畑の除草期で猫の手も借りたいほどであったから、若い奉仕隊員の働きは非常に喜ばれた。そこで満州国側としては、「明年は少なくとも三万人の勤労奉仕隊を迎えたい」と希望する。具体的には、「内地から二万六千人の奉仕隊を募り、これを二回に分けて来てもらう。残りの四千人は満洲人の青年、主として協和会や青年訓練所の青年に参加してもらう」ことを考えている。

さらにその後のことを五十子巻三処長は次のように主張する。「この勤労奉仕隊は今後は単に開拓団のお手伝いをするというのではなしに、積極的に未耕地の開拓に当たるとともに内地の分村計画と緊密に結びついて開拓団の送出にも寄与するようにあらしめねばならぬ」と考えるのである。つまり、開拓団入植の準備としての勤労奉仕隊の意義が一層深まるべきだと主張している。

このことは早くからの満蒙開拓学生義勇軍運動が興亜勤労報国隊運動へ、そして満州建設勤労奉仕隊の送出へ、そして更には分村計画の拡大へと続いていくことを物語る。つまり、興亜勤労報国隊運動は単に満州国の要請に応えて勤労作業を行うだけでよいというものではなく、「この運動こそ我が大和民族大陸発展の推進力たらしめねばならぬ」(『新満洲』昭和一四年一二月号)と、時局に合わせての盛り上がりを見せた。広い空、緑の広野、新しい土、異なる民族との接触、自由の天地で〝無から有を生む〟開拓事業への参加は、若者たちに新たな感動・感激を与えたのであった。

昭和一四年度の興亜勤労報国隊の派遣とその成果を受けて、次年度である昭和一五年度においては満州建設勤労奉仕隊として規模も種別も内容も、後述のごとく急激に増大した。当時の星野直樹満州建設勤労奉仕隊中央実践部長は、昭和一五年五月一三日、特設農場班先遣隊を現地に迎えて、「本日ここに第二年度満洲建設勤労奉仕隊の先駆・前衛たる特設農場班先遣隊諸氏の壮容に接することができましたことは、私の最も欣快とするところであります」と訓示を与えた。曰《いわ》く、「今やまさに新東亜建設の大業成らんとする暁であります。（中略）諸氏の参加、その意気や壮、その栄誉や大なり」と、参加青年に感謝の言葉を述べ、次のように期待した（『開拓月報』一九四〇年五月五日号）。

我が満洲国に於いても満洲建設勤労奉仕隊実践本部を整備し、官民協力一致、奉仕隊輔導の全きを致し、併せて物的施設の充実を期する為、凡百の障碍を克服し、本事業達成に努力しておりますが、時局下のこととて諸般の施設・給養等、必ずしも十全を期すること能わざるものがあるのであります。諸氏よくこの間に処し、本事業の本質を稽へ、至誠上長に従い、朋友相助け、困苦欠乏に耐え、自ら修め、自ら足らざるを補うの覚悟をもって進まれることを切望いたします。

また、開拓総局総務処長であり満州建設勤労奉仕隊中央実践本部事務局長を兼務した五十子巻三は、満州建設勤労奉仕隊員に「興亜の大理想に邁進せよ」、「大使命達成の中核たれ」と檄《げき》を投げかける。つまり、「今回新たに認識した諸点、就中日満共同国防力の増強、沃土満洲国の開拓、農産物の増産、民族協和の達成に絶大なる貢献をなしつつある日本人開拓民、開拓青年義勇隊の送出に対しては、自ら先頭に立ち、又各方面に働きかけて絶大なるご努力をお願いしたい」と語り、「大使命達成のための日本新体制、国民新組織の中核となり、先達となって働かれんことを希望する」と結んでいる。

五十子巻三事務局長は、初年度、つまり昭和一四年度の実態報告である漫画家・阪本牙城の『満洲建設勤労奉仕隊漫画現地報告』（神奈川県立横浜図書館所蔵）に特に序を寄せ、その中で奉仕隊参加者に対し次のような言葉を残している。まさに隊員への期待であり、後に続く青年たちへの期待である。文章は長いがそのまま引用する（段落づけや言い回しの現代表現に変化を加えた）。

最後に私は特に本年度奉仕隊に参加せられた各位に望む。

各位はあらゆる不自由、あらゆる不満を立派に克服し、誠に我々が又おそらく各位御自身が予想もしなかったような立派な仕事を成し遂げられた。各位はこの度の勤労奉仕によって自分の力は案外強いものだと云う感を切実に抱かれたことと信ずる。又あらゆることに於いて十分の自信を持たれたことと信ずる。更に人間一生の間に一度は本当に徹底的に苦しみの味を知らなければならないと思ったことと信ずる。

又お互いの友人・同朋は支那で、又北満で死闘を続けているので、せめて銃後の我々も戦争には参加出来なかったとは云え、出来る丈これに近い働きが出来て、戦場勇士の労苦の万分の一に報いることが出来たと思われることであろう。又各位は満洲国大発展の現勢を、東亜新秩序建設途上に於ける満洲国の地位役割の重大性を、日満共同国防の実態を、更に満洲建国の理想を十分に認識把握されたことと信ずる。

私は各位がこの書に依り、各位が口で云い表し得ない所のものを云い表わし、各位の勤労、各位の感謝、各位の体験、認識を本年勤労奉仕隊に参加出来なかった方々に伝え、一人でも多くの青年をして今後この意義ある大事業に参加せしめるよう、絶大のご努力を払われたいと希望するのである。

更に奉仕隊各位自身、再び明年度以降の奉仕隊員となり、或は自ら先遣隊員となり指導者となり、本制度実施の目的を達成せられたし。更に又開拓民募集、開拓青少年義勇軍募集・訓練の先達・中核となり、更に進んで自ら開拓民となり、開拓地又は義勇隊訓練所の医師となり、獣医となり、教員となって日満一体的重要国策たる開拓政策の遂行にご尽力下されたいと願って已まない次第である。


立場は異なるが、勤労奉仕隊の青年たちへの期待を別の角度から述べている島木健作の言も引用しておこう。島木健作は昭和二〇年八月一七日、四三歳の若さで没した小説家である。勤労奉仕隊員や開拓民たちの日本敗戦後の苦難を知ることなく没したが、一九三九（昭和一四）年三月から三カ月間、大陸開拓文芸懇談会から派遣されて、各地の開拓団や義勇隊訓練所などを訪問した。

その視察報告は順次雑誌に発表したが、一九四〇（昭和一五）年にそれらをまとめて『満洲紀行』として発表した。島木健作は農民運動にかかわったこともあり、満州開拓実施側や各種関係者とは異なる視点で満州開拓地や開拓民の姿を描いている。そして時には、宣伝にすぎるような内地での報道や報告に批判的である。例えば、「今日世間に流布している満洲開拓地に関する書物は、大部分が糊とハサミ的と言って言い過ぎでない」と、実態に即さない報告・書物の多いことを批判する（同書一六五ページ）。

また、「開拓地のことを書いたものなんか読む気になりませんよ。ほめてばかりあるんで照れくさくてね。しかし、あんまり見当違いのことを言ってほめられるのを見ると、照れくさいを通り越してばかばかしく、腹が立ってきますよ」との、ある開拓団幹部の言を引用し、実態を無視した無批判的なほめ方を諫《いさ》める（同一五五ページ）。

そんな島木健作が、満州建設勤労奉仕隊の派遣が盛んになった昭和一五年、渡満する青年たちの「真実を愛し求むる心と、曇りのない眼とに期待し」、彼らに次のことを望む。それは、五十子巻三事務局長のそれとは少し異なる。次のように言う（同一六九ページ）。

知識など、豊かであるに越したことはないが、乏しくても恐れることはいらない。知識なきものの純粋なこころは、しばしば、知識あるものの達し得ぬ叡智にまでも達するものである。物の本質を見抜くことを可能ならしめるのである。

勤労奉仕隊の結成について、私は畚《もっこ》をかつぐ彼らの肩の強健さに必ずしも多くを頼まない。しかし、彼等が彼等の体験を通じて、見、聞き、感じてくるものに、多くを頼むのである。彼等のもたらすものによって、国民の間に、大陸についての正しい知識が植えられ、広がるであろうことを、私は待ち望むものなのである。

原点に立ち戻って振り返ると、満州建設勤労奉仕隊の編成・派遣は、このような大陸認識の広がりがねらいのひとつであった。

二　満州建設勤労奉仕隊、制度と変遷

1　満州建設勤労奉仕隊の創設と呼称

⑴　創　設

「満州建設勤労奉仕隊」とは、満州開拓団入植地などに開拓地建設や食糧・飼料増産の労働奉仕に出かけた学生・青年たちの集団のことをいう（要綱は第五部二資料1参照）。彼らは現地開拓団などに寄宿しながら農作業に勤労奉仕するほか、道路建設など、開拓村建設の各種作業に当たった。その意味で満州建設勤労奉仕隊は、満州開拓の本筋である成年開拓民や青少年義勇軍に比べれば、国の開拓政策における比重は少ないと言える。

その具体については以降に詳述するとして、しかし、一九四四（昭和一九）年二月に『満洲開拓論』を上梓した満州拓植公社参事の喜多一雄《いつお》は、その量的・質的な面において、満州開拓後期においての意義は見逃すことができないと次のように書く（『満洲開拓論』二九一～二九二ページ）。

（勤労奉仕隊が開拓政策において占める比重が少ないのは）、満洲開拓政策は開拓者の永住定着を条件とするにも拘らず、奉仕隊は毎年農繁期に内地農村青年乃至学生が一種の労力応援に赴く一時的移動現象にすぎないからである。否、著者は寧ろ其のワッショイワッショイ的運動なるの点に於いて、又奉仕的突喚のポーズを示しつつ反面に於いて開拓事業繁栄の水引役を努めるかの嫌いある点に於いて、寧ろ之に好感を有せなかったが、尚年々一万程度の青壮年の渡満移動なる量的事実はこれを無視し得ず、且つ一面よりすれば日本の青年層に対して大陸的認識を体験的に把握せしむる点に於いて、大なる意義を有する。

満州建設勤労奉仕隊は、一九三九（昭和一四）年に創設された。満州の現地にあって開拓総局総務処長であり満州建設勤労奉仕隊中央実践本部事務局長を兼務した五十子《いらこ》巻三は、漫画家・阪本牙城の『満洲建設勤労奉仕隊漫画現地報告』に「序」を寄せ、この制度がいかにして生まれたかを説明する。「満蒙開拓青少年義勇軍内原訓練所長加藤完治先生と当時の関東軍高級参謀片倉中佐との愛国的熱情と偉大なる着想とにその端を発し、之が日満関係当局に依って制度化されたもの」（同書一ページ）であるという。そのねらいや基本方針は次のように示された（同一～二ページ、句読点を追加）。

現下ニ於ケル満洲建設ノ重要性ニ鑑ミ、日満共同防衛ノ見地ニ基ヅキ、満洲ニ於ケル食糧及飼料ノ増産、日本ニ対スル豊富且ツ低廉ナル飼料ノ供給並ビニ国防建設ニ寄与スル為、銃後青年ヲ動員シ満洲建設勤労奉仕隊ヲ編成セシメ、主トシテ国境地帯及ビ其ノ背後並ビニ開拓地等ニ於イテ、土木、農耕、其ノ他ノ建設事業ニ勤労奉仕セシムルト共ニ、併セテ日本農村問題、特ニ飼料問題解決ノ一端ニ資ス。

また、日満両国の勤労青年ならびに勤労学徒に、勤労奉仕の実践を通じて満州建国の理想を認識させるというところにもねらいがあった。

前述のとおり昭和一〇年前後からほぼ同等の趣旨・制度の下に編成された勤労奉仕隊であるが、制度が確立するまではその呼称が年度などにより微妙に異なる。その一因は、目的・内容に大きな変化・拡大があり、それに対応する各種名称が用いられたことにあろう。そして最大の要因は、一九四二（昭和一七）年に農林省により在満報国農場が設置され、派遣される満州建設勤労奉仕隊のほとんどがそこに送り込まれたことにより、「（満州建設勤労奉仕隊という）名称も一般に殆んど忘れられがちとなり」（『農事訓練と隊組織による食糧増産隊』三八八ページ）の状況が生まれたことによる。

各種資料からは「興亜《こうあ》勤労報国隊」、「興亜青年勤労報国隊」、「興亜学生勤労奉仕隊」、「満州国境建設勤労奉仕隊」などの名称が見いだせる。そしてその下位区分である各隊の名称も年度により様々に変化している。たとえば、一九四三（昭和一八）年に旧北安《ほくあん》省北安県の二龍山《にりゅうざん》特設修練農場に派遣された長野県北佐久農学校の勤労奉仕隊は、自らの体験記録集にその名称を「興亜学生勤労報国隊　満洲建設勤労奉仕隊　農業学校隊」として記録している（『北満に汗して』）。

「興亜学生勤労報国隊」が組織されたのは、政府・軍部が国民をして満州国に対する認識を深めしめる必要を痛感し教育団体に呼びかけ、教職員、生徒の満州視察を勧奨した結果である。各種教育団体は対満活動を興亜学生勤労報国隊として鮮明に示すに至った。そして『必携』には、「全国学生生徒ヲ簡抜シテ東亜大陸ニ派遣シ、現地ニ於イテ集団勤労教育ヲ実施シ、身ヲ以テ東亜新秩序ノ事業ニ参加セシムルト共ニ、具ニ第一線将兵ノ労苦ヲ体得セシメ、以テ尽忠報国ノ精神ヲ昂揚シ、大陸ニ対スル認識ヲ深化シ、堅忍持久ノ意力ヲ錬成シ、相率イテ興亜ノ大業ヲ翼賛スベキ学風ノ作興ヲ期ス」と謳《うた》われている。

(2) 呼 称

さて、呼称に関していま一度整理しておこう。

制度としては一九三九（昭和一四）年三月、日満両政府において「興亜《こうあ》建設勤労奉仕隊」計画が具体化した。同年夏からの実施となり、六月一一日の先遣隊、六月二八日の本隊送出となった。名称に「興亜」と冠せられているのは、青年の勤労奉仕隊が満州に約一万名、北支《ほくし》および蒙彊《もうきょう》に二、〇〇〇名の送出がもくろまれたことによると解釈してよいであろう（第一部一の3参照）。

この昭和一四年度に実施された満州建設事業への大規模な集団勤労奉仕は、画期的な青年運動として戦時下の国民に強い印象を与えた。長野県送出の集団第一一次珠山《しゅざん》上高井開拓団に隣接して設置された上高井報国農場長であった今井弥吉が、次のように述懐する（『満洲難民行』一九六ページ）。

戦時中、勤労奉仕という言葉は、流行語のようによく使われた。（中略）徴用令だの勤労協力令だのという法令が出て、勤労奉仕も国民の義務として盛んに行われた。しかし、これには強制と罰則はなく、あくまでも国民としての愛国心に訴えて、ということであった。それだけにこの人員の確保と実行は難しかった。一人一人の心に訴えて、自発的参加を求めなければならなかったから、私は壮年団長として常に勤労奉仕隊の編成と送出の役目に置かれた。

庶民の機運がそうであったとしても、満州建設勤労奉仕隊の制度浸透・編成派遣には、計画・立案・実施に急を要したり、周到な準備という点では多少欠けるところがあったりした。そこで昭和一五年度には、円滑な実施のために研究が加えられた。昭和一四年度は集団勤労を通じて興亜精神を体得するというのが主目的であったが、昭和一五年度は精神訓練だけでなく、満州開拓政策の促進および日満両国に通じる食糧・飼料の増産に奉仕することも一大目的とされた。所管も昭和一四年度の文部省主体から日本側では文部、農林、拓務の三省が一体となって事業に当たることとなった。次に、満州国における開拓政策の促進、日満を通じる食糧・飼料の増産を目的とする意味を端的に表現するために、名称が改められた。

庶民への一般通知は新聞によってなされるが、当時新潟市域の主要紙であった新潟毎日新聞は昭和一四年六月二日付で、「学生青年一万余名、大挙若人部隊突進、今夏勤労報国隊を派遣」と見出しを付けて、制度の内容を伝えた。隊の名称は「興亜青年勤労報国隊」とある。しかし、同日別面で新潟県内の参加割当数や応募・申請状況を伝える記事では、「興亜勤労奉仕隊」としている。同紙は九月一九日付で「聖鍬を揮う二ケ月余、勤労報国隊きょう還る」と隊員の帰還を伝える。そして、送出から帰還までの間一〇回ほどの報道が続いたが、名称に関しては二様を何ら区別しないで使用していた。

昭和一五年三月、開拓総局が『康徳七年度満洲建設勤労奉仕隊概説』の中で、「日本側においては『興亜勤労報国隊』と称し、満洲側の『満洲建設勤労奉仕隊』の名称と紛淆して少なからず混乱を生じたので、本年度は日満を通じて『満洲建設勤労奉仕隊』一本で進むこととした」と、昭和一四年度と比較しての改正点を説明している。

名称の点においては、満州国側は当初から「満州建設勤労奉仕隊」を使用していた。日本国内で使用されていた「興亜」が満州ならびに北支および蒙彊を含んだことからすれば、これは当然のことであったと言わなければならない。そして勤労奉仕隊派遣の主たる派遣先が満州に定められていった経緯からすれば、「満州建設勤労奉仕隊」の名称にまとめられていって当然であったと言える。

雑誌『家の光』（昭和一五年九月号）に勤労奉仕隊随行記を寄稿した漫画家・阪本牙城は、随行記の表題を「興亜勤労奉仕隊随行記」としているが、本文冒頭では「満洲建設勤労奉仕隊」と記す。名称統一が図られたとはいえ、一般的にはまだまだ二種類の名称が通用していたものと思われる。

（3）創設・送出の動機

そもそも、満州建設勤労奉仕隊の送出がなぜ必要とされたのであろうか？

興亜《こうあ》青年勤労報国隊が送り出された前年の昭和一三年には、満蒙開拓青少年義勇軍の大量送出が開始されていた。青少年義勇軍は数え一五歳から一九歳、徴兵年齢前の青少年が対象である。勤労報国隊が「青年」とされ、年齢がその上までの青年および学生が対象とされているところから、名称の使い方の区分けがなされたと考えられる。

興亜青年勤労報国隊の応募資格としては、「身体強健、思想堅実にして、年齢一八歳―二五歳迄の者。公私立青年学校生徒、青年団員及び青年学校教員養成所生徒、修練農場生徒」と示されており、第一部扉に掲載した昭和一六年度派遣「満州建設勤労奉仕隊清和《せいわ》開拓団班新潟県隊」の隊員名簿によれば、最年少が一八歳でその他二四歳までの青年たちであった。つまり、満州建設勤労奉仕隊の送出には青年層にも大陸への認識を深めてもらうというねらいがあった。

では、勤労奉仕隊の創設趣旨から見るとどうか？

『満洲開拓年鑑』昭和一五年版は、勤労奉仕隊が企画されるに至った根本的動機は次にあると説明する。

我が満洲国が三大国策の遂行促進に青少年の真摯なる勤労奉仕を得ることは無上の幸せであり、しかもこれら青少年に勤労奉仕を通じて満洲建国の真義を理解せしめ、延いては之により大量開拓民招致の機縁を与えることとなり、一方日本政府当局が国民運動の見地より青少年の勤労奉仕を組織化体系化せんとする意図と、青年・学生・生徒等の大陸視察を単なる旅行に終わらしめず、これに集団的な勤労教育を現地で施し、身をもって大陸を体認せしめるという意図とが二重に結びつき、更にこれが不足資源の生産又は文化工作にも資し得るというところにあったのである。

企画においてはこのように多方面の検討・要請が考慮された。なお、文中の満洲国の三大国策とは、産業開発、北辺振興、開拓政策のことを言う。そして、満州建設勤労奉仕隊を組織する趣旨が、次のように示された（『満洲開拓月報』昭和一五年六月号）。

勤労奉仕隊の指標は開拓政策の促進及び日満両国を通ずる食糧、飼料を増産し、以て新東亜建設の基柢を確立するに在る。

之の為、奉仕隊をして農耕、開墾並に開拓諸建設及び技術的特務作業等に奉仕せしめ、此等の実践を通じて青年の訓練及び大陸の認識を与へ日本青年の報国精神、開拓精神を昂揚し、以て訓練勤労一体の実を挙げんとするものである。

昭和一四年度興亜青年勤労報国隊手帳に掲載された「趣旨」は、次のようにある。同様の内容が謳《うた》われてはいるが、表現に違いが見られる（第五部二資料1も比較参照されたい）。

東亜新秩序ノ建設ハ青年ノ大陸認識ト其ノ実践的奉公トニ俟ツコト大ナルモノアリ。仍テ本年夏期ニ於テ一般青年並ニ学生生徒ヲ大陸ニ派遣シ、現地ニ於ケル国防建設、文化工作、並ニ内地ニ於ケル農業生産拡充計画遂行上必要ナル飼料等ノ生産ヲ行ハシメ、之等ノ集団的勤労訓練ヲ通ジテ興亜ノ精神ヲ体得セシムルト共ニ、直接生産並ニ建設等ノ事業ニ協力セシメンガ為興亜青年勤労報国隊ヲ組織スルモノトス。

満州建設勤労奉仕隊の綱領にはその意義が、「我等勤労奉仕隊ハ皇祖ノ神勅ヲ奉シ協心戮力身ヲ挺シテ興亜ノ天業ニ追進シ神明ニ誓テ天皇陛下ノ大御心ニ副ヒ奉ラムコトヲ期ス」と謳われている。さらに具体的に言えば、奉仕隊の意義は次の三点にあると言える（『新満洲』昭和一五年五月号）。つまり、

① 満州開拓国策の真精神をしっかりと把握させ、同時に開拓団建設の促進発展を図る。
② 日満を通ずる食糧ならびに飼料の増産、供給を行う。
③ 日本内地青年層に対して興亜教育を実践せしめ、大陸進出の気風を養成し、併せて皇道精神の鍛錬陶冶を実施する。

の三点である。

(4) 運営機関

満州建設勤労奉仕隊の編成や送出の担当機関について、開拓総局がまとめた『康徳七年度満洲建設勤労奉仕隊概

説』が次のように説明する（注、康徳は満州国の元号、康徳七年は昭和一五年に当たる）。つまり、運営機関として日本側では、昭和一四年度においては主として文部省が当たった。昭和一五年度からは宣伝、募集、編成、内原訓練所への集合および一般庶務を文部省が担当、予備訓練すなわち内原訓練所への訓練委託は文部、拓務両省が、輸送および満州国との連絡は拓務省が担当することとなった。また、奉仕隊帰還後の指導は文部省が、食糧・飼料の処置は農林省が行うこととなった。このように内容により担当が分かれたが、関係各庁は相互に緊密な連絡・協同を行う必要があり、関係各庁事務の統一保持を行うために対満事務所に臨時奉仕隊編成本部を設置した。

満州側における運営機関では、指導監督機関として開拓総局内に新たに勤労奉仕科を設置した。実践部面については満州建設勤労奉仕隊中央実践本部（事務局長は開拓総局の五十子《いらこ》巻三総務処長）および各省や県に設置された地方実践本部が業務を担当した。実践本部の組織等はおおむね昭和一四年度と同様で、政府、協和会、満拓（満州拓植公社）、満鉄（南満州鉄道株式会社）、糧穀会社、土地会社など、関係機関の総合合作であった。

最初の勤労奉仕隊を迎えた昭和一四年度の受け入れは、短い準備期間にも関わらず、「実践本部員はよく働いた」（五十子巻三の言、『満洲建設勤労奉仕隊現地報告』五ページ）。当時は物資欠乏、輸送力減退、北満の水害、ノモンハン事件の勃発《ぼっぱつ》など、相当の悪条件の下での受け入れであった。実践本部員は農工具、宿舎、寝具、食糧品、炊事具などの用意、さらにはその輸送の手配をしなければならなかった。加えてポスター、パンフレット、奉仕隊手帳の作成など、一切の仕事を手際よく運んだのである。五十子巻三事務局長はそのことを、「いささか自画自賛のそしりを免れないと思うけれども」（同）と評価の言を物した。

2　満州建設勤労奉仕隊の送出規模

満州建設勤労奉仕隊の送出規模ならびにその種別は、年度ごとにその内容に変化が加えられ、規模・種別が大きく拡大していった。

まず、満州建設勤労奉仕隊の勤労作業としては、生産、開拓、国境建設および特務の四種類に分けられる。生産奉仕作業は、もっぱら特設農場において食糧・飼料の生産に当たるもので、開拓奉仕作業は、既存の開拓地における開拓および農耕、特に除草および開墾作業、開拓建設の勤労奉仕である。国境建設作業は、国境地帯における諸般の作業に奉仕するものである。特務奉仕作業は、各々の技術部門に応じて教学、軍事、農事指導、医療・保健指導、獣疫予防、採鉱、測量、建築、家事等多方面の勤労奉仕が考えられた。

送出規模としては、満州建設勤労奉仕隊送出の初年度であった一九三九（昭和一四）年は、青年および学生・生徒一万人の送出がもくろまれた。実際には、甲種奉仕隊（一般青年）五、六九三名、乙種奉仕隊（学生・生徒）一、三三五名、特務班二四〇名、先遣隊二七〇名、それに満州現地からの乙種奉仕隊（学生・生徒）が五二七名で、合計八、〇六五名が送られた（『農事訓練と隊組織による食糧増産』三八六ページ）。また、満州拓植公社発行の『満洲開拓月報』昭和一五年六月号の統計は、青年隊が五、九〇二名、学生隊が一、七三〇名で、総計七、六三二名が派遣されたとする。

以下、各年度の実際を見てみよう。

（1）昭和一四年度

満州建設勤労奉仕隊送出の初年度を振り返って開拓総局総務処長であり満州建設勤労奉仕隊中央実践本部事務局長を兼務した五十子《いらこ》巻三は、「満洲建国以来八年の間に於いて、日満一体的事業として今回の満洲建設勤労奉仕隊の如き立派な成績を収めたものは先ず少なかろう」と絶賛した（『満洲建設勤労奉仕隊現地報告』一ページ）。送り出された青年・学生たちは、六月一三日渡満の先遣隊が二七〇名、そして本隊の一般青年七、二七二名、日本側学生一、六三二名、満州側学生九八二名、特務班二四〇名、合計一万三九六名に上った（注、前項に引用の送出人員数と異なる。当時の新聞報道等の数値も人員数記録はほぼ一致しない）。

奉仕隊員の組織化では、昭和一四年度は甲種と乙種とに区分された。甲種奉仕隊とは一般青年隊のことで、要綱には、「概ネ一農年（播種ヨリ収穫迄）勤労ヲ為スモノニシテ其ノ編成ハ一般農村青年ヲ主流トシ、主トシテ開拓ニ勤労奉仕セシメ、日本農村飼料問題ノ解決ニ資セシムルノ外、必要ニ応ジ国防的建設ニモ勤労奉仕セシムルモノトス」（区点は筆者）と示されている。乙種奉仕隊は夏季のおおむね一カ月間の勤労で、「短期勤労奉仕ヲ為スモノニシテ其ノ編成ハ学生ヲ主トシ一般青年ヲ加フルモノトシ、開拓、国防的建設ニ奉仕セシムル外、医療、鉱工、畜産指導等ノ技術的作業ニ勤

阪本牙城『漫画現地報告』表紙

労奉仕スルモノトス」とある。

五十子巻三事務局長の説明をさらに引こう（同三ページ）。それによれば一般青年は、「おおむね六月下旬より九月中下旬に至る約二ケ月半ないし三ケ月間、主として開拓地において農耕、家屋建設、道路構造等の生産並びに建設に勤労奉仕」した。学生は、「おおむね七月下旬より八月下旬に至る約一ケ月間、主として国境地帯において道路・飛行場等の国防建設、または発電貯水池等の特殊建設に勤労奉仕」した。特務班学生は、「同じくおおむね一ケ月にわたり開拓地その他において医療、獣疫予防、測量、鉱業、教育等の特殊工作に勤労奉仕」した。これら満州各地で勤労奉仕に当たった各県派遣の中隊は、最後の集団が九月二六日に現・北朝鮮の羅津《らしん》を出発、同二九日に敦賀港に帰着した。

昭和一四年度派遣の勤労奉仕隊に関しては、漫画家・阪本牙城の詳細な現地報告、『満洲建設勤労奉仕隊漫画現地報告』がある。阪本牙城は招かれて満州建設勤労奉仕隊中央実践本部員となり、前後三カ月にわたり各県隊や各班隊の奉仕地をくまなく視察し、つぶさにその奉仕の現状を詳細な解説文付きで漫画に描き、これを日満両国の諸新聞・雑誌などに発表した。私たちはそれにより、一万数千、全奉仕隊共通の生活断面の記録を目にすることができる。報告者の阪本牙城は、「奉仕隊の諸君はどこでも、あの不便な土地、不自由な環境にあって、よく勤労し、ほがらかに奉仕していた。誰も彼もが、大陸日本を担う宿命と名誉と義務の自覚の上に、天業追進に汗みどろの奉仕をしていた」と感想を添えている。

(2) 昭和一五年度

昭和一五年度は組織化区分が奉仕期間の長短を基にしたものとなり、名称が長期勤労奉仕隊と短期勤労奉仕隊となった。長期・短期の区分は前年度の甲種・乙種の区分にほぼ対応する。要綱からまとめられた概要説明（『満洲開拓月報』昭和一五年六月号）によれば、長期勤労奉仕隊とは、「概ネ播種期ヨリ六ケ月間勤労ヲナスモノデアッテ、編成ハ日本農村青年ヲ主体トシ、食糧及飼料ノ生産竝開拓諸建設ニ対シテ勤労奉仕セシムルノミナラズ、国境建設ニモ奉仕セシムル」ものである。

長期勤労奉仕隊は特設農場班と開拓国境班の二つに細分され、特設農場班はさらに前期班と後期班とに分かれ、それぞれ在満五カ所の農場に配属された。特設農場への派遣は昭和一五年度が初めてである。特設農場では、勤労奉仕隊は主に食糧および飼料の生産に当たった。開拓団班は各開拓団に配属されて農耕、土木、開墾などの奉仕作業に従事した。

短期勤労奉仕隊は、「夏季概ネ一ケ月乃至一ケ月半勤労ヲナスモノデ、日満両国ノ青年就中特技ヲ修ムル者ヲ主体トシ、主トシテ国境建設、畜産指導ノ技術的特務作業ニ勤労奉仕」するものである。特技班には理、工、医、農業・土木科系統の学生・生徒が充てられた。

昭和一五年度の派遣人員計画を見ると、勤労奉仕隊員総数が七、七六一名と見込まれ、その内訳は勤労奉仕隊員が七、二〇〇名、幹部が五六一名となっている。特設農場班に三、二〇〇名が充てられ、一般開拓地ならびに国境建設班に四、〇〇〇名の配置が計画された。また、満州現地隊として現地青年や学生六、〇〇〇名が見込まれた（『満洲開拓年鑑』昭和一六年版）。各班への引率・指導者数は四三三名で、医務を担当する医療班として一四四名が確保され、総勢六、七七七名との統計（『満洲開拓月報』昭和一五年六月号）も見られる。

統計数値は各書によって差異が見られる。『農事訓練と隊組織による食糧増産』（三八六ページ）では、種類別派遣員数を一般開拓国境班二、四五二名、特設農場班二、八一八名、女子班一〇三名、師範隊四九八名、教育隊五八五名、その他朝鮮学生隊、同青年隊、満州国内よりの応援作業隊などを加え、総計一万一、三九八名とする。

(3) 昭和一六年度

送出三年目の昭和一六年度は、過去の実績から本格的な大飛躍が要請されたことによる充実の年と言える。奉仕隊員の選定・渡満前の訓練の徹底、食料費補助の増額、宿舎の増築・修理、医療班の強化などが図られた。国内農学校生徒の動員が図られ、将来は義務制として教育課程に織り込まれる機運まで生まれた。同時に満州国内の学生や一般青年の動員の増加も図られた。女子隊員の増加を含め、送出総数の増加がもくろまれた。昭和一六年版『満洲開拓年鑑』も、渡満船上に鈴なりになった青少年たちの写真を添えて、「進め若人よ!」と次のように意識高揚を図る。

現地認識による対満大量移住の機縁を国民各層に深むる一方、直接には食糧・飼料の増産に寄与をなす彼等青少年学徒の奉仕訓練の意義にはまことに重大なものがある。さらにまた、彼等自らの陶冶の上にこそ大陸日本の発展はかかっているといおう。民族の先覚者たちがつくり育てゆく開拓農村の印象は、彼等の内なる心に創造の喜びを燃焼させずにはおくまい。祖国は彼等のうちに、また彼等をつつみ常に彼等と共にある。大陸への行進譜を奏でて、進め若人よ。

昭和一六年度の派遣人員数は、開拓生産隊(特設農場班、開拓団班)三、八九三名、米穀増産特別班二、二七七名、特殊作業隊(特技班、教学班、女子班、一般学生班)八五四名、開拓応援作業隊六八五名、この他に朝鮮隊、満州現地隊を合わせて総計八、九五〇名が派遣された(『農事訓練と隊組織による食糧増産』三八七ページ)。

（4）昭和一七年度

昭和一七年度の派遣隊員数値を同年度の『満洲開拓年鑑』で見ると、次のようにその送出規模が拡大していることが分かる。開拓生産隊に六、四〇〇名、特殊作業隊に二、三〇〇名、開拓応援作業隊に一、四〇〇名の派遣である。開拓生産隊は一般的な開拓団班一、六〇〇名のほかに畑作農場班三、二〇〇名、水田農場班一、六〇〇名に細分化されての派遣と変わっている。特殊作業隊は特技班六〇〇名、教学班六〇〇名、一般学生班一、〇〇〇名、女子班一〇〇名と区分された。開拓応援作業隊は一、四〇〇名が一般開拓団への派遣と義勇隊開拓団への派遣とに分けられた。

一方、『農事訓練と隊組織による食糧増産』（三八七〜三八八ページ）は、次のように説明する。農林省が米穀増産班一、六九七名と、昭和一七年度から新たに設置した在満報国農場への報国農場隊一、〇二九名を派遣した。つまり、在満報国農場への勤労奉仕隊の派遣は昭和一七年度が初めてである。そして他省関係では、特設農場班一、三六四名、開拓応援作業隊八〇四名、特殊作業隊（特技班、教学班）六七九名が派遣され、満州現地隊などを加えて総計九、九二八名であったとする。

（5）昭和一八年度

『農事訓練と隊組織による食糧増産』から昭和一八年度の派遣員数統計を引こう。昭和一八年度は、農林省が在満報国農場へ二、二三七名、米穀増産班一、二七〇名を派遣した。文部省関係は、特設農場班一、三六四名、女子青年隊二五〇名、特殊作業隊一四〇名で、大東亜省関係が、開拓応援作業隊二、二四三名であった。総計七、五〇四名が派遣された。

(6) 昭和一九年度

昭和一九年度は在満報国農場が五〇農場に増加したので、農林省関係のそこへの派遣が六、一四六名（うち男性四、五三六名、女性一、六一〇名）、米穀増産班は七〇八名の派遣であった。他省関係では特設農場隊（文部省）一、五〇〇名、開拓増産促進隊（大東亜省）一、〇〇〇名が計画されたが、諸般の事情で実現を見なかった。

(7) 昭和二〇年度

昭和二〇年度は農商省関係の在満報国農場が五八農場に上り、勤労奉仕の派遣隊員は四、五九一名（うち男性二、六四九名、女性一、九四二名）であった。米穀増産班の派遣は長野県のみで、三五〇名の派遣であった。

昭和二〇年に派遣された報国農場隊員の詳細例としては、第三部に詳述する新潟県送出の西火犂《シーホーリ》報国農場の事例と、長野県送出で第一一次珠山《しゅざん》上高井開拓団（昭和一七年東満総省宝清《ほうせい》県入植）に併設された長野県報国農場の事例がある。西火犂報国農場の具体例については第三部に譲る。

長野県が設置した珠山報国農場は、昭和二〇年の設置であった。先遣隊二五名が昭和二〇年三月に出発、後続七五名が今井弥吉隊長に引率されて、一カ月後に現地に到着している。上高井開拓団は戸数九〇余戸、団員二〇八名に達し、昭和二〇年には水田の造成工事も完了し、団の建設は着々とその成果を上げつつあった。そこに報国農場隊員一〇〇名を迎え、村づくりが一段と前進した。

しかし、まもなく日本敗戦と避難行を経験することになる。須坂市臥竜公園に立つ「満洲珠山開拓慰霊碑」には、その苦難が次のように刻まれている。

昭和二〇年八月九日、突如ソ連の宣戦によって農場・家財を放棄し、立ち退きの事態に立ち至りました。以来、弾丸雨飛にさらされ、野に伏し、草根を食して露命をつなぎ、避難の行路は長期にわたって、この間銃弾に倒れ、悪病に没し、あるいは自ら生命を断つ等悲惨の限りを尽くして、大陸に殉難した者百三十余人に及んだことは、うたた痛惜に堪えません。

西火犂報国農場隊員の場合も珠山上高井報国農場の場合も、隊員は女子を主体とする奉仕隊の編成であった。一九二六（大正一五）年生まれの小沢叔子は、昭和二〇年四月、一九歳の時に今井弥吉隊長に引率されて、東満のソ満国境に近い上高井報国農場に勤労奉仕に入った。勤労奉仕期間は六カ月間の約束だった。しかし、小沢叔子の中国滞在は三七年間に及び、故郷に引き揚げたのは一九八一（昭和五六）年一二月のことだった（『祖国よ！　佐瀬稔の昭和事件史』二三ページ）。渡満四カ月にして、大陸での生活も人生自体も狂わされてしまった。

小沢叔子は仲間の女子奉仕隊員とともに山中を彷徨《ほうこう》した末に勃利《ぼつり》まで避難し、そこで現地住民に捕えられる。友人は次々に現地民のもとへ、妾《めかけ》兼労働力として売られていった。小沢叔子は再三逃亡をはかったが、いずれも失敗。彼女も現地民の家に売られ、ついに三七年間を勃利で過ごすことになったのである。

珠山から勃利に至る山中の逃避行の間に目撃した悲惨事を、小沢叔子がノンフィクション作家・佐瀬稔に次のように語った（同二四～二五ページ）。

ある日、暗い山の中で、三、四歳の子が三十人くらい、大きな木の下にかたまっているのに出会ったことがあります。どうにも殺せなくて置き去りにされたのです。その中の一人が、「お母さん、お母さん」と言って私のところに走ってきました。しかたないので、私はその子をおぶって歩きました。

三日目に、大きな川に出ました。増水で、橋が流されたところに日本人が何人かいましたが、それを見ると、おぶっていた子が突然、「お母さん」と呼ぶのです。声を聞いて、女の人が一人馳せ寄ってきました。その人は本当のお母さんで、「どうしようもなくなって置き去りにしてきたのですが、この三日間、私は気が狂いそうでした」と言って泣きました。

小さな子が次々と井戸に投げ込まれるのを見たことがあります。「私も一緒に……」と泣き叫ぶお母さんをおさえつけておいて、井戸に投げ込むのです。井戸が浅かったのか、それとも子供たちで一杯になってしまったのか、人々が去ったあとで、四歳くらいの子が井戸から這い上がってくるのを見ました。

昭和二〇年、大きな夢を抱いて渡満した女子勤労奉仕隊員の中には、このような悲劇を目の当たりにしたり、自分自身が残留婦人としての戦後生活を余儀なくされたりした人もいた。

3　満州建設勤労奉仕隊の編成種別

一九四三（昭和一八）年度以降の勤労奉仕隊派遣は報国農場経営に指向されていったので、それに関しては後述および第三部を参照されたい。以下、満州建設勤労奉仕隊の種類とその内容を計画書や要綱・要領等を参照しながらまとめる。

(1) 特設農場班

「特設農場」とは、満州国の産業開発五カ年計画の一環として農産物増産に寄与するとともに、開拓政策を促進させる目的で創設された実地訓練場である。経営は満州拓植公社が担った。特設農場の設置箇所は将来の集団・集合開拓民の移住予定地で、その地区を機械力利用と勤労奉仕隊の労力活用で開墾を進めることがもくろまれた。特設農場経営要領はそのことを、「開拓民ノ入植予定地ヲ利用シ一定数ノ農場ヲ創設・経営シ、開拓民ニ譲渡スル場合ハ之ニ代ワルベキ農場ヲ補設シ、常ニ一定数ノ農場ヲ維持経営ス」と示している。

昭和一五年度は、五カ所八単位の特設農場が開設された。それらは浜江《ひんこう》省薩爾図《サルト》、同省宋《そう》、北安《ほくあん》省白家《はくが》、同省鶴山《かくざん》、東安《とうあん》省宝清《ほうせい》で、それぞれの位置は『満州開拓月報』（昭和一五年六月号）が示す位置図のとおりである。将来は全満二四農場に拡張する計画が立てられた。

勤労奉仕隊の「特設農場班」は、奉仕隊の主目標たる開拓政策の促進寄与、言い換えれば開拓民の先遣隊的役割を果たすとともに、食糧・飼料の増産目的をも充足するものである。勤労奉仕隊員は特設農

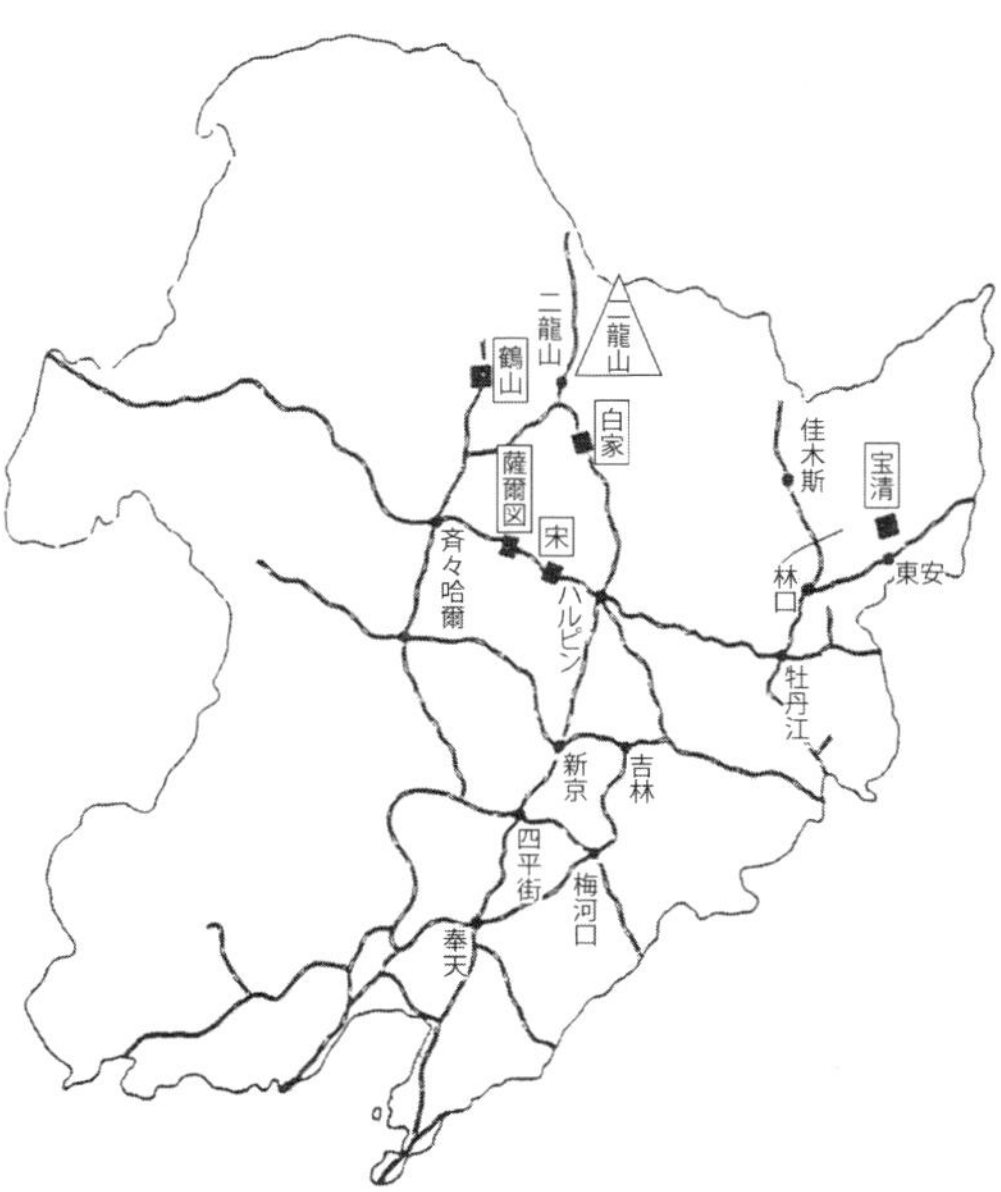

昭和 15 年度設置特設農場
（『満州開拓月報』昭和 15 年 6 月号より）

場においで農作物の播種《はしゅ》から中耕、除草はもちろんのこと、収穫に至るまでの援助を行い、食糧・飼料の増産に勤労奉仕した。昭和一六年度の送出計画では、前期班（五月中旬～七月下旬）、後期班（七月下旬～九月中旬）とも、それぞれ一、七五七名の派遣が予定された。

(2) 開拓団班

「開拓団班」とは、既に入植している主として第七次および第八次の開拓団に入って約二カ月半、開拓民の農耕、特に除草、開墾作業、土木などの開拓諸建設に勤労奉仕する奉仕隊である。各道府県はそれぞれ、自県送出の既存開拓団に勤労奉仕隊を派遣した。昭和一五年度の総人員は約三、三〇〇名で、そのうち奉仕隊員は三、〇〇〇名で、指導者一八〇名、医師九七名であった。

同様の趣旨で満州国内の青年ならびに学生・生徒をもって「満州現地班」が、朝鮮各道府県より選出される「朝鮮班」が編成された。それぞれ夏期の短期間勤労奉仕に当たった。

一般青年の開拓地到着は全満の農地で雑草の最も繁茂する頃であり、したがって除草を最も必要とする頃であった。その時期に奉仕隊員が来てくれるわけだから、開拓民は非常に喜び、感謝した。

除草以外の勤労奉仕作業は多岐にわたる。たとえば道路工事、神社境内地ならし、架橋工事、排水溝掘削、家屋・牧舎などの建設、乾草刈り、小麦・燕麦などの刈り取り、苗圃《びょうほ》・種畜場などの管理はもとより、換気口・窓枠・ハエの予防網の取り付けなど、生活に必要なことは何でも作業した。さらに場所によっては飛行場建設など、国防建設への貢献作業もあった。

（3）　学生特技班

一般の学生隊は主として国境地帯などにおいて飛行場、防空壕、戦車壕、射撃場などの建設工事、兵器の手入れなど、国防建設への貢献奉仕が任務とされた。

「学生特技班」は、満州開拓勤労奉仕隊送出以前から編成されていた興亜《こうあ》学生勤労報国隊が発展したもので、昭和一五年度は満州班一、五〇〇名、北支《ほくし》班八〇〇名、中南支班二〇〇名と分かれて派遣された。これは各大学や専門学校からそれぞれ部門に応じて医療班、獣医班、農耕班、土木班、測量班、鉱工班といったように学生が持つ特技・専門に合わせて編成し、分散して巡回的に実習を兼ねた勤労奉仕を行うものである。派遣は夏季休暇を利用しての七月中旬から八月いっぱいとされた。

昭和一六年度計画では理、工、医、農業系統の学生・生徒をもって学生特技班を編成し、その予定員数は医療特技班三二五名、獣医特技班二六〇名、農業土木特技班六〇名、農業特技班一二〇名、土木特技班一二五名、鉱工特技班九四名とされた。

（4）　女子青年隊

勤労奉仕隊には編成人数は多くないが「女子青年隊」も編成された。昭和一五年度から開始された女子青年隊の編成趣旨が要綱（第五部二資料2参照）に次のように示されている（句読点は筆者が追加）。

満洲建設勤労奉仕隊女子青年隊ハ、満洲建設勤労奉仕隊ノ一環トシテ満洲国ニ於ケル満洲女子青年義勇隊訓練所、開拓団等ニ配属シ、実習、訓練、其ノ他ノ奉仕作業等ニ勤労奉仕セシメ、此等実践ヲ通ジ女子青年ノ訓練及大陸認識ヲ与へ、以テ日本女子青年ノ報国精神ヲ昂揚シ、訓練、勤労一体ノ実ヲ挙グルモノトス。

女子青年隊の派遣は、「多年日満両国間に於いて要請せられたる」(『満洲建設勤労奉仕隊女子青年隊概要』一ページ)ことであった。昭和一五年の派遣の成果から、「満洲国国策の推進に寄与するのみならず、我が国女性の大陸認識、惹いては大陸への進出に多大の貢献をもたらした点に於いて、極めて意義深きものがある」と確認された。同時に「この事業が如何に緊要事であり、また効果著しきものであったか」をうかがい知ることができるものであった(同)。

「満州建設勤労奉仕隊女子青年隊」は、各道府県から二名づつ女子青年団中堅幹部から選任され、青年義勇隊現地訓練所および開拓団等に奉仕作業に出向いた。初の編成・送出となった昭和一五年度は、引率・指導の幹部五名、同行医師三名、班員九四名、計一〇二名で女子青年隊が編成された。第一班から第五班の五隊に編成された参加者を「昭和十五年度満洲建設勤労奉仕隊女子青年隊名簿」で確認すると、隊員の年齢は一八歳から二五歳でほとんどが各道府県の女子青年団幹部である。新潟県からは女子青年団役員の本間キミ(二五歳)と一般団員の五十嵐ミチ(二四歳)が選任されて参加している。

女子青年隊の派遣目的は、実習訓練と勤労奉仕とを通じて報国精神の昂揚と大陸認識の徹底を期すことにある。女子青年隊は裁縫(衣服や布団の手入れなど)、炊事(料理法の指導など)、洗濯、清掃作業や、その他各訓練所の実情に従って女子に適切な作業を担った。加えて、近隣開拓団において国防第一線に働く開拓民の生活を体験させ、満州移住における女性の任務が、いかに八紘一宇《はっこういちう》の大理想に結び付けられているかを認識させようとするものであった。

一九四一（昭和一六）年度の女子派遣数は全国で一〇四名、新潟県には二名の割り当てがあった（新潟県中央新聞、昭和一六年四月二九日付）。この年の参加者は女子青年団副団長の木村恭（二四歳）と同幹部の更科美喜（二〇歳）であった。

同年の愛知県代表に選ばれた鈴木たまは、「東京に集合したが日ソ関係が緊迫、日本海に機雷が設置されたため、女子の渡満は中止になった」と記す（『凍土に生きて』）。隊は翌日解散となり、そのまま帰郷し、事情を県庁に報告したという。この間のことを文部省社会教育局がまとめた『満洲建設勤労奉仕隊女子青年隊概要』（七三ページ）は次のように説明している。

七月五日には結成式が挙行された。翌六日、茨城県日本国民高等学校女子部に入所の運びとなり、準備訓練は行われた。厳格なる規律統制に依って教育訓練された本隊は、十一日内原を出発した。然し東京日本青年館に於いて現地事情のやむなき都合に依り、本年度女子青年隊は中止となりたる旨本隊に報ぜられた。此処に同日解隊式は挙行された。同日夜より翌十二日昼迄解散後も団体行動をとることとなり、宮城遥拝、明治神宮、靖国神社参拝、其の他市内各所を見学、十二日午後を期して各自故郷へ帰還せしめた。

この事情で昭和一六年度の派遣がかなわなかった鈴木たまのその後について少し触れる。鈴木たまは二年後の昭和一八年六月、全国各県から五名宛の小学校女子教員と女子青年団員、約一五〇名で編成された派遣団に選任されて渡満した。

女子青年隊員は、主として満州開拓青年訓練所に配属された。昭和一八年派遣の鈴木たまら愛知県代表の女子青年隊員は、哈爾浜《ハルビン》で鉄驪《てつれい》、孫呉《そんご》の訓練所へ行く班と別れ、嫩江《のんこう》訓練所へ派遣された。奉仕活動は訓練所の寮母先生と一緒にある中隊に行き、「私たちの最初の仕事は作業服や布団の修理だった」という。「お手伝いできることはこの衣服の繕いくらいで、農耕も炊事も内地の農家とあまりにも違い、お役に立てなかった」とも記している。

勤労奉仕活動後の既設開拓団見学は、日本女性の積極的大陸進出ならびに円満なる開拓地家庭を建設する契機とされた。「大陸の花嫁」候補となりうる独身女性を現地開拓団に送る制度としても機能した。鈴木たまは、嫩江訓練所生であった同県派遣中島中隊の隊員に、帰国した翌年、請われて結婚した。中島中隊が現地訓練を終えて第四次尾三義勇隊開拓団に移行するのを機会に、昭和二〇年三月に式を挙げ、渡満した。なお「尾三」とは、隊員の出身地、「尾張と三河」から取って付けた開拓団名である。

(5) 教学奉仕班

「教学奉仕班」は、昭和一五年度には「小学校教員班」とも呼ばれていたが、全国の小学校および青年学校の教員、特に青年義勇隊郷土部隊の編成運動に関与している教員をもって編成された。派遣期間は七、八月の夏季休暇を利用した。昭和一五年度に五五〇名、昭和一六年度に約六〇〇名が派遣された。

教学奉仕隊は青年義勇隊訓練所に配属され青年義勇隊員たちの教学に協力するとともに、彼らに対し内地および郷土の事情、国際情勢などの紹介に当たる。さらには訓練生と寝食を共にしつつ、建設・生産の諸作業に従事する機会も持ち、自分たちが送り出した青年義勇隊員の訓練生活をも体験する。加えて満州主要都市の視察によって興亜《こうあ》教育の実際を体験し、その後の後続義勇軍送出運動に一層協力することが期待された。

なお、将来初等教育の重責を担う師範学校学生に対しては「師範隊」が編成され、国境方面の特殊土木作業体験などの勤労奉仕を通して大陸認識を把握させる機会も作られた。

（6） 応援作業班

勤労奉仕隊の種類もその目的に応じて前述のとおり多様となり、「応援作業班」は「特設農場班」とともに昭和一五年度からの新規実施である。応援作業班実施要領にはその方針が、「満洲建設勤労奉仕隊ノ趣旨ニ即応シ、日本内地ニオケル農閑期ヲ利用シ、満洲開拓団送出府県、特ニ分村分郷関係町村ヨリ、主トシテ青壮年農業者ヲ関係開拓団ニ派遣・配属シ、建設・生産ニ勤労従事セシメ、開拓思想ノ培養・鼓吹、開拓団建設・生産ノ応援・促進ニ資スルタメ」と示されている。

以上の趣旨から、開拓応援作業班は一般満州建設勤労奉仕隊とは区別され、その編成に当たっては、当該開拓団の出身府県者をもって充当し、分村分郷開拓団にあっては当該関係町村の青年たちが充てられた。端的に言えば、開拓応援作業班は、開拓団と作業班当事者間の自主的取り決めによる、私的勤労奉仕隊と言える。また、いろいろな関係で一般奉仕隊に参加できなかったり、経費の都合上行くことができなかったりした者に対し政府において斡旋《あっせん》・補助を与えるかたちで誕生したのが、勤労奉仕隊の「応援作業班」であるとも言える。

満州建設勤労奉仕隊の種別は、以上のように多種多様であったが、年度ごとの送出総数はほぼ一万人前後であった。実送出数が計画数に大きく及ばなかったこともあったようである。なお、ここに項目立てて解説した満州建設勤労奉仕隊の一九三九～一九四五年度にわたる編成形態の推移・種別については、白取道博『満蒙開拓青少年義勇軍史研究』（二五一ページ）に表組み表示がなされている。

満州建設勤労奉仕隊の送出は年度ごとに相当に変化があったり成果と失敗が入り混じったりした点があったが、次の段階として「報国農場」の建設・経営へと変化していった。昭和一七年度以降は報国農場が勤労奉仕隊の中核となっていった。報国農場に関しては前項第一部二の2で少し触れたが、詳しくは第三部において後述する。

昭和二〇年までには各都道府県が自県開拓団の隣接地に自県の報国農場を設置し、自県の青年男女の現地実地訓練施設とした。通年経営を行う関係上、勤労奉仕隊員の一部は越冬して報国農場に滞在した。女子奉仕隊員の中には報国農場から「大陸の花嫁」として開拓団に入った人もいた。

4　各種奉仕隊の活動実態

(1)　新潟県興亜青年勤労報国隊

満州建設勤労奉仕隊制度の昭和一五年以降の実態に関しては第一部四ならびに第二部以降に譲るとして、初年度の興亜《こうあ》青年勤労報国隊の編成や送出、活動実態に関して当時の新聞報道から拾ってみたい。前述のとおり、当時の新聞報道や移民関係雑誌を参照しても派遣人員数がそれぞれ一致しないきらいがあるが、派遣総数は一万一、〇〇〇名ないし一万二〇〇〇名であろう。

昭和一四年度の先遣隊は東大をはじめとする一二カ校の学生団三〇九名であったが、昭和一四年六月八日、新潟港から満洲丸にて渡満した。新潟医大からは指導官二名、学生二〇名が参加していた（新潟毎日新聞、昭和一四年六月七日付）。先遣隊は哈爾浜《ハルビン》訓練所に入り予備訓練を受けたのち、移民地に入る本隊を迎える準備に取り組んだ。

続く六月二四日、本隊のことであろうか、新聞が〝青年先頭隊〟と伝える派遣第一班一、二六七名、第二班九六二名の壮行式が日比谷公園において盛大に挙行された。第二班は吉林《きつりん》・浜江《ひんこう》・三江《さんこう》の三省方面への派遣で、北海道、山形、青森、秋田、新潟、富山、石川、福井出身者で編成された。新潟県からは一三四名が参加した。式の詳細が次のように伝えられている（同六月二五日付、一部現代表現に直し句読点を追加）。

式は定刻午後一時三十分開始、陸軍軍楽隊の伴奏で君が代を斉唱、ついで荒木文相は青年に賜る令旨を奉読後、大陸に赴く青年たちに烈々たる訓示を与え、激励の言葉を贈った。これに続いて板垣陸相以下来賓の壮行の辞があり、終わって阮満洲国大使が喜びの祝辞を朗読、田中隊長（筆者注、大日本青年団参事・田中確一）が一隊を代表して答辞を述べたのち、壮行会は綱領を唱和、使命を全うせん意気を示して万歳三唱後、二時三十分、式を閉じた。

昭和一四年度は興亜青年勤労報国隊と銘打って全国から約一万人の青年隊員が送り出されたが、前述の隊に続く六月から七月、続々と渡満する派遣隊の新聞報道が続く。青年隊三江省方面隊一、三六四名（同六月二六日付）、第二陣浜江省方面隊一、二六一名（同六月三〇日付）、第三陣牡丹江《ぼたんこう》省方面隊一、三一三名（同七月四日付）とある。このうち牡丹江省方面隊は山梨、京都、大阪など、長野県中隊を含んだ一七府県隊で編成されていたようで、石井清司長野中隊長と小林三郎小隊長の報告が、第五次黒台信濃村の開拓団史『惨！ムーリンの大湿原』に掲載されている（同書一八七〜一九〇ページ）。

長野県隊は、石井清司中隊長以下一三名の指導者、中等学校・青年学校・教員養成所の学生や各地方の青年団などの中から選抜された九四名の隊員で編成された。新潟港から羅津港《らしん》に渡ったのが七月二日、支那《しな》事変やノモンハン事件の後なので海上は厳重の警戒をしながらの航行だった。

現地での生活は次のようだった。七月は水田除草、道路作業、土木建築作業、蔬菜園《そさい》の手入れ・除草。八月に入って麦刈り、除草、洋草《やんそう》刈り、水田の稗《ひえ》抜き、麻の刈入れ、土木作業、牛蒡《ごぼう》・人参の掘り取り、軍用道路の草刈りなど多様。九月は軍用道路補修、その他個人家屋に分宿しての作業手伝いなど。九月一七日、帰途についた。その間、虎頭《ことう》、弥栄《いやさか》、佳木斯《ジャムス》の見学もあった。

派遣は一般青年隊のほか、大学・高校・専門学校・師範学校から選抜された学生たちで編成された学生隊もあった。第一班第三方面隊八六〇名が編成され、派遣された（同七月二〇日付）。「ノートする手に鍬を握り、蒼白きインテリの装いをかなぐり捨てて、今ぞ行く新しき開拓の土へ」と紹介されたこの第一班に、新潟師範学校から指導教官一名、学生六名が参加した。

送出状況が丹念に報道されたと同じく、初年度の勤労奉仕隊の実績を伝えながらの帰国の様子も詳細が報道された。興亜青年勤労報国隊浜江省第三方面隊四五一名（新潟一三四、山形一二六、秋田一一七、青森七四）は九月一八日、日満連絡船月山丸にて新潟港に入港した。同日、新潟公会堂にて解隊式が挙行されたが、新潟中隊の上野守治隊長（中頸城《なかくびき》郡大湊村）が帰還の挨拶とともに現地での働きを次のように伝える（同九月一九日付）。

新潟中隊は指導者十名、医療班四名、隊員一二〇名、合計一三四名で、三小隊に分かれて濱江省五常県山河屯、朝陽川、三個頂の移民地に農耕、道路建設に奉仕してきたのですが、一同報国隊の綱領を遵奉し非常に真剣に活動、全員一人の落伍者もなく無事で帰ることができましたことは、非常に嬉しく思っております。

奉仕地には六月三十日から九月十二日までの七十五日間奉仕したのですが、最初は雨に降られ、泥濘のため非常に困りました。それに宿舎は急造の日の丸兵舎で設備が悪く気持ちが悪かったが、逐次衛生その他の施設を完備したので、帰る頃には全く満洲は捨て難いという気が致しました。今後は満洲で得た体験と認識とを活かし、大いに努力する覚悟です。

このとき朝陽川《ちょうようせん》開拓団に入った新潟隊の杉山徳蔵部隊長の便りが届き、「赤い夕陽の影を踏み、味わう奉仕の快感」と報道された（新潟新聞、昭和一四年八月二五日付）。「朝五時のサイレンに床を蹴って起き、外に出ます。日の出前の空は全く目の覚めるようです。太陽が空と大地を割って昇る頃、朝の礼拝が行われます。朝陽を浴びての朝の行事は敬虔《けいけん》そのものです」と早朝の隊員生活が始まる。

続いて七時までに朝食が終わり、七時半から作業に取りかかる。作業は開拓団本部の建設工事や各開拓集落での農耕である。時には道路工事やいろいろの雑役作業も担当した。杉山徳蔵部隊長は、作業終了後の様子を次のように報告している。

赤い夕陽はまた格別です。一日の作業を終了し長い影を踏みながら、空腹でも元気で、報国隊の歌を歌いながら帰途に就く時は、しみじみと奉仕の快感を覚えます。宿舎に帰ると炊事当番のご馳走?が待っており、風呂当番・舎内当番の厚意から疲労もすっかり洗い流されてしまいます。ここにも勤労奉仕の麗しい情景が点描されます。

夜は八時半の点呼、九時半までの一時間が楽しみの時間。お盆の三日間は盛大な盆踊りも開催された。九時半のランプ消灯からは一時間交代で不寝番が立つ。この頃はまだ治安が悪かったので執銃を許されたという。

(2) 新潟県農学校隊

満州における農業経営を実践するとともに確固たる現地認識を体得させ、ひいては日満農業の発展ないし開拓政策の円滑なる遂行に資する目的で、全国の農学校生徒の勤労奉仕隊への動員が図られた。

新潟県の県央にある加茂農林高等学校は農業を専門とする由緒ある県立高校のひとつである。明治三六年開校の加茂農林高等学校は、二〇〇二（平成一四）年に創立一〇〇周年を迎え、記念誌『青海百年』を編纂《へんさん》した。その記念誌で昭和一〇年代の様子を確認すると、満州に青年たちを送り出す当時の状況が読み取れる。

昭和に入った日本では経済は不況のどん底で、農村の疲弊も深刻さを増していた。不況や増加する人口対策として、満州への移民が実施された。開拓団や満蒙開拓青少年義勇軍の送出である。これらに呼応して国内でも開拓というムード的なものが生じ、特に農業関係の学校がその先鋒を担い、実習地の拡張などを目指した。

国策や世情に鑑《かんが》み、国の視学官通達（注、「要望」としてではあったが、当時の情勢からしてほぼ「命令」）を受けて、昭和一四年には全県下農学校に「拓殖科」が設置され、大陸進出への拍車となった。拓殖科は一カ年七〇時間、週二時間の課程である。そこでは、我が国の移民・殖民史や満州国総論から満州における各種産業に関する授業が行われ、将来の渡満のために関東州、満鉄（南満州鉄道株式会社）、官行移民と自由移民、青少年義勇軍、移民地などに関しても触れられ、日本民族の建国的使命を植えつけるものであった。

年末には太平洋戦争に突入するという昭和一六年に入ると、学生を農業生産や軍需産業に動員する、いわゆる勤労動員が始まった。学生たちは近郷の「誉れ家」（＝戦没兵士の家）に田植えに出向き、銃後の奉公を行ったり荒廃地開墾に携わったりもした。

そんな流れの中で加茂農林学校は国の「興亜《こうあ》学生勤労報国隊」、つまり「満州建設勤労奉仕隊農学校隊」として学生を送り出している。一九四一（昭和一六）年四月、学校代表として一〇名が引率教諭とともに全国編成の奉仕隊に加わり、浜江《ひんこう》省薩爾《サルト》図特設農場（位置は前掲３（１）の地図参照）に入った。そのことは当時の新潟県中央新聞（昭和一六年四月三日付）に、「いざ執らん興亜の鍬」の見出しで大きく報じられた。農学校生の勤労奉仕隊員は全国から選ばれた有名校に限られているだけに、代表生徒はもとより留守を守る生徒もその使命に燃えていた。

生徒の渡満に当たって高松校長は、「東亜建設の赤誠を生徒の揮う鍬を通じ大陸に打ち込む大業を実践し、満州建設の土台石を一つ据付け、彼の地に眠る先輩一〇万の英霊を慰めるためにしっかりやれ」と激励した（新潟新聞、昭和一六年四月八日付）。

教員を指導者とした学生隊は茨城県の内原訓練所で内地訓練を受けた後、渡満した。四個中隊に分かれた農学校隊への参加であるが、全国ではそれぞれ二〇〇名、計八〇〇名の勤労奉仕学生の送出であった。国の方針では、参加校は一県一校ないし三校で、一県一〇名とされたが、新潟県では加茂農林学校と決定した。加茂農林学校生は第一中隊に所属し、四月一四日に出発、七二日間、現地開拓団の建設作業に従事した。

加茂農林高等学校一〇〇周年記念誌『青海百年』（一四六ページ）は、自校生徒の活躍を次のように記録して伝える。

加茂農林の活躍は激賞されるほど団結して中隊随一の作業能率を上げた。全国代表校の代表を以って組織される。

た第一中隊にあって、第一等の好成績を挙げた技術抜群にして中隊長より推奨され、東京駅での解散式でその作業服は、如何によく任務に従ったかの中隊唯一の貴重な資料として文部大臣に提示された。七月九日、全員無事帰校した。

この時のことであろう、昭和一六年春に入学した渋谷義雄（新発田《しばた》市）は、「一六年の夏三ケ月間、農科四年生のうち三分の一は、初めて満州の開拓団へ勤労奉仕に出かけた」と手記（戦時下庶民史刊行会編『生きる』六五六ページ）に残す。そして次年度以降も継続して満州建設勤労奉仕隊に学生を送り出したらしく、昭和一七年には二〇名が浜江省安達《あんだ》県の薩爾図特設農場に三カ月間、植林や食糧増産の勤労に励んだと記録する。

この時の隊員・眞保椿三の勤労体験記が、文部省社会教学局がまとめた「興亜学生勤労報国隊満洲建設勤労奉仕隊農業学校隊報告書」（一九四二）にある。現地到着は四月はじめで、まだまだ北満州は冬同然であった。「可愛い満人の児童の日の丸と数人の出迎えの人々に迎えられて、滲み込んでくるような寒さを感じつつ、二里の彼方に見える修練道場目指して雪解けのぬかるみを、肩に食い込むリュックと銃を担いで、歯を食いしばりながら泣いて農場に辿り着いた」ことを思い起こす。わずか一カ月の短い期間に、気温も草木もいちじるしく変わった。それに伴い、奉仕隊員の心も大きく変わっていった。

眞保椿三は特技班役馬の担当で、馬を苦楽の友とした。隊員の打ち込む鍬《くわ》先も真剣に、かつ鋭くなっていった。朝、赤く昇る太陽を仰ぎ、夕、大陸の果てに赤々と沈んでいく太陽を背にして、皆汗と塵《ちり》にまみれて宿舎に帰ってくる。「鍬をかついで元気よく、足並みそろえて帰ってくるその顔色に、一片の曇りなきを見て、人の心のかくまでも進歩したるを誇りたくなる衝動を感じる」体験を重ねる。

勤労奉仕期間があっという間に過ぎゆく。「月日は速い。アヤメの紫をはじめとして満州スミレ、黄、赤、青のだんだら花、青くゆったりと彼方の低き姿を見せる理想の丘、お、北満、薩爾図のこの地、我等希望に満てり」と眞保椿三は締めくくっている。

学校では満州建設勤労奉仕隊を派遣する一方、皇紀二千六百年（昭和一五）記念に四町六反歩余を開墾し、「耕心寮」なる施設を新設し、国策に沿う開拓・訓練を実施している（『青海百年』一四二ページ）。訓練の目的は、指導職員と寝食を共にしての営農の訓練にあったが、人間を作る道場と心得てこれを縦糸に、校訓の実践を横糸とすることを忘れないように努めたという。

最初のうちは、電灯が無くランプであったからランプ磨き、板の間が多かったので雑巾がけ、水道が無かったので水汲みと大変であったが、学生たちは皆平気でやってのけた。朝は太鼓の音で起きる。起床後すぐに実習着に着替えて井戸端で洗面、集まった者から朝の行事に入る。国旗掲揚、そして弥彦山《やひこ》（日本海岸沿いの小高い山）に向かい直しての「やまとばたらき」（満蒙開拓青少年義勇軍内原訓練所で考案された独特の体操のこと、第二部二参照）、弥栄《いやさか》の合唱（万歳三唱のこと）が済むと飯前作業に取りかかる。炊事、掃除、家畜給餌、その他の作業である。夕方は国旗降納が済むと楽しい自由時間が待っている。夜の行事はなるべく厳かに行われ、心鎮まるように執行される。静座にてその日の反省、あるいは訓示、そして神棚に拝礼し、「おやすみ」を交わして一日が終わった。

一般の学生も勤労奉仕隊に加わっている現状から見れば、農学校生徒たちに多くの期待がかけられ、各開拓団ではおおいに歓待したことは想像に難くない。加茂農林学校では生徒の渡満のためだけでなく、満州での農耕、満州開拓団の実情を、教諭を派遣して実地検分させている。

（3）　勤労奉仕隊米穀増産特別班

初年度に成功を収めた勤労奉仕隊に関し開拓総局ではその後の見通しとして、「単に開拓団のお手伝いをするというのではなしに、積極的に未耕地の開拓に当たるとともに内地の分村計画と緊密に結びついて開拓団の送出にも寄与するようにあらしめねばならぬ」（『新満洲』昭和一四年一一月号）と考えた。そこで農林省は「満州建設勤労奉仕隊分村特別班」を編成し、それを「米穀増産班」とした（要綱は第五部二資料3参照）。その意図は次にあった（『農事訓練と隊組織による食糧増産』三九〇～三九一ページ）。

日満を通ずる食糧の増産を図って当面の食糧増産に寄与し、且つ日本農業の将来必ず編成替をせねばならぬ分村計画の促進を図る為である。満洲米作について識者及農民の間に於ても兎角やゝ危惧の念を有せし為、分村運動に若干の障碍をなしていることは否めない事実であるが、これを米穀増産班の実践に依り打破し、満洲に於ける米作の確実性を立証せんとしたものである。

その意図に基き満洲に於ける開拓団と、村を分割して送出せる日本内地の農村、母村或は母郷とを連繫せしめ、開拓団に各班を編成し、分村に於ける水田区域の一定面積を確定し之を耕作せしむることを原則としたのである。

意図としてはこれにより「水田の開墾、耕耘、整地、播種、除草、収穫調整等全ての作業をなし、満洲水稲栽培に確信を得せしむるものにして、これが必然的に分村運動の促進となることを期待したもので、大陸認識、勤労訓練等の効果等々一石三鳥を狙ったもの」（同）と言えた。

したがって米穀増産班の勤労奉仕隊員は原則として青壮年で、しかも米作経験者とされた。派遣期間は五月の播種《はしゅ》期までに現地に入り、収穫を終了するまでの六カ月間とされた。現地では一人平均五反以上の水田の耕作を担当し、生産物は八割程度を隊員の所得とし、残りの二割を分村に謝礼として贈与するものとされた。

一九四一（昭和一六）年度の勤労奉仕隊米穀増産特別班の派遣は日満両関係当局において総数八、七〇〇名と決定し、初夏の五月からの班は一、六〇〇名が勤労に汗を流した。太平洋戦争に突入する直前のこの時期は、特に食糧増産の要請に応じたものであった（新潟県中央新聞、昭和一六年三月一九日付）。

昭和一六年度は新潟県においても勤労奉仕隊米穀増産特別班の派遣が大々的に行われ、総数二〇〇名が集団第八次朝陽山《ちょうようざん》開拓団（龍江省《りゅうこう》甘南《かんなん》県入植）に四〇名、第九次阿倫河《あろんほ》開拓団（同）に三〇名、同東火犂《トンホーリ》開拓団（北安《ほくあん》省通北《つうほく》県）に三〇名、同西火犂《シーホーリ》開拓団（同）に五〇名、同二龍山《にりゅうざん》開拓団（同省北安県）に三〇名、集合第一次下城子源《かじょうしみなもと》村開拓団（牡丹江《ぼたんこう》省穆稜《ムーリン》県）に二〇名と分配されて渡満した（第五部二資料3参照）。

このときの派遣要綱（『白根市史　巻6』五六三～五六四ページ）によると、派遣方針が「現下ノ時局ニ鑑ミ、米穀ノ増産ニ資セシムル為、満洲ニ於ケル開拓団ノ母村又ハ母郷ヨリ当該開拓団（分村）ニ対シ、満洲建設勤労奉仕隊ノ特別班ヲ派遣シ、其ノ水田ノ一部ヲ開墾又ハ耕作セシメントス」とある。つまり、上記の派遣人数はそれぞれの開拓団の送出郡や関係町村から募集された。二龍山開拓団は全県出身者からなる開拓団であったが、昭和一八年度にはここに二一名の女子勤労奉仕隊が加わり、長岡市旧深才《ふかさい》村の『続深才郷土誌』（二一八ページ）は、「深才村から六名、南蒲原郡より一五名」と記録する。深才村からの六名は年齢が一七～二〇歳で、同年七月二〇日に出発して約二カ月間、満州各地の視察と開拓団での勤労作業を行なった。

この勤労奉仕隊や開拓特別班の派遣期間は、五月から一〇月までのおおむね六カ月間とされている。隊員に対する諸条件を詳しく見ると、金銭的補助は船車賃がある割合で、そして支度金および家族援護費が一人当たり一〇〇円支給された。勤労奉仕に必要な農具、生活上の宿舎、寝具、食事などは各開拓団から貸与される。満州国側は勤労奉仕隊員の食費、宿舎等に当てる費用として各開拓団に対して隊員一人当たり一〇〇円を補助した。

隊員は開田や畑作等に従事した場合、各開拓団から相当額の報酬を得た。また、生産物はすべて勤労奉仕隊の所得とされ、その二割程度が謝礼として各開拓団に贈与された。生産物その他隊員の収入は、勤労奉仕隊を送り出した母村において適宜再分配することもあるとされた。

若い働き手である勤労奉仕隊を送り出す母村に対しては、母村の農業生産力が低下しないように、共同作業、勤労奉仕、移動労働、畜力農具の利用など、いくつかの配慮が講じられた。その他詳細に関しては、母村と分村との間で相談・協定により事業が推進された。

(4) 満州建設勤労奉仕隊女子班

「大陸の花嫁」とは違った形の女性の大陸進出であった「満州建設勤労奉仕隊女子班」については、その送出実数が少なく、前述（第一部二の3（4））のとおり、各府県から二、三名ずつの応募での編成であった。その活動実態が分かる資料の発見は、今のところ次に掲げるもの以外は残念ながらない。

満州移住協会発行『新満洲』が昭和一五年一〇月号で、勤労奉仕隊に参加した長野県屋代高等女学校女学生の座談会記事を掲載している。また、文部省社会教育局は昭和一五年度および一六年度において実施された満州建設勤労奉仕隊女子青年隊に関する通牒《つうちょう》、資料、経過概要等をその後の参考に資するためにまとめている。昭和一六年一一月発行の『満洲建設勤労奉仕隊女子青年隊概要』は、第三部に「隊員感想抄」を掲載する。一五年度の参加者の感想は合同訓練と班別訓練に関するものであり、一六年度のものは茨城県内原訓練所での準備訓練の所感と「満洲建設勤労奉仕隊女子青年隊に参加して」の感想文集である。これらにより女子班の活動実態をとらえてみたい。

初年度の女子勤労奉仕隊は、文部省社会教育官・杉山栄一郎団長以下一二〇余名であった。隊員は、全国女子中堅青年団員が各府県より二名選抜された。七月四日の結団式後、内原女子訓練所において約一週間の内地訓練を終えて七月一〇日、神戸港から渡満。鉄驪《てつれい》義勇隊開拓団で二〇日間、義勇隊員の衣服の裁縫や修繕、家事全般の手伝いをした。その後は五つの班に分かれ大石頭《だいせきとう》、大崗《だいかん》など五カ所の開拓団へ勤労奉仕に入った。杉山団長は女子勤労奉仕隊員が初期の重責を果したと、次のように新聞で伝えた（新潟毎日新聞、昭和一五年八月二二日付）。

団員諸君は全国女子青年団の粒選びの人達ばかりで、皆な真面目に仕事に精励してくれた。出発以来一人の落伍者もなく病人も出さずに、使命を果たし何よりも嬉しい。現地では皆な元気一杯義勇軍の衣服万端の世話を行い、一日六、七時間の勤労奉仕をした。余暇には満鮮人とよく交わり日満親善と開拓地における融和を図り、実に目覚ましき奮闘ぶりであった。

満州開拓の先進県であった長野県においてはこの全国編成隊とは別に女学生隊を編成し、埴科《はにしな》郡の屋代高等女学校四年生一六名を派遣している。屋代高等女学校では在学中の女学生が正規の授業の一部として満州の開拓地に二カ月間勤労奉仕をするという試みがなされた。一六名は、研究科二〇名の中から勤労奉仕隊に参加した女学生である。

同年六月四日に長野を出発して渡満したのは女学生一六名と女子青年団員九名で、合計二五名編成の勤労奉仕隊であった。青年団員は長野県送出の第八次小古洞蓼科郷《しょうこどうたてしな》開拓団（昭和一四年に三江省通河県《さんこうつうが》入植）に、女学生隊は満鉄虎林《こりん》線沿線の第五次黒台《こくだい》信濃郷開拓団（昭和一一年に東安《とうあん》省密山《みつざん》県入植）に勤労奉仕に入った。

女学生隊は黒台信濃郷開拓団で約一カ月勤労奉仕をして七月七日、現地出発後は第一次・第二次の開拓団である弥栄《いやさか》村、千振《ちぶり》村などの先進開拓団を視察、三江省の省都・佳木斯《ジャムス》からは松花江《しょうかこう》を船で遡《さかのぼ》って沿岸に入植していた第八次張家屯《ちょうかとん》開拓団（昭和一四年に三江省通河県入植の長野県人開拓団）に立ち寄った。張家屯開拓団では一〇日間の奉仕活動を行い、その後はハルビン、新京《しんきょう》、奉天《ほうてん》、大連《だいれん》などを見学して、七月三〇日に無事神戸に上陸した。

黒台信濃郷開拓団入植地は山も川も木もあって、内地と変わらぬ自然の姿だった。大陸は「とても広く地平線が遠くに見えるところ」と思っていたが、ここの印象は女学生たちには意外だった。勤労奉仕の内容は蔬菜《そさい》類の畑の除草や間引き作業が主だった。黒台信濃郷開拓団には植林のための苗圃《びょうほ》があり、五葉松《ごようまつ》、カラマツ、クルミ、杏《あんず》、楡《にれ》、楓《かえで》などの小さな苗を育てていた。その苗圃の間引き、除草も手のかかる仕事だった。毎日除草ということで、仕事が単調で飽きてしまうほどだった。

ただ、勤労奉仕はそれだけにとどまらない。開拓団で飼っている羊の世話とか剪毛《せんもう》をやったり、雨の日は刈り取った毛でホームスパンを織ったりもした。開拓団ではまだ家族招致をしていない男所帯が多かったので、衣類のほころびを縫ってあげたり洗濯したり、また炊事の手伝いなども行った。開拓団の人たちの生活は、女学生たちが渡満前に思っていたほど不便な暮らしではなかった。

現地での生活で苦労したのは生水が飲めないこと、ツルベを巻き上げて水を汲《く》む車井戸には最後まで慣れなかったこと、雨の降った後の道路がどろんこになり歩けなかったこと、移動の松花江の船の中の南京虫《なんきんむし》に泣かされたことなどだった。最初はおかずが少なくて困った食事は、次第に慣れていった。開拓団の近くに住む現地人との交流は「素性の知れない満人とは交際しないように」との注意であまりなかったが、移動途中の佳木斯では満州人の生徒との交流会があった。互いに警戒心を捨てて、心から友達になれた。

さて、出発時には出征兵士並みの見送りと激励を受けて渡満した女学生たちはその時、「遠足や修学旅行に行くのではなくてお国のために働きに行くんだ。死んでも尽くすだけ尽くして来なければならない」という気持ちだった。勤労奉仕を終わって「もっともっと開拓団のことを知りたい」、さらには、「少しでも大陸花嫁をみんなにお勧めして、女ながらも少しでもこの国策に尽くしたい」、「大勢のお友達を誘って鍬《くわ》の戦士として満州に王道楽土を作りたい」、「満州は本当にいいところで、私たちも永住する決心がついています」と、大陸と満州開拓への認識を高揚させていた。

多くの女学生を送り出した屋代高等女学校の栗本政信校長は、「特に女学生として果たした任務は日満親善・協和という意味から、この女学生の純情さが非常に役立つのではないかと考えます。さらに開拓団に対しても男子の勤労奉仕と違った意味の優しい慰問という意味でも役立っていると信じます」と、初年度の成果に対してコメントしている。

昭和一六年度の満州建設勤労奉仕隊女子青年隊に参加した新潟県の木村恭（二四歳）は、『満洲建設勤労奉仕隊女子青年隊概要』に「日の本の乙女ぞ吾は勇ましく　いざいでたたん　大陸の野に」の歌を添えて次のような感想文を寄せている。大勢の関係者の熱烈なる歓送を受けて出発した木村恭は、「皆様のお心に少しでもお役に立つように一生懸命やってこよう」、「他県の皆さんに負けてはならない。県代表として恥ずかしくないように努めよう」と昂揚した気持で心に強く誓っての渡満であった。感想文は渡満前の気持ちをウソいつわりなくつづった（同一六四～一六五ページ）。

制服を着て腕章を付けた自分の姿、幾度も幾度も鏡の前に立って見ては、嬉しくて嬉しくて一人はしゃぎまわった。持ち物全部に記名せよとのお話、記名をしてこなかったためにもう大騒ぎ。無我夢中で同じ靴下に幾つも記名するやら、こんなに忙しい目にあったのは初めてでした。

結成式に臨んで文部大臣、拓務大臣、満洲国大使、青少年団長吉岡弥生先生から祝辞をいただき、初めてこの上もない光栄に浴し、ただただ感激と喜びの気持ちでいっぱいです。私たちのために晩餐をしてくださり、渡満したらもうこんな物食べられないからとお心のこもった御馳走、とてもとてもおいしく深く味わっていただきました。こんなに歓待してくださって本当にありがたい。なおさら私たちは任務を立派に果たしてお報いしなければと、つくづく思いました。

青年館出発、さあこれから出発だ。嬉しくて嬉しくてたまらない。青年館の前で整列、隊長に「頭右」をしたときは感激で体がぶるぶるふるえてたまらなかった。内原訓練所に着いて、ああここか、ここでこれから訓練をしていただくのかと思うと、希望で一杯でした。

感想文は概して「勤労奉仕隊に参加できたことに感謝し、目的の達成を祈る」といった内容である。内原訓練所での内地訓練についてのものが多いが、派遣された現地での体験談、感想文は少ない。なお『満洲建設勤労奉仕隊女子青年隊概要』には、昭和一五年度および一六年度女子青年隊の勤労奉仕活動を含む派遣全日程の詳しい日誌が所収されている。

(5) 新潟・清和開拓団「勤労奉仕感想文」

第二部においてその詳細を紹介する『満洲建設勤労奉仕隊點描記』の著者・野田良雄（新潟県上越市）は、昭和一六年八月六日、勤労奉仕隊長の指示により勤労奉仕感想文を書いた。感想文は、開拓団での勤労奉仕体験から得た感想などを虎林《こりん》県公署に提出するために隊員全員がつづった。隊長はそのとき、「国家が何故にこのように我々を多大な経費をかけて満州へ派遣したかを知らなければならぬ。その理由は種々あるであろう。まず、時局下食糧の増産を助けるためであり、大陸満州を現下青年に認識せしむるためである。その他いろいろあろうが、最大の重点は全体主義の養成にある。即ち勤労奉仕はその一手段に過ぎないということを念頭に置け」と言って、感想文を書くように指示した。

青年たちの三カ月にわたる活躍の姿や個々の隊員の感想文に接し、指導者もまた指導者として感じるところがあった。同年同時期の出発であった満州建設勤労奉仕隊開拓団班島根県隊の花谷寛一隊長（当時四五歳）は、次のように確信し、青年たちの将来を思った（『島根県満州開拓史』八一五ページ）。

奉仕隊員の中にも、将来開拓団に入って満州開拓の聖業に邁進しようと意気込んでいる者が数名あることは心強い。然し直接渡満して拓士にならずとも、将来の日本青年はこの大陸開拓についての十分なる認識を持つことは大切である。勤労奉仕隊は実に島国青年の大陸教育の好機会であった。大陸の認識を深め、心身の修練をなすと共に、国策に協力する最もよい体験であったことを信ずる。

私は奉仕期間を通じて真剣に努力した隊員諸君が、必ずやこの大陸で積んだ尊き体験を銃後生活の上に活かして、夫々職域奉公に精進してくれることを願って止まぬ次第である。

送り出し側の国も県も、受け入れ側の満州国も開拓団も、勤労奉仕隊の成果を確認する必要があり、帰国後の隊長会議の開催とともに参加隊員全員に、勤労奉仕体験の感想文の提出を義務付けていたと考えられる。野田良雄は次のように感想文をまとめた（注、ルビは本人説明により筆者が付した）。

「艱難《かんなん》汝を玉にす」とやら、自分は満州建設勤労奉仕隊の一人として現地に到着し、当開拓団の沿革を承り、直《なお》種々観察致し、これを痛切に感じた。団長梅川氏曰《いわ》く、「昭和一三年二月、第七次開拓団先遣隊として入植された人々は、北満独特の厳寒と猛吹雪を冒して宿舎の建設に生活必需品の収集に努力せし」と。

当時の広漠《こうばく》千里の未墾の大原野に立ちて刻々と迫りくる厳寒と孤独感に闘いつつ、楽土の建設に精進する先遣隊諸氏の肉体的並びに精神的の労苦を思う時、自《おの》ずから頭の下がるを禁じえないのである。

ひるがえって満三年を経たる今日を見るに、本隊は恙《つつが》なく入植致し、個人家屋は至る所防寒防暑を兼ねた立派なのが建設され、老若男女喜々としてその日を送り、開墾に管理に幸福な月日を過ごしておられる。小規模とは云《い》え、病院、醸造部、消費部もこれ有り、第二の国民養成道場たる国民学校も素晴らしきもの竣工致し、其《そ》の他八米《メートル》道路は縦横に建設され、北満一の水田管理と云われる一八〇町歩余の水稲栽培と云い、面積は少なけれども追々《おいおい》「プラウ農法」を採用しつつある畑作の現状を見るに至りしは、当開拓団民就中《なかんずく》先遣隊諸氏の幾多の試練を乗り越え、建設に努力せし賜《たまもの》と信じて疑わぬのであります。

蓋《けだ》し開拓地の一ケ年は内地の五ケ年に相当すると云うも過言ではあるまい。入植当時漠《ばく》として果てしなき大平原の真っ只中で、互いに決意を披瀝《ひれき》し励まし合って建設に開墾に精励した甲斐《かい》あらわれ、現在のすくすくと伸び行くわが村を眺めるときの開拓民の心境は如何なるものであろうか。さぞ過去の試練を征服し得たり、北満の王者たるの感深く加わるに如何なる困苦欠乏にも耐え得る自信がついた事と想う。これこそ現代の要求する人間の最高の誇りであると信ずる。即ち艱難は開拓民の熱と力の前に征服され、神はその力の戦士に現代に燦《さん》として輝く麗玉《れいぎょく》を給《たも》うたのだ。

我が恩師曰く、「苦しい事があっても我慢し、怒らずあせらず黙々として励むこそ現下青年に課せられたる最も大切な務めと思う。その修練を積み置けば一度戦場に立った時は至誠尽忠の精神で笑って死地におもむける」と。「すべて現代の人間は五感の快楽のみを考えて己を捨てて公に尽くす精神が足りないように想う」と痛切にその是正を叫ばれた。

内原幹部訓練所の水島閣下の言を思い出し、開拓民こそ滅私奉公、至誠尽忠、幾多の試練を乗り越えて最後の光明をつかむべく突進むその最先端を行くものであると信ずる。よく此《こ》の趣旨を故国の人々に伝え、本邦満州国の開拓発展を請願うものであります。

ひとり野田青年だけでなく、満州開拓民全体、国全体の当時の意識・認識が彷彿《ほうふつ》とする感想文である。三カ月の満州生活を過ごして新潟港に帰港した野田良雄は、内地について「何を置いても狭いこと」と「暑いこと」をまず感じた。時空が彼をして大陸人にしていた。

この感想文の提出に関して野田良雄は、感想文提出の翌日である八月七日付葉書で郷里の父に次のように報告している。つまり、「昨日六日、満洲へ来ての感想文を綴り、隊長殿が明日虎林県公署（県庁）へ持っていきます。自分では相当の文を書いたと思う」と、自信の内容と自己評価している。さらにこれらの感想を含め、「色々現地報告をして郷土の新聞にも出してもらおうかと思う」とも記している。しかし実際には、家への報告以外には地元新聞への投稿はしなかったという。

大陸での様子については家族・友人と頻繁に書簡・葉書を交換している。現在まで保管されている書簡・葉書は八〇通以上ある。「ラジオも新聞もない毎日、毎日のように葉書を書いていた」と、書簡・葉書の束を手にある時野田良雄は語った。その中の何通かは勤労奉仕生活の実際を生で伝えているので、本人の了承を得て第二部手記のそれぞれの項で、注記等で紹介する。

一方、内地の父からの便りには家族の様子、自宅の農作業のことなどもろもろの情報と、「変わりなくすごしているか」と暮らしぶり・勤労ぶりをおもんぱかることばが並ぶ。青年学校長からは本人の無事現地到着を喜ぶ書簡、また友人からのものなどがあり、いずれも便箋三、四枚がびっしり文字で埋まったものである。

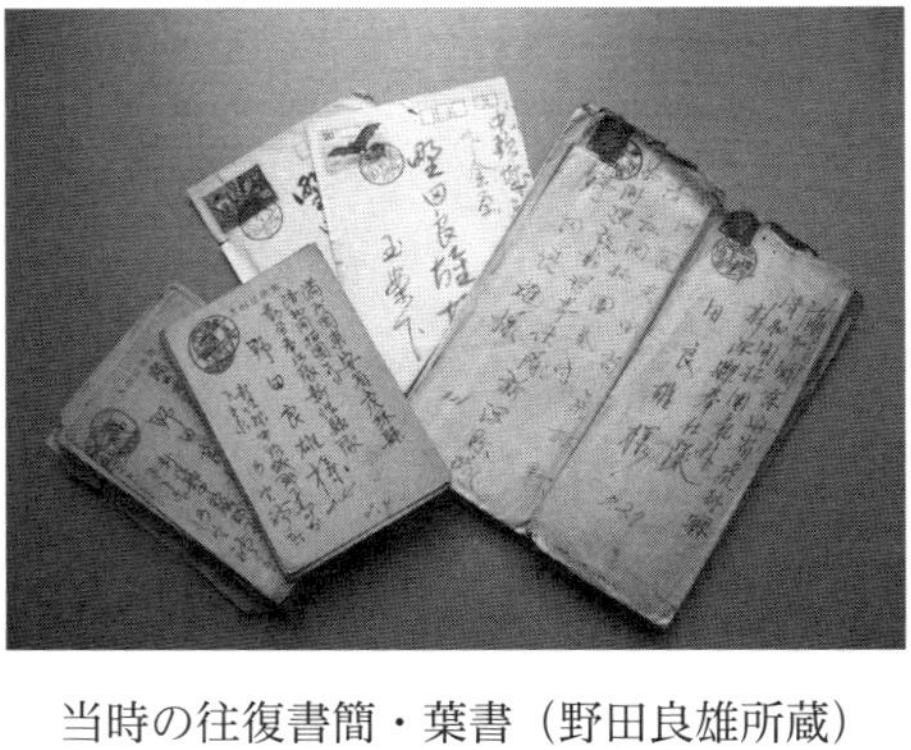
当時の往復書簡・葉書（野田良雄所蔵）

三　満州建設勤労奉仕隊から在満報国農場へ

1　在満報国農場の設置

満州建設勤労奉仕隊制度はすでに見てきたとおり、制度としては多少の不具合もあり、内容においても大きく変遷を経てきた。しかし総合的に見れば、満州建設勤労奉仕隊の送出は日満両国に通ずる食糧・飼料自給体制の強化ならびに開拓民の送出促進に寄与するところが大であると評価された。そして勤労奉仕隊の重点は、一九四二（昭和一七）年度から実施された在満報国農場の経営に指向されていった。つまり、勤労奉仕隊米穀増産隊に一農年現地で営農を経験させる方針の実施となった。

在満報国農場が重点として勤労奉仕隊の中核をなすようになったのは、

①報国農場制度は日本内地の各道府県における開拓政策推進の前進基地たること

②日満一体化の紐帯《ちゅうたい》を人と物との両面より直接強化する大なる役目を果たしつつあること

③満州における食糧増産の促進

以上の三点が認められたからである（『満洲開拓年鑑』昭和一九年版）。

さらにその意義は、「日本内地人が現地において農耕・建設に従事して開拓魂を体得し、帰国後正しき開拓に対する認識を母県に浸透せしめることは開拓民の送出には紹対《しょうたい》なる効果をもたらす」、「（報国農場へ派遣された勤労奉仕隊員が）自ら生産せる食糧を母県に送ることによって満州と内地の県あるいは町村が堅く結びつき、日満紐帯を一段と強化せしめ、他面それは食糧の増産にも寄与することとなる」（同）と説明される。

一方、現実問題として、当時の日本農村は極度の労働力不足に陥っていた。それゆえ、出身母村に対する食糧補充の意味で、奉仕隊に参加した者に対しては、年齢・性別を問わず、一人当たり〇・七トンの大豆を送ることとされた。満州開拓を側面的に推進すると同時に、食糧増産を図ることがねらわれた。そこで、在満報国農場の設置とその経営状況を、戦後農林省内に設置された食糧政策誌編纂《へんさん》委員会の下でまとめられた『農事訓練と隊組織による食糧増産』によって見てみたい。

昭和一五年度の特設農場、昭和一六年度の米穀増産班の成果に鑑《かんが》み、農林省および満州国政府開拓総局、あるいは内地の府県、農業報国連盟などの関係者の間に、これらの事業をさらに前進させて在満報国農場を設置しようとの議が起こった。昭和一七年三月、まず農業報国連盟が満ソ国境の牡丹江《ぼたんこう》省東寧《とうねい》に報国農場を新設した。秋田県はそれまでの県の特設農場であった黒河《こっか》省鶴山《かくざん》農場を、山形県は同じく東安《とうあん》省宝清《ほうせい》農場を、岐阜県は北安《ほくあん》省白家《はくが》農場を報国農場に転換した。中央食糧営団は興安《こうあん》東省布特哈《フトハキ》旗の成吉思汗《ジンギスカン》農場を転換して報国農場を経営することになった。

東寧報国農場へは全国から募集した青壮年農民約六〇〇名が渡満、成吉思汗報国農場へは東京米穀商組合連合会が失職者の満州開拓へと一二〇名を送り込んだ。秋田、山形、岐阜の各県は県と農業報国連盟支部が実施主体となって、それぞれ隊員一〇〇名で農場経営に入った。このように昭和一七年度は五団体により五農場が新設され、二、三一七名の隊員が「満州建設勤労奉仕隊報国農場班」として派遣された。

一九四三（昭和一八）年度から在満報国農場の設置・経営は本格的に拡大実施された。同年六月四日、食糧増産緊急対策要綱が閣議決定され、「満州国における日本内地人開拓地中の未墾地に報国農場を設置経営せしめ、農産物を内地に供給することにより食糧増産に寄与せしむる」こととなった。つまり、一般開拓民の入植が滞っており、確保した開拓地の余裕があるところに報国農場を設置し、内地より勤労奉仕隊を派遣して開墾・耕作に従事させることにより、食糧の増産を図ろうとしたのである。報国農場の設置主体が全国各道府県に拡大されていった。

昭和一八年八月六日付の「在満洲報国農場設置要綱」（第五部二資料6参照）ではその方針を、「国民生活確保ノ絶対要請ニ応ズル為、其ノ応急措置トシテ道府県農業団体其ノ他適当ナル団体ヲシテ満洲国内ニ於ケル日本内地人開拓用地中簡易ニ開墾耕作シ得ベキ土地ヲ報国農場トシテ耕作経営セシメ、以テ食糧ノ応急増産ヲ図ラントス」と掲げている。

「在満洲報国農場設置要綱」は、事業計画で具体的に次のように示している。

1　満洲国内ノ日本人開拓用地中簡易ニ開墾耕作シ得ベキ相当面積ヲ有スル土地ヲ満洲国ヨリ借用シ、コレニ内地道府県農業団体其ノ他適当ナル団体ヲシテ報国農場ヲ設置経営セシムルモノトス。
2　農耕ニ付テハ主トシテ内地ヨリ派遣スル勤労奉仕隊コレニ当ルモノトス。
3　勤労奉仕隊派遣人員ハ一場ニ付一五〇人トス。
4　耕作面積ハ一場ニ付差当リ三〇〇陌（ヘクタール）トス。
5　増産スベキ作物ハ原則トシテ水稲、大豆、麦類及ビ蕎麦トスルモノトス。
6　報国農場用地ノ選定、宿舎ノ準備、耕作地ノ開墾等ニ関シテハ満洲側各機関ニ於テコレヲ援助スルモノトス。

7　農具、種子、家畜、食糧等営農及生活上必要ナル物資ノ調達ハ満洲国ニ於テ斡旋スルモノトス。

各県からの勤労奉仕隊員の派遣に関しては次のように示された。

1　報国農場ニ派遣スベキ勤労奉仕隊員ハ一般男女青壮年トシ、一場ヲ単位トシ五〇名毎ニ小隊ヲ編成シコレニ小隊長ヲ配置シ、別ニ之ヲ統率スル隊長一名ヲ置クモノトス。

2　派遣期間ハ毎年四月ヨリ十一月ニ至ル間ニ於テ七ケ月間トス、但シ隊員ノ一部ヲ準備ノ為先発セシメ、及農場管理ノ為越冬セシムルモノトス。

3　隊員ニ対シテハ派遣前地方農民道場其ノ他ニ於テ短期訓練ヲ実施スルモノトス。

4　隊員ノ輸送ハ日満両国政府ノ指定スルダイヤニ従フモノトス。

在満報国農場の職員は経営主体が若干の常駐職員を置くほかは、右に示されたように、母県からの勤労奉仕隊員によって運営される形をとった。このように拡大・充実が図られた昭和一八年度は一五団体により一七農場の設置となり、一、七四二名の勤労奉仕隊員が派遣された。なお、一七農場のうち同年度の新設は一〇団体、一二農場であった。

一九四四（昭和一九）年度に至り、在満報国農場の設置は大幅に増加する。各府県の設置が二九府県、四七農場となった。それに農業大学や中央食糧営団、農業報国連盟の直営のものも出てき、総数が三二団体、五〇農場に達した。ただし、各農場の規模には大きな差異があり、四〇〇名弱の大きな報国農場を除いて、他は一〇〇～一三〇名規模のものと四〇名前後～七〇名前後規模のものが半々であった。

このように変化してきた満州建設勤労奉仕隊事業は、昭和一九年度には五つの種別で合計一万五、五〇〇名の送出が予定された（『満洲開拓年鑑』昭和一九年版）。内訳は、

① 特設農場隊（文部省担当）　一、五〇〇名
② 報国農場隊（農商省担当）　七、〇〇〇名
③ 米穀増産隊（農商省担当）　一、〇〇〇名
④ 開拓増産促進隊（大東亜省担当）　一、〇〇〇名（このうち、開拓団班として七〇〇名、訓練所班として三〇〇名）
⑤ 現地学徒隊（在満教務部担当）　五、〇〇〇名

である。人員数では、報国農場隊としての派遣が最大である。

一九四五（昭和二〇）年度に入っても在満報国農場の新設が続き、新たに八農場が新設された。従って、昭和二〇年度の総数は農場数が五八農場、派遣隊員数が四、五九一名、うち男性が二、六四九名、女性が一、九四二名であった。日本敗戦により開拓団同様、報国農場員も多大な犠牲者を出すこととなった。判明しただけでも死亡者は約九四〇名、未帰還者は六五〇名以上になるとされる。なお、在満報国農場の実際ならびに日本敗戦後の農場員の状況、帰国までの苦難などについては第三部に詳述する。

2　新潟県在満報国農場

一九四一（昭和一六）年度までの新潟県の開拓民送出は、集団・集合開拓民が計一、三一八名（戸）、青少年義勇軍が一、八一六名、合計三、一三四名に上っていた（新潟日日新聞、昭和一六年一二月一九日付）。しかし、この頃は内地農村での労働力が不足していたため、開拓団編成においては送出計画戸数の目標達成が図られないなど開拓民送出事業が進捗《しんちょく》せず、それが国や県の悩みの種となっていた。そこで国や各県は、在満特設農場の建設により県民に満州国の実情を認識させ、事業不振の障碍《しょうがい》を一掃しようとした。

昭和一五年末から一六年初に立てられた計画では、満州に面積三、〇〇〇町歩の新潟県特設農場を建設するとされた。それは、「現下の深刻なる飼料不足対策として満洲国に飼料専門の農場を特設せんとする」（新潟毎日新聞、昭和一五年一月一一日付）もので、青年学徒勤労奉仕隊に劣らぬ大規模な勤労奉仕隊の派遣が計画された。

その建設には、「目下内原に入所猛訓練中の農業報国推進隊員五〇〇名を中心に、県下分村指定村から中堅人物約一、〇〇〇名を選

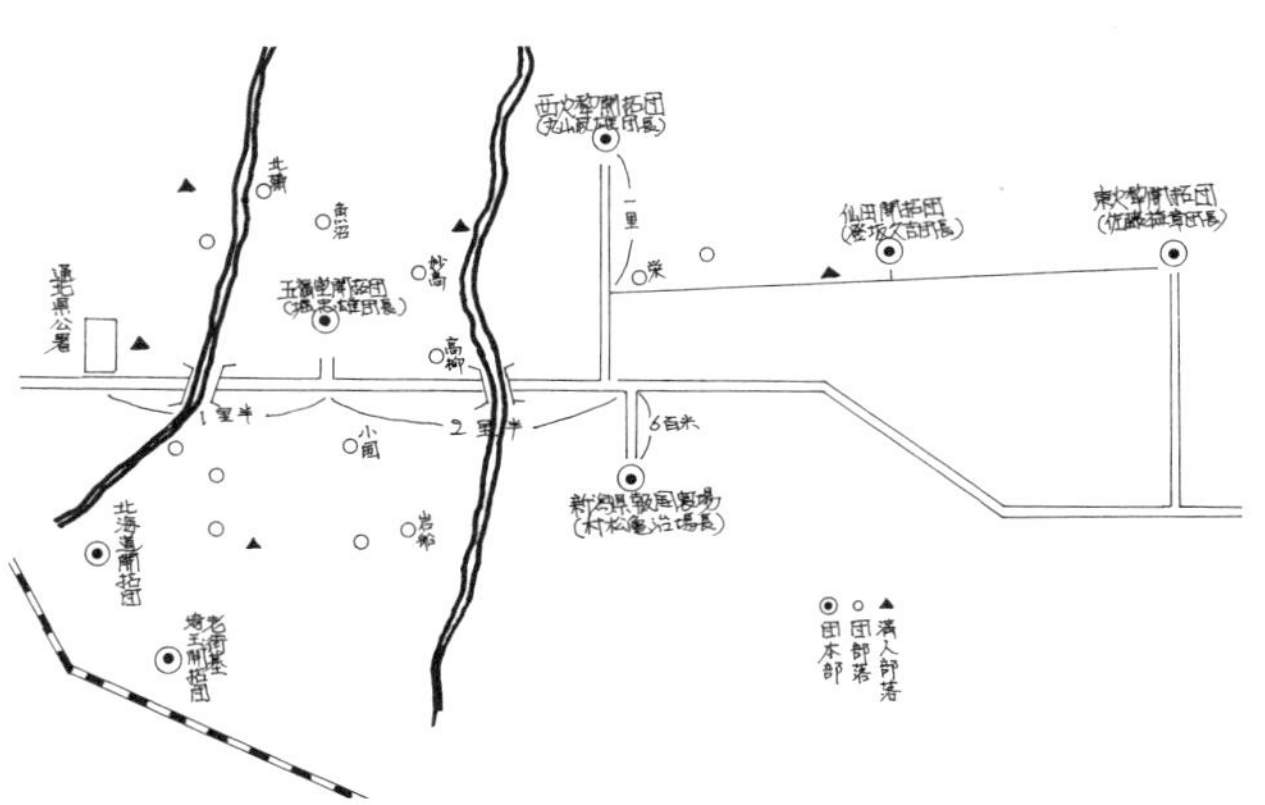

新潟県西火犂在満報国農場位置図
（米持千恵「新潟県在満報国農場隊員の帰還」より）

抜し、昭和一六年度中に三回に分けて渡満させ、その勤労奉仕により開拓せしめる」（同）こととし、県専属の現地訓練所としてこの開拓事業完了後は県送出開拓団の入植地に当てていこうとする計画であった。

一九四二（昭和一七）年、満州国建国一〇周年記念事業のひとつとして県は在満特設農場の運営に入った。県では建設地を北安《ほくあん》省通北《つうほく》県の第九次東火犂《トンホーリ》開拓団と同西火犂《シーホーリ》開拓団の隣接地区と選定し、そこにまず約六〇町歩の耕地を確保した。将来は一万町歩くらいにまで農場を拡張する予定が立てられた。この地区は第六次五福堂《ごふくどう》開拓団を含めた県送出の三開拓団の入植地で、後年、第一三次仙田《せんだ》村も隣接して入植した地域である。少し北の北安県には、同じく県送出の第九次二龍山《にりゅうざん》開拓団も入植していた。

このようにして新潟県西火犂在満報国農場は設置された。報国農場の特設は開拓民送出のさらなる推進を図るよう、そこを県の満州開拓事業の現地基地とするためであった。在満報国農場の設置に関し、その目的と成果を戦後にまとめた新潟県民生部世話課文書「新潟県送出満洲建設勤労奉仕隊（西火犂報国農場）調査資料」（昭和三七年一一月一五日付）は、次のように記す。

> 国策であった農村の適正規模を目的とした将来の農村分合計画（＝分村計画）に備えて行われたもので、食糧増産が終局の目的であった。
>
> 農村を適正規模に改造するためには分村の必要があり、その土地を満州に求め、終局の目的を達成するため報国精神に訴えて青少年を満州に送り、農耕に対する認識を深めて帰国し、将来の開拓団等送出の尖兵として役立たせるためであって、これらの隊員の活躍は開拓団、義勇隊送出に際し大いに成果が見られた。

報国農場では毎年四月初から一〇月末までの半年間、一〇〇名の青年を内地から派遣し、一人一町五反歩の割合で耕作に従事させ、主に大豆、大麦、蔬菜《そさい》の栽培に当たらせる計画であった。しかし実際は募集難で、出発は四月初めと五月上旬の二回に分け、合計六〇～八〇名ほどの送出であった。内地の人手不足から年々の応募者が減少した。募集は農村の一八歳以上の男女で、身体頑健・志操堅固の者とし、特に農家の二、三男とか転職者であるとかの条件・制約を付けなかったが、希望者は少なかった。そのため県は目ぼしい町村に職員を派遣して募集に当たった。県では将来の分村計画実施に際し先頭に立って地域農村に満州永住の思想を鼓吹してほしいという願いや、勤労報国隊員が直ちに順次開拓団に移行することを歓迎したが、募集に当たってそれらを強調することはしなかった。

昭和一七年春、県農民課主管の満州勤労奉仕班四〇名と拓務関係の勤労奉仕隊四〇名が報国農場新設のために派遣された（新潟日日新聞、昭和一七年三月六日付）。設置は経費や資材調達の関係で一時困難を来したが、県は「万難を排し強行」した。設備や備品は近隣開拓団のものを利用、あるいは調達してのスタートだった。

だが、万難を排して続行したものの資金面のやりくりに難があり、修正・拡充の具体案は九月に入っての決定となった。それに従って西火犂開拓団の隣接地に一五〇町歩を確保し、本格事業の実施は一八年度からということになった。昭和一七年度には八〇名を送り込んで在満報国農場経営に取り組んだが、次年度は五〇名、一九年度一〇〇名、二〇年度以降は一五〇名ずつの送出計画を整えた。毎年、家畜の管理などのために二〇名ないし三〇名の越冬部隊を残すことにもなった（同、昭和一七年九月一一日付）。

西火犂報国農場での活動の実際を知り得る資料の発見は、残念ながらない。興安《こうあん》総省布特哈《フトハキ》旗の千葉県成吉思汗《ジンギスカン》報国農場へ勤労奉仕隊を引率した水島令郎（安房農学校教員、当時三七歳）が、当番生徒が記録した「勤労奉仕隊日誌」（昭和一九年七月二三日～一〇月二七日）を著書に残している。勤労奉仕の内容は多少異なろうが、報国農場での生活は大同小異であろうから生活実態を知るのに大いに参考になる。

日課は詳しく次のように定められている。起床五時、点呼・礼拝五時三〇分。約三〇分間の食前作業。朝食六時。作業出発七時。午前の作業終了は一一時三〇分で、一二時に昼食、その後一五時まで休憩時間である。午後は一五時に作業出発、作業終了が一九時。礼拝一九時二〇分、夕食一九時三〇分と続く。回報（注、反省・報告、あるいは連絡のための会と思われる）が小隊長または隊付（＝副隊長）が出席して二〇時から二一時まで行われる。点呼・消灯二一時の日課である。休養日は毎月一の日、つまり一〇日に一回の休みの日がある。

西火犂報国農場での勤労奉仕作業と確実に異なるのは、モンゴルに近い成吉思汗報国農場では牧場を経営しており、家畜の給餌・放牧が勤労奉仕の重要な仕事となっている点である。四〇名の農学校生徒が当番制でその任に当たっているが、水島令郎の「報国農場規則」（『渡満学徒勤労奉仕隊の記録』一六六～一六七ページ）に示されている各種当番には次のようなものがあった。

炊事当番　　各小隊二名、週番制。起床四時、勤務二〇時まで。炊事主任は第四小隊長。

家畜当番　　各小隊三名、週番制。給餌・放牧をなす。勤務五時～一九時。

舎内当番　　一棟一名、日番制。監視・整理整頓にあたる。

食事当番　　作業終了三〇分前に上がる。一棟二名、日番制。食事準備、食事の配給、後片付け。

本部当番　　第二小隊より始めて毎日一名、日番制。起床・作業始終の打鐘。勤務五時～二〇時。

農具及び備品主任　一名二小隊より出す。三ケ月勤務。台帳により一週間毎に数量調査をする。

通常の農作業等の勤労奉仕の他に集団活動でのこのような当番をそれぞれに経験させることにより、勤労奉仕隊の青少年は統制や規律を保つ集団生活を体験した。

四　新潟県満州建設勤労奉仕隊の記録と手記

1　満州建設勤労奉仕隊・新潟田巻隊と「田巻文書」

一九四〇（昭和一五）年、新潟県は二隊の満州建設勤労奉仕隊を編成・派遣した。新潟新聞は同年五月一七日付で「大陸に建設の汗／新潟部隊二班編成」の見出しのもとに、笹井隊と田巻隊の編成具体を報じた。

笹井隊の隊長は当時見附小学校（見附市）訓導の笹井俊二郎（元中頸城《くびき》郡斐太《ひた》村出身、三七歳）であった。笹井俊二郎は二年後の昭和一七年三月、第五次の満蒙開拓青少年義勇軍の中隊長となり、三江《さんこう》省樺川《かせん》県の満鉄追分《おいわけ》訓練所へと渡満している。三年間の現地訓練を終了した後は、約三〇〇名の義勇隊員を率いて第五次豊穣《ほうじょう》義勇隊開拓団に移行、追分訓練所隣接地に入植した。豊穣義勇隊関係の記録は多く見出すことが出来るが、満州建設勤労奉仕隊・笹井中隊の記録は、文書類、手記類、新聞記事のいずれにおいても全く発見できていない。

一方、同時に編成・派遣された田巻隊に関しては、以下に掲げるとおり、その全貌が分かる文書類、手記が残されている。満州建設勤労奉仕隊・新潟田巻隊の隊長は、当時燕青年学校教諭であった田巻甲《こう》である。当時三四歳であった田巻隊長は、隊付（＝副隊長）二名、隊医一名、隊員二六名の長として、新潟県送出第七次清和《せいわ》開拓団（一九三八年、当時の東安省《とうあん》虎林《こりん》県に入植）に勤労奉仕に出向いた。「勤労奉仕期間中寝食を共にした、隊長というよりも長兄であった」と、田巻隊長の下、当時二四歳で小隊長を任せられた阿部正雄（旧刈羽《かりわ》郡北鯖石《さばいし》村出身）が、私家版手記『鎮魂―満州建設勤労奉仕隊新潟田巻隊始末記―』で田巻隊長を語っている。

昭和一五年の清和開拓団は本隊入植後一年と日が浅く、勤労奉仕隊の青年たちの援助を心待ちにしていた。しかし、青年たちを待ち受けていたのは急造物置同様のわびしい宿舎、雨露をかろうじて凌《しの》ぐ炊事場、吹きさらしで菰《こも》囲いの便所、風呂はなく電灯もラジオも新聞も本もなく、食糧は実践部からの配給以外はないという、極めて厳しい生活であった。

青年たちの落胆を見てとった田巻隊長は特別の対応も取れなかったが、隊員を四分して班を作り、年長者を班長とし、運営は隊付の先生方と班長が協議して行うこととし、隊長も公務以外は一隊員として共同行動をとることにした。隊付の先生を頭として四つの班は手足であり、長兄末弟という一心同体の隊改組を行った。隊員の志気鼓舞

大陸に建設の汗

新潟部隊二班編成

満洲建設勤労奉仕隊新潟部隊は十六日新潟市に集結、編成を行つたが、笹井隊、田巻隊の二班とした、このうち指導者六名並びに各班から四名づつの團員、計十四名は同日午後八時三十五分新潟驛發で先遣隊として東上した新潟班氏名左の如し

▲笹井隊　隊長笹井俊治郎（見附）隊附佐藤貞一（小出）阿部新作（上田）隊員木原三次（平丸）西村幸三郎（柿崎）伊藤朔治（桑取）小川幸治（嫈田）（以上先遣隊）阿部九二三郎（縣青敎養成所）志賀彰（同）宮島治夫（同）石井孝（同）南須原晃（同）井上一衛（同）岸本善一（三條）中村義衛（同）馬場謙養（同）伊佐良作（小千谷）渡邊耕一（千田）酒井清治（水原）樺澤孝之營（猿橋）澁谷繁雄（川東）高橋藤平（升潟）本間誠一（燕）高木宏榮（月潟）満田車（日出谷）満田直衛（同）兒玉健藏（新潟）渡邊健一（高田）鈴木健三（同）

▲田巻隊　隊長田巻甲（燕）隊付宮澤忠晴（長岡）高橋幸太郎（刈羽）隊員松木芳郎（糸魚川）吉川健太郎（同）松田三藏（村上）三田村博雄（以上先遣隊）甲斐勝美（河崎）小田俊一（眞野）小川清（見附）西川宗司（長澤）番場五郎（加茂）渡邊正行（森町）佐藤幸（同）太田金次郎（今町）兒玉勳（長岡）高橋金二郎（長岡）野本博（同）内山求（神納）高橋幸吉（山邊里）吉村國一郎（村上）八藤後正衛（同）藤山寛（神納）阿部正義（六日町）小島龍毅之謡計（新潟）大島繁雄（龜田）山田信夫（川内）阿部正雄（北鯖石）安達章造（刈羽）織田達男（黒條）

新潟県隊編成の記事
（新潟新聞、昭和15年5月17日付）

のため棒押し、相撲、高跳び、幅跳び、果ては民謡、軍歌の先頭に立った。増健隊員の励ましにと開拓団本部から仔豚一頭を貰い受けて炊事場の残飯を利用して飼育させるなど、常に先頭に立って物事を推進した隊長であったという。

帰国後の田巻甲は、昭和二二年には教員から転じて地元の町会議員となった。昭和二六年には燕町長に、また市政に移った燕市の初代市長となった。県史編纂《へんさん》が盛んとなった一九八〇（昭和五五）年頃、満州建設勤労奉仕隊送出当時の各種文書類一つづりを県に寄贈した。現在は新潟県立文書館に所蔵されているそのつづりには、専門家によっても発見されていないような貴重な文書が多数つづられている（以下、「田巻文書」と表示）。

「田巻文書」は、満州建設勤労奉仕隊の隊長が隊長任務をこなすために受理順につづっていった文書類をそのまま残しているという点で貴重である。隊員たちが残した手記・体験記類も貴重であるが、各種通牒《つうちょう》、規則、あるいは各種計画書や指示文書が、昭和一五年に受け取った順につづられていることから、隊長としての職務遂行内容がうかがい知れる。第二部の野田良雄記録に「隊長会議の報告」として新京《しんきょう》での勤労奉仕隊長会議の結果を隊長から受けた記録があるが、田巻文書には現地や国内でのその隊長会議開催案内の文書もある。

「田巻文書」の文書表題を並べると次のとおりである。数字はつづられていた順を示すが、便宜上それを文書番号として以下に使用する。なお、末尾のかっこ内の注記は、当該文書をそのまま第五部資料編に掲載していることを示す。また、資料編への掲載はないが文書内容の多くを引用している文書についても、その引用箇所を↓で示した。それぞれの箇所で各文書の内容を確認されたい。

① 「満洲建設勤労奉仕隊ニ関スル件」（県学務部長発、青年学校教員養成所長、郡市青年教育研究会長、郡市青年

団長宛、昭和一五年四月二四日）（↓第五部一資料1、引用第二部五）
②「満洲建設勤労奉仕隊ニ関スル件」（県学務部長発、参加隊員宛、昭和一五年五月一一日）（↓第五部一資料2）
③「勤労奉仕隊開拓団班視察計画参考資料」
④「満洲建設勤労奉仕隊指導者名簿」（紀元二千六百年皐月、全国のもの）
⑤「満洲建設勤労奉仕隊開拓団班第一回本隊訓練大隊編成一覧」
⑥「拓務大臣小磯国昭告示、農林大臣祝辞」（昭和一五年五月七日、勤労奉仕隊宣誓式）
⑦「輸送計画細案」「輸送準備日課表」（↓第五部一資料4、↓引用第二部三）
⑧「満洲建設勤労奉仕隊輸送計画表」（↓第五部一資料3、引用第二部三）
⑨「輸送間ニ於ケル一般服膺スベキ事項」（↓第五部一資料5、↓引用第二部三）
⑩「輸送心得」（満洲建設勤労奉仕隊本部、昭和一五年五月二四日）（↓引用第二部三）
⑪「種痘、腸チブス、赤痢ニ関スル件」（昭和一五年五月二六日）
⑫「昭和十九年四月九日　満洲建設勤労奉仕隊開拓国境建設班輸送計画表」（拓務省）
⑬『満洲建設勤労奉仕隊訓練要綱』（拓務省、文部省、昭和一五年四月。活字冊子一九ページ）（↓引用第二部二）
⑭『昭和十五年度満洲建設勤労奉仕隊心得』（文部省、拓務省。活字冊子一〇ページ）（↓第五部一資料6、↓引用第二部五および六）
⑮「清和開拓団勤労奉仕隊作業予定」（↓引用第二部八）
⑯「鉄道警護総隊に就いて　鉄道と愛路」（ラジオ放送、康徳七年一月一〇日）
⑰「勤労奉仕隊本隊（二二二名）東安駅歓迎計画」（↓引用第二部四）

⑱「青年団興亜報国隊組織要綱」（大日本青年団、昭和一五年七月）
⑲「満洲協力報国会会則」「趣意書」「綱領」
⑳「満洲建設勤労奉仕隊報告書提出ニ関スル件」（昭和一五年一二月二七日）
㉑「満洲建設勤労奉仕隊隊長会議要項」（昭和一五年一一月一八日）
㉒「昭和十五年度事業計画」
㉓「村の食糧を大陸で作る満洲特設農場勤労奉仕」（竹山祐太郎）
㉔「鍬等借用願ニ関スル件」（清和尋常高等小学校長米山友恵）
㉕「満拓映画上映、慰安会」（慰安満映班）（↓第五部一資料8、↓引用第二部八）
㉖「勤労奉仕隊衛生係員注意書」（満洲建設勤労奉仕隊中央実践本部、康徳七年五月）
㉗「勤労奉仕隊員衛生心得」（満洲建設勤労奉仕隊中央実践本部、康徳七年五月）（↓第五部一資料7、↓引用第二部五）
㉘「満洲建設勤労奉仕隊腸チフス予防注射名簿」
㉙「満洲建設勤労奉仕隊旅費処理要領案」
㉚「満洲建設勤労奉仕隊解隊式ニ関スル件」（拓務省案）（↓第五部一資料10、↓引用第二部九）
㉛「残留証明書」「満洲国内残留者調書」
㉜「開拓挺身隊要綱」㊙、康徳七年七月八日）
㉝「奉仕隊員ノ帰還ニ際シテノ注意事項」（中央実践本部事務局、康徳七年八月一日）（↓第五部一資料9、↓引用第二部九）

㉞「税関通関ニ関スル件」（康徳七年七月二九日）（→引用第二部九）
㉟「康徳七年度勤労奉仕隊状況調査表」
㊱「満洲帝国国歌」
㊲「満洲建設勤労奉仕隊長会議出席者名簿」（東安省実践本部、康徳七年八月一五日）
㊳「指示事項」（東安省実践本部、康徳七年八月一五日）
㊴「奉仕隊用品回収要項」「奉仕隊物品出納報告書」
㊵「満洲建設勤労奉仕隊開拓団国境建設班　気温及天候表」（清和開拓団新潟田巻班）
㊶「第四回国境建設班帰還大連行動予定表」（大連実践本部）

田巻甲「満洲建設勤労奉仕隊関係書綴」につづられていた文書は、以上である。本書ではこれら文書を参照していくが、その際ここに表示された表題を用いたり「田巻文書⑩」のように簡略化して表示したりする。また、満洲建設勤労奉仕隊や満州報国農場関係の研究書などにその現物資料が見受けられない文書については、前述のとおり、第五部一に関係文書として資料掲載する。詳しくはそちらを参照されたい。

2　昭和一五年、一六年隊員の手記

（1）『鎮魂―満州建設勤労奉仕隊新潟田巻隊始末記―』

『鎮魂―満州建設勤労奉仕隊新潟田巻隊始末記―』は、昭和一五年度満州建設勤労奉仕隊新潟田巻隊の隊員・阿部正雄の手記である。阿部正雄は旧刈羽《かりわ》郡北鯖石《さばいし》村（現・柏崎市）出身で、二四歳の時に田巻隊に参加し、小隊長の任にあった。勤労奉仕活動や奉仕隊員の生活などについて現地から報告を地元の柏崎新聞社に送っていた。勤労奉仕期間中に第一報から第二三報までを送った。果樹園を経営していた父は、息子の満州行きには反対だった。満州に行けば一農期を休むことになるし、国内で農業を一生懸命やることこそ報国であると考えていたからであった。そんな父であったが、息子が新聞社に送った現地報告の掲載記事を本人のために切り抜いておいてくれた。

本手記は本人の現地報告全文を収録するとともに、「田巻隊日誌」と「奉仕日記」の原文コピーを掲載している。原文コピーは鮮明度が弱く、判読し難いところも多いが、歴史資料としては貴重である。隊員名簿も整っており、その他大陸余話として各種訪問記や感想がちりばめられている。

「満州建設勤労奉仕隊新潟・清和《せいわ》開拓団班田巻隊」は隊員が二六名で、そこに隊長・田巻甲《こう》（燕青年学校教諭、三四歳）、隊付・宮沢忠晴（訓導、三二歳、長岡市）、同・高橋幸太郎（支部長、二五歳、刈羽郡）、隊医・冨樫久在（看護兵、三〇歳）の指導陣であった。隊員の年齢は最年少の一七歳が三名、続いて一八歳四名、一九歳六名、二〇歳八名、二一歳二名、二二、二三歳はゼロで、二四歳が一名と二五歳が二名であった。職業別では農業者が断然多く、商業五、工業三、大工二、指物師と事務員が一という構成であった。阿部正雄手記からは勤労奉仕活動の様子や当時の清和開拓団の建設状況などについて本書に引用する。

当時燕青年学校教諭であった隊長・田巻甲は大陸への関心が深く、渡満の前年度あるいは前々年度には指導者講習会等を受講していたと思われる。地元紙である北越新報（昭和一四年二月二五日付）に、「満洲農業移民の全貌」の小論を寄稿している。勤労奉仕隊の報告としては帰国後の昭和一五年九月一九日、写真二様を添えて同じく北越新報紙上に報告している。

「使命に生きる開拓民の意気」と題したその報告は、「本年五月、県下の青年学校生徒をもって組織せる満洲建設勤労奉仕団団長として四四名の団員と共に渡満、東安《とうあん》省虎林《こりん》県において聖鍬を握り汗の奉仕をして八月三十日、無事帰国」と始まっている。しかし、その後の内容は勤労奉仕隊の具体報告はなく、日満両国の開拓政策に関することや入植開拓団の実態報告が主である。当時の指導者層の見解の一例としてここに記録する。

満州国へは今後二十ケ年百萬戸、五百萬人の開拓民を送らんとするの大政策を執っていますが、現在では開拓移民、少年義勇軍を合わせて約十萬人位しか行っていないそうです。満洲政府では満拓会社と連絡を執り土地を買収して日本移民の来満を、手をさしのべて待っています。

農民開拓団の現在は実に順調に進んでいます。移民の一家には二十町歩の土地と千円の補助金を与え、五ケ年後には独立が出来るようになって居り、気候風土になぞは決して内地で心配したようなものでなく、実に暮らしやすいです。農民の経済としては個人収入は水田、畑、木材等であり、団としての収入は醸造、漁業等が主で、我々青年学校奉仕隊が行った東安省虎林県清和には第七次開拓団の本部があり、新潟村が立派にできています。

（中略）更に移民商人などの国家の保護があり、日満共通で緊密な連絡を執って発展しています。しかし、所謂一時儲けの一肌組は今後絶対に駄目で、政府と軍部と協力して入満を許しません。俸給生活者も同様で、物価は高いが俸給もよく、いずれも新興気分で張り切っています。

現地での勤労奉仕隊の活動全般については、次のように中間報告がある（新潟毎日新聞、昭和一五年七月三〇日付）。まず、作業内容を拾う。

作業は朝五時起床、六時半作業開始、十二時昼食、午睡、三時半作業開始、六時作業止め、七時夕食、十時までには就寝させている。作業の種類は水田の除草と道路修理、弥彦神社の参道建設（幅八米、長さ一、〇〇〇米）および本殿の土盛り、十五町歩の麦の栽培、畑除草の応援等で、夫々の作業場までは二キロないし十キロである。これを毎日往復する。

隊員心身の健康管理は団長の重要な仕事である。次のようだった。

下痢患者毎日一名ないし二名。入団早々野菜不足と水田作業のため、脚気症状の者数名のほかは大体元気である。呼吸器疾患の再発に屯墾病（筆者注、ホームシックのこと）を併発して入院以来一日も作業不能の者が一名あるが、これは常に自分の隣に起居せしめて慰撫と激励に努め、現在は宿舎当番ができる程度になっている。中途帰国せしめる必要もなく、全員元気で帰れるらしい。帰国は八月三十一日午前中の予定。

作業上の困難もある。

十七歳より二十五歳まで全隊員よく隊長を中心として和気に満ち満ちて作業を続け、夕陽を浴びて軍歌の声も高らかに宿舎の日満国旗を目指し帰る足取りも軽く、夕食後は相撲、高跳び、幅跳び、砲丸投げ、近頃は毎晩佐渡おけさの講習会もあって少しも辛いとは感じないが、蚊、蟻、虻等の跳梁には、流石《さすが》の越後男子も降参している。

着用の防虫面の中から忍び込む虫たちのために顔面ふくれあがるほどの被害を受ける者もあり、駆除への徹底的努力と薬品の使用も奏功せず。

衛生面での生水飲用の注意や蚤《のみ》・虱《しらみ》の類のこと、また開拓地における道路建設等に遅れ、中等学校以上の教育設備が出来ていないこと等の指摘を報告に加えている。

（2）『満洲建設勤労奉仕隊日誌』

『満洲建設勤労奉仕隊日誌』は、昭和一六年度満州建設勤労奉仕隊・新潟横渡隊の隊員・富井源蔵の手記である。富井源蔵は旧中魚沼《なかうおぬま》郡上野村（現・十日町市）出身の当時二四歳、清和《せいわ》開拓団班横渡隊の第一小隊長であった。勤労奉仕隊への参加動機は、「生活物資の統制等で、日に増し田舎で商人としてゆくべき路がなんとなく不明確で先行きが見いだせなかった」ので、「政府の声に応えるべく希望、志願、参加」したのであった。

本手記は一九四一（昭和一六）年五月二三日の内原訓練所入所から八月二八日の帰国・帰省までを、「日誌」とし

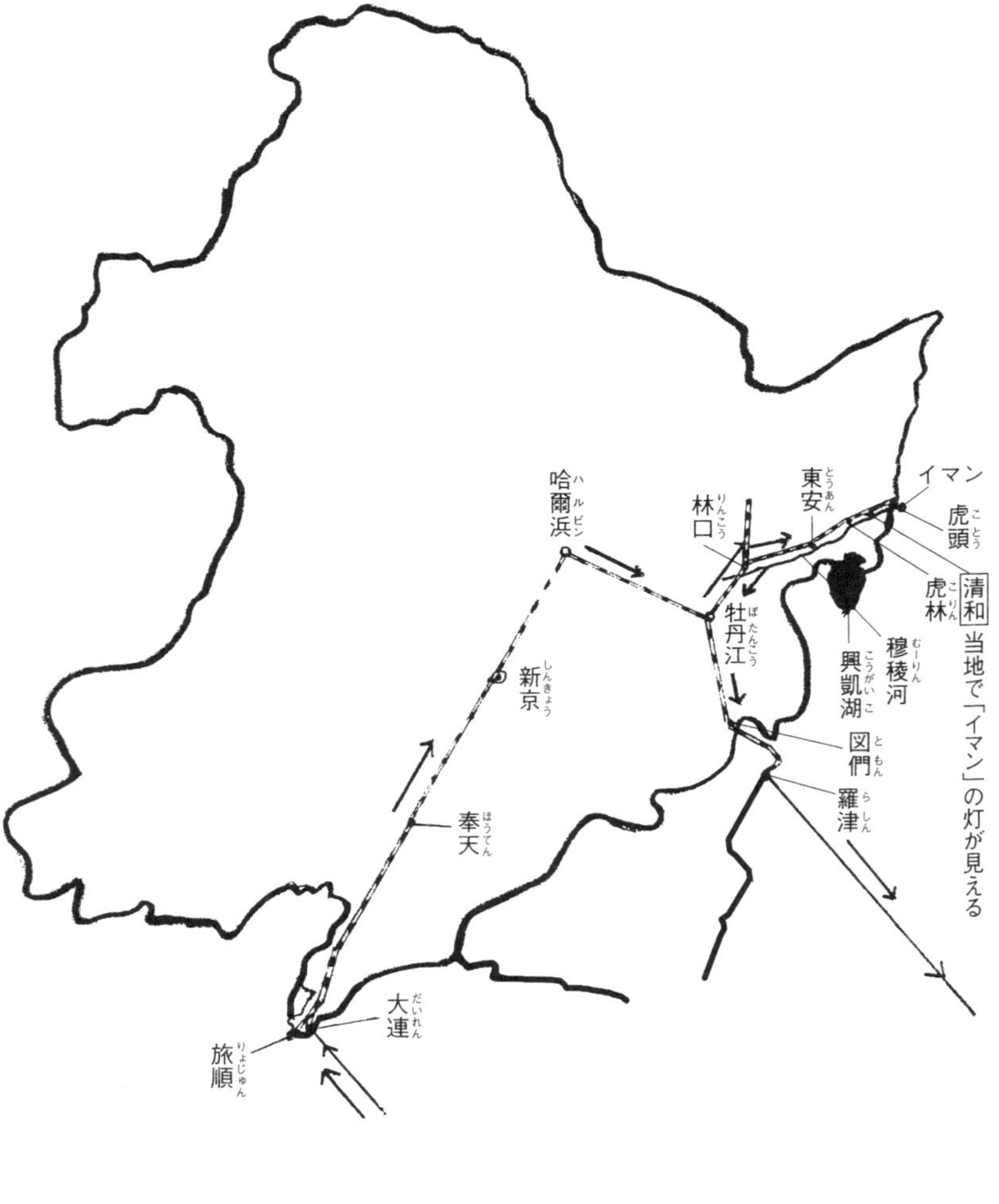

昭和 16 年満州建設勤労奉仕隊清和開拓団班旅程図

て主に箇条書き風にまとめたものである。出発から帰国までの移動地・移動月日は次のとおりである。なお、旅程図は野田良雄記録帳からのものである。

出身地出発（五月二二日）―内原訓練所（五月二三日～三一日）―東京（五月三一日）―三の宮・神戸港（六月一日）―大連《だいれん》港・大連市（六月四日）―旅順《りょじゅん》市（六月五日）―新京《しんきょう》市（六月六日）―哈爾浜《ハルビン》市（六月七日）―牡丹江《ぼたんこう》市（六月八日）―虎林《こりん》・清和開拓団着（六月九日）―勤労奉仕（六月九日～八月二三日）―清和・虎林発（八月二三日）―林口《りんこう》（八月二四日）―図門《ともん》（八月二五日）―牡丹江―羅津《らしん》港発（八月二六日）―新潟港着（八月二八日）―帰省（八月二八日）

昭和一六年度清和開拓団班横渡隊の記録としては富井源蔵小隊長の班員であった野田良雄の記録が詳細であるので、第二部の活動記録は野田良雄手記を掲載する。富井源蔵手記の内容はその補足解説として活用する。

(3)『満洲建設勤労奉仕隊點描記』

『満洲建設勤労奉仕隊點描記』は、昭和一六年度満州建設勤労奉仕隊・新潟横渡隊の隊員・野田良雄の手記である。野田良雄（旧中頸城《くびき》郡下黒川《しもくろかわ》村出身、現・上越市柿崎《かきざき》区）は青年学校本科五年、満一七歳の時、一九四一（昭和一六）年五月から三カ月間、満州建設勤労奉仕隊に参加した。野田良雄はその期間ずっと日記をつけ続けた。そして帰国した翌年、それを元に『満洲建設勤労奉仕隊點描記』と題した手書き手記をまとめていた。B五判のそのノートは、「昭和十六年八月二十五日、此の帳面、朝鮮羅津にて求む。定価六十五銭也」のもので、帰路に現・北朝鮮の羅津港《らしん》にて購入したものである。なお、手記ノートは下書き、修正用、そして清書したものと合計三冊ある。前項の富井源蔵手記と野田良雄手記の記録内容は一致し、満州建設勤労奉仕隊の実際を私たちに伝える貴重な記録である。

野田良雄の『満洲建設勤労奉仕隊點描記』は、実に詳細な勤労奉仕隊員の記録である。茨城県内原訓練所での内地訓練、現地到着までに見聞した大連《だいれん》・旅順《りょじゅん》・新京《しんきょう》（現・長春《ちょうしゅん》）・哈爾浜《ハルビン》・牡丹江《ぼたんこう》のこと、新潟県送出集団第七次清和《せいわ》開拓団での勤労奉仕活動、隊員たちの生活、帰国までのことを克明に記している。現地や開拓団の様子では、当地の自然、勤労奉仕作業、隊員生活での食糧・炊事当番、会議や講話内容、防衛演習、清和開拓団最寄りの町である虎林《こりん》街や満人部落見学、慰安演芸大会などについて記されている。

勤労奉仕隊の現地生活の一端をうかがうと、朝は五時起床、まず、遥か東天を拝して白樺の国旗掲揚塔の下で礼拝、そして日本体操《やまとばたらき》の後に朝食となる。炊事、風呂などは当番制で、食事はアンペラ敷きの宿舎内でとった。

日記・記録帳と『點描記』原本
（野田良雄所蔵）

作業出発はシャベルやツルハシを肩に、「蘭の花咲く満州で」「大陸の花嫁」「殖民の歌」などの歌を合唱しながら、道路建設現場までの二キロの道のりを行進した（口絵写真参照）。田畑の耕地整理はトラクターで起こしてあるところをスコップで幅一尺二寸（注、尺貫法における長さの基本単位。尺は約三〇・三センチ、寸は一〇分の一尺、約三・〇三センチ）、深さ五寸くらいに切り割って積み上げて畝を作っていく。道路作りの方法は広い原野にまっすぐに道幅八メートルのものを作る。道路にする両側に一、二メートルくらいの溝を掘り、その土を道路に敷いてならすだけで造ることができる。至る所原野なので、土を他所から運ぶ必要は全くない（口絵写真参照）。

彼らは農作業に精出す開拓民に代わって道路や学校のグラウンド建設、トーチカ工事などを担当した（口絵写真参照）。神社建立の基礎作業としてコンクリートに使用する石割りも行った。石は一〇キロくらい離れた丘に厚さ二寸くらいの板状の石が層をなしてあるので、それを持ってきて石割りに使った。ハンマーで荒割りし、金槌《かなづち》で細かく砕くのである。

日曜日は、時には約五キロ離れたムーリン河に魚釣りに出かけた。時には慰安会が開催され、互いに余興を競い合った。野田良雄は清和小学校で行われた慰安演芸会で「腹踊り」の出し物を披露し、子供たちに大いに受け、大喝采《かっさい》だったことを今でも鮮明に思い起こす。

3　満州建設勤労奉仕隊新潟・清和開拓団班

一九四一（昭和一六）年の勤労奉仕隊派遣に関して新聞は、「全国から一万三千名」の副見出しを付けて次のように伝えた（新潟県中央新聞、昭和一六年三月一九日付）。

　十六年度満洲建設勤労奉仕隊は先に日満関係当局に於いて総数八千七百名と決定していたが、今回特に食糧増産の要請に応じて、二龍山、宝清、成吉思汗のほか三特設農場に前後期を通じて一千六百名が勤労奉仕の汗を流すことになり、また宋、薩爾図、白家、鶴山の四特設農場は飼料生産（畑作）に努め、此処へは前後期を通じ二千八百名が行くことになった。

当時は勤労奉仕が積極的に奨励されており、「女子青年隊も参加」（同三月三〇日付）、「いざ執らん興亜の鍬／加茂農林が参加」（同四月三日付）、「開拓特別班派遣／本県から百四十名」（同四月二十九日付）などの記事も見出す。

新潟県送出集団第七次清和《せいわ》開拓団への勤労奉仕隊に昭和一六年に参加し、その詳細な記録を『満洲建設勤労奉仕隊點描記』として残し勤労奉仕隊の体験を語る野田良雄（上越市柿崎《かきざき》区）は、勤労奉仕隊への応募・選抜に関して次のように語った。昭和一六年一月六日午後、青年学校の始業式後、教練や軍事訓練があったあとに満州建設勤労奉仕隊への希望有無を聞かれた。野田良雄は、当時叔父が満鉄（南満州鉄道株式会社）に勤務し夫婦して大連《だいれん》に居住していたので、機会があれば満州に行ってみたいという気持ちを持っていた。昭和一四年に勤労奉仕隊に加わった先輩もあり、そんなことから先生に申し出た。

実はこの時、国から県に本県青年学校生徒一四二名の派遣計画が示されていた。内訳は満州建設勤労奉仕隊清和開拓団班新潟県隊に四〇名、鶴山《かくざん》畑作特別農場班新潟県隊

上越　　（月曜日）

大陸開拓奉仕隊へ
上越から卅二名參加
縣の派遣計畫決定す

縣では文部・農林・拓務三省の満洲建設勤労奉仕隊に本縣青年學徒四十二名を參加せしめるが本縣から派遣する者は満洲建設勤労奉仕隊清和開拓團班新潟縣隊四十名同鶴山畑作特殊農場班分期新潟縣隊百名、女子班年隊二名、計百四十二名で郡市人員も内定たので關係方面と協議の上四月二十日迄に隊員を推薦するやう二十九日縣學務課から縣國民青年校教員養成所長、郡市青年教育研究會長、郡市青少年團長宛に通牒を發したが大陸へ満洲建設勤労奉仕作業に派遣する隊員は渡満前に内原訓練所に入所せしめるが縣の派遣計畫は左の如し

▲内原訓練所入所　渡満　歸還期日並奉仕期間

一、開拓團班新潟縣隊　内原入所五月十五日頃、神戸出帆五月二十七日、歸還新潟入港八月二十八日▲奉仕期間自五月下旬至八月下旬、七十五日間

二、鶴山畑作特殊農場班分期新潟縣隊　内原入所八月十二日神戸出帆八月二十七日、歸還新潟入港十一月二十二日▲奉仕期間自九月上旬、至十一月中旬、七十五日間

三、女子班　奉仕期間自七月中旬、至八月中旬　四十日間

▲満洲建設勤労奉仕隊郡市人員上越地區割當人員

郡市名	開拓團班	特殊農場班
刈羽	二	五
東頸	一	三
中頸	三	八
西頸	二	四
高田	一	一
柏崎	一	一

上越新聞、昭和16年3月31日付

一〇〇名、女子青年隊二名（第一部二の4の㊂参照）であった。そしてその上越地区割当人数が郡市別に示され、野田良雄が居住する旧中頸城《なかくびき》郡からは開拓団班に三名、特設農場班に八名の割り当てであった（上越新聞、昭和一六年三月三一日付）。野田良雄はこの開拓団班三名のうちの一人であった。新聞は国内移動や渡満日程についても報じていた。

野田良雄は昭和一六年五月二三日に茨城県内原訓練所に入所、一週間の訓練を経て五月三一日、内原発。内原からはまず東京に出て宮城遥拝、東海道線で西進し、三ノ宮で下車、神戸港に向かった。野田良雄は神戸港出港の二〇〇名の中のひとりであり、そこには東京、埼玉、岐阜などからの学生・青年が加わっていた。

赴くところは旧東安《とうあん》省虎林《こりん》県で、新潟県隊は新潟県送出の第七次清和開拓団への勤労奉仕であった。清和開拓団は全県域出身者で編成された開拓団で、勤労奉仕隊も母村関係者というわけではなく、全県各地から選ばれた青年たちであった。野田良雄らは神戸港から大連《だいれん》に渡り、奉天《ほうてん》（現・瀋陽《しんよう》）、新京《しんきょう》（現・長春《ちょうしゅん》）、哈爾浜《ハルビン》、牡丹江《ぼたんこう》を経て六月九日に現地に到着した。

奉仕期間は一般的には五月下旬から八月下旬の七〇日ないしは七五日間で、応募者は「身体強健、思想堅実にして満州勤労奉仕作業に対する熱意を有する年齢一八歳以上二五歳までの青年学校生徒、青年団員、教員養成所生徒、農民道場生徒等」（新潟県中央新聞、昭和一六年三月三〇日付）が選ばれた。

「満州建設勤労奉仕隊清和開拓団班新潟県隊」は引率教師二名、隊員三六

奉仕隊腕章と記念アルバム（野田良雄所蔵）

名の総員三八名であった。隊長には青年学校教諭が、そして副隊長には国民学校訓導が就いた。帰国後に編集・発行された記念アルバムの団員名簿（第一部扉参照）を確認すると、隊員の年齢は数え一八歳から二四歳までが主で、一七歳の最年少隊員がひとり、隊長と同じ三〇歳の隊員がひとりいた。最年長の三〇歳の隊員は、何をするにも隊員全体の先導を務めた。また、野田良雄が所属した小隊の小隊長が、二四歳の富井源蔵であった。

三六名の隊員は全県下からの参加である。特定の地域に偏った人選はなく、職業も職工、農業、商業など様々であった。互いに既知のものはなく、また内原訓練所では入所即訓練であったので、神戸港出航後、日満連絡船・鴨《おう》緑《りょく》丸の船中で、互いに自己紹介しあっている。

野田良雄らの勤労奉仕隊は八月一九日を最後の日として勤労奉仕を終了し、帰路は羅津《らしん》から出港して八月二八日、新潟港に帰った。勤労奉仕期間を含め全行程は九九日間であった。記念アルバム奥付には勤労奉仕を振り返っての横渡冬樹隊長（旧三島《さんとう》郡西越《にしごし》村西越青年学校教諭、引率時三〇歳）の言葉が次のようにある。

「憧れの大陸」――聞こえただけでも若人の血は沸き、肉躍る。其の大陸に我等三八名は県下青年の代表者として、然も満州建設の聖業に浄汗する事ができたのだ。あゝ何たる好期であり、幸運者であったであろう。（中略）内原での訓練、七五日間のあの清和で奉仕生活、都市名跡の見学、往復の船中、何一つとして我々の脳裏を突かざるものは無い。総ては永久の感激であり、思い出である。

過ぎし日、懐かしの過去よ、日本青年の意気を示し、大陸建設の一翼ならんと、或いは労働の神聖なるを体験し、祖国日本の有難さを身に感じつつ、国旗を翻しての朝の祈り、思い出しても胸は高鳴る。

今や国事多難のときである。あの大陸で鍛え得た心身の持ち主こそ、国家は望んでいるのだ。共に御国のために働こう。

「隊付」（＝副隊長）として三六名を引率した櫻井虎雄（旧北魚沼《きたうおぬま》郡須原《すはら》国民学校訓導、引率時四〇歳）は、勤労奉仕終盤の八月中旬、青少年義勇軍郷土部隊が入所していた勃利《ぼつり》大訓練所と満鉄楊木《ようぼく》訓練所を訪問、見学の機会を得ていた。勃利大訓練所では自身の教え子であった二人の訓練生と対面し、楊木訓練所では須原村出身の訓練生と会っている。桜井虎雄は両訓練所の視察訪問の感想を、「皇国の青少年が満州国建設のため活躍している姿を拝見し、実に筆舌に尽くしがたい力強さを感じた。なおこれを機会に一人でも多くの義勇軍を送り出して、皇国のため満州国建設のために努力いたすべく心がけている次第である」（『新潟県教育百年史』一一一五ページ）と述べている。

雨天のために作業を休んだ六月のある日、櫻井虎雄は開拓団員のところへ嫁いでいる教え子（旧北魚沼郡須原村出身）を訪ね、歓談した。昨年秋に生まれたという丸く肥えた二世を抱いた彼女と、故郷の話に花を咲かせた。そこに出身地近隣の入広瀬《いりひろせ》村からの団員二人、藪神《やぶかみ》村出身の二人がなつかしげに訪ねてきた。櫻井虎雄自身は知らなかったが、故郷の隣接村からの人たちが少なか

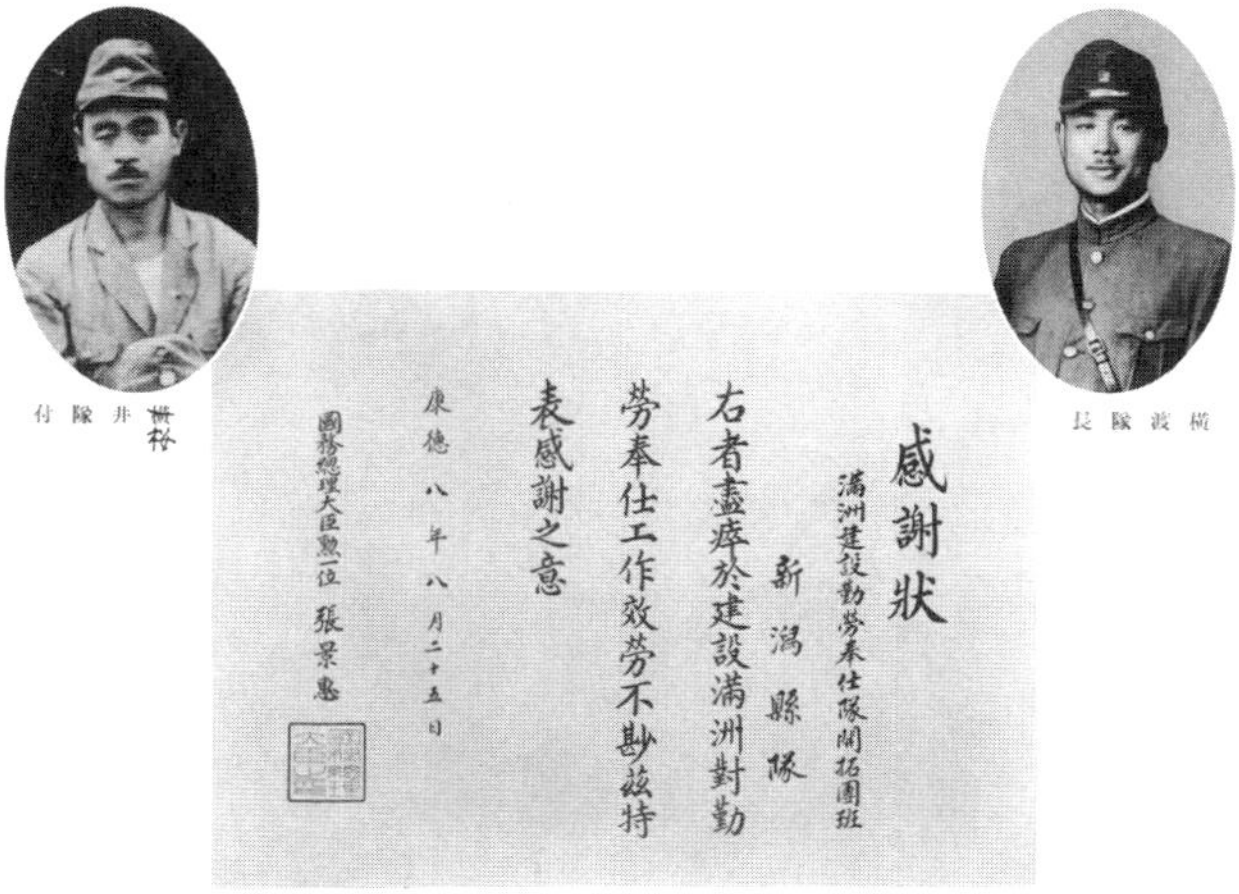

記念アルバム扉を飾る感謝状。
写真は右が横渡冬樹隊長、左が桜井虎雄隊付

らずいることに驚いた。彼らから「開拓民の苦心談やら開拓地の愉快さやら、団の状況、将来、その他の模様」を聞いたが、「何百里も離れた異郷の地にいるとも思われぬ」気持だった。櫻井虎雄は「満州建設勤労奉仕、開拓団現地報告（中）」（新潟中央新聞、昭和一六年七月三一日）にこのエピソードを加えていた。

第二部に掲げる勤労奉仕隊体験記に詳述されているが、勤労奉仕隊は勤労奉仕に入った開拓団においてだけでなく、途次および帰路に立ち寄った各所で歓迎会および報告会を兼ねた会合に参加している。繁忙期に大勢の若者たちの勤労奉仕を受けた開拓団の人たちは感謝の言葉を口にし、真夜中の出発にもかかわらず各戸前に立って青年たちを見送った。開拓団での会合の際であろうか、あるいは別の機会でのことであろうか、勤労奉仕隊には張景恵満州国国務総理大臣から感謝状が授与されていた。帰郷後すぐの九月一五日に完成した清和開拓団班の記念アルバムには、その感謝状と横渡隊長、桜井隊付の写真を組み合わせて扉のページに掲げられている。

勤労奉仕隊員は帰国後、郷里および近郷の満州事情説明会等に招かれ、勤労奉仕体験を語った。彼らには体験するだけでなく、後続の開拓団への参加や指導的立場に就くことも期待されていた。これらのことば一語一語、あるいはその姿勢の端々に当時の国情、指導者や青年たちの心意気のほとばしりを感じることができる。

勤労奉仕の様子は、アルバムに収められた一枚一枚の写真が如実に物語っている。勤労奉仕隊は、「我等勤労奉仕隊ハ皇祖ノ神勅ヲ奉シ、協心戮力ヲ挺シテ興亜ノ天業ニ追進シ、神明ニ誓テ天皇陛下ノ大御心ニ副ヒ奉ラムコトヲ期ス」の綱領に基づいた行いであった。本書口絵ならびに第二部野田良雄手記のそれぞれの項に、記念アルバムから該当する写真を選んで掲載した。古いアルバムゆえ鮮明度を欠く写真もあるが、文章説明とともに現地での青年たちの活躍の姿を味わってもらいたい。

それぞれの勤労奉仕隊は現地報告や帰国報告を新聞に寄せている。昭和一六年四月から第九次二龍山《にりゅうざん》開拓団に入った奉仕隊の帰国報告会では次のような話題が出た（新潟県中央新聞、昭和一六年六月二七日付）。司会者が「今回満州を見て満州で百姓をやってみようと思った人は？」と投げかけると、参加生徒一同は「学校を卒業したらぜひ開拓民として渡満したい」と答えた。この奉仕隊では渡満時に蜜蜂一五箱を持参したのだが、草花の多い現地で二度までも蜜の収穫を得ていた。奉仕隊生活では「日暮れが遅いのにはちょっと困った」という。この時期「日暮れが夜の九時半頃、夜明けは三時半頃」であった。「風呂に入れないのにも困った」が、「食糧はお菓子などはないものの大した不足を感じなかった」という。農作業は、内地では経験できないトラクターやいろいろな機械を使ってみることができた。

清和開拓団への勤労奉仕隊員であった野田良雄は、時には満州の風物が分かるように絵葉書を送り、現地での見聞・認識、各種報告、あるいは学業に励む弟妹への励ましのことばなどを内地に書き送った。それらが七〇年以上自宅に保管されている。

現地の様子を伝える絵葉書
（野田良雄蔵）

第二部
満州建設勤労奉仕隊記録

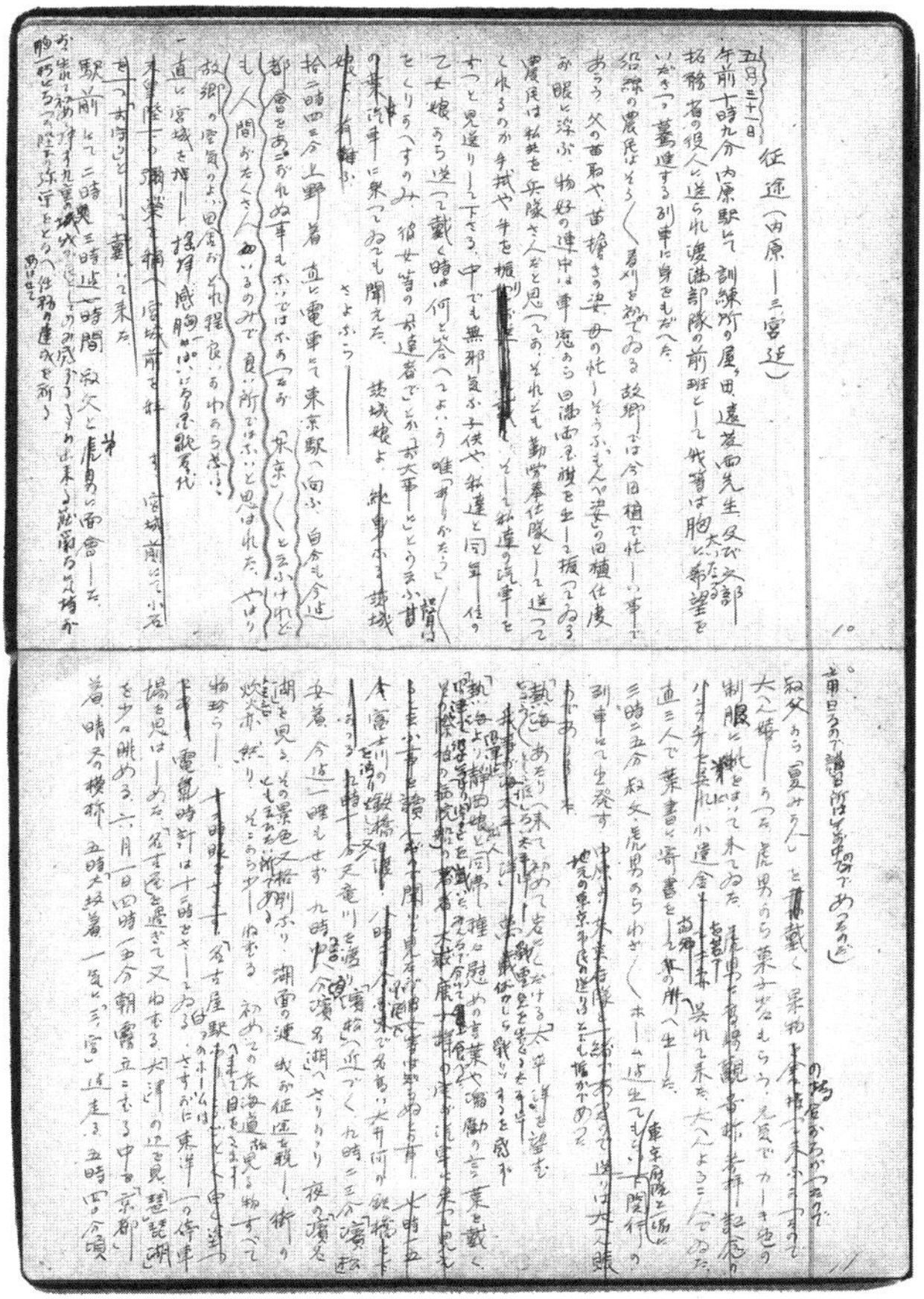

野田良雄手記草稿ノート「征途」の部
（第二部三参照）

第二部　満州建設勤労奉仕隊記録

一　郷里出発

満州建設勤労奉仕隊に参加する青年を故郷で送り出すのも、応召する男性や満蒙開拓青少年義勇軍に参加する青少年を送り出す時同様、学校や町村で盛大な歓送会が開催される。兵士同様、ここで決意を新たにしてそれぞれ出発した。

以下、一九四一（昭和一六）年、新潟県送出集団第七次清和《せいわ》開拓団に九九日間の勤労奉仕に入った野田良雄青年（上越市柿崎《かきざき》区、渡満時満一七歳）が書き残した記録を場面場面に区切って掲載し、勤労奉仕隊の実際に触れていきたい。語句の説明（＊印）とルビは野田良雄の筆者への解説であり、注記は筆者による当時の状況などについての説明である。写真は筆者が野田良雄に同行して訪中した時のものを含め、過去六回の慰霊・調査訪中の際に撮影したものである。

さて、郷里出発の様子は次のようだった。

昭和十六年五月二十二日、晴天。

午前五時起床、直ちにリュックの整理に取りかかる。入れたと思った物がまだ入れないであり、入れなければならない物が外にあったりして、思いのほか手間がかかる。間もなく落合のおばあさんが来られ、餞別《せんべつ》をくださる。注1 厚くお礼申し上げて受け取る。海野君、理研工場へ行く途中私宅へ寄ってくれ、互いに健康を祈り固い握手をする。

六時過ぎ朝食をとり、出発準備をする。靴もはきゲートル*も巻いて、七時半頃鎮守様を参拝。「満洲建設勤労奉仕隊」の一員としての使命の達成を祈る。何かしら厳粛なものが身に迫るような気がした。

次いで字《あざ》内を廻《まわ》り、いろいろ心配になったこと御礼申し上げ、なお留守中のことをお願い致す。海野眞三様宅へ挨拶に行った時、宅のお母様大急ぎで私宅へ来られ、餞別いただく。

八時頃、海野孝様、海野眞三様宅のお母さん等に送られて家を出発。約一〇〇日間を留守にするのだと思うと若干寂しいが、割合に、いや相当陽気に家を出た。野田富治様わざわざ駅まで見送ってくれるとのこと、一緒に行く。広い田んぼには牛馬が泥まみれになって代《しろ》かき**に余念がない。帰国の頃は黄金波打つ見渡す限りの稲田に変わっているのだ。

役場へ出発に際しての挨拶《あいさつ》に行き、片山助役様、門まで見送りしてくだされた。なお木村様、停車場までお送りくださるとかで同道する。信組***手前にて組合の小林様に会い、挨拶を交わす。また海野謙吾様、銀行へ行く途中私と一緒になる。共にその健康を祈る。組合のところで別

渡満時の野田良雄、『點描記』扉

れ、私は国民学校[注2]へ挨拶に行く。

学校では校長先生ならびに諸先生、生徒諸氏に出発のお礼を申し上げ、学校を後にする。柳ケ崎・西海様宅へ挨拶をし、乗合自動車を待つ。その時同字渡邊八重子さんに会う。御親閲[注3]の式典に参列するため登校の様子。乗合自動車にて駅へ行く。

九時三十四分、村代表して木村氏、学校代表として渡邊先生、その他野田富治様、それに父に送られて中頸城《なかくびき》郡の奉仕隊一同と同道、新潟へ向かう。村代表、否《いな》、頸北《けいほく》代表として自分は立派に闘ってくると固き決意を胸に誓う。

午後二時、新潟開拓館[注4]へ着く。我等の引率者[注5]、県学務部の野尻弘先生以下三十四名なり。七時夕食。八時三十五分新潟発。一路上野へ向かう。汽車中は知らぬ者ばかりであったが、みんな元気で軍歌や流行歌等合唱しつつ進む。そのため十二時頃漸《ようや》く静かになった。

五月二十三日、曇天（雨上がり）。高崎へ着いた頃、雨降りであった。午前六時、上野着。直ちに乗り換え、六時十五分、一路内原へ向かう。


〈語句〉
＊　ズボンの裾《すそ》を押さえて足首から膝《ひざ》まで小幅の布で巻きつけるもの、多くは軍服用。
＊＊　水田に水を引き入れ、土を砕き、ならして田植えの準備をすること。
＊＊＊　＝信用組合。

〈注〉

1　勤労奉仕隊への参加は「国のため」とのことで、見送りも盛大だった。いろいろな人から餞別もいただく。野田良雄は手記ノートの扉ページに「有難ク頂戴致シマシタ」と親族・知人・友人ら一四名の名前と金額を記録している。個人の他に郡青年学校研究会青壮年団、村青年学校青年団、村銃後奉公団の三団体名もあり、銭別の総額は「八六円也」であった。

昭和二〇年四月、島根県報国農場隊に参加した堀江幸子は、携行品とともに餞別について次のように記録する。「携行品は寝間着と綿入れ、着替え、オヤツ、アルバムをリュックサックに詰め、水筒二ケ、一つは水と一つは水飴。手持金は六十円、ただし餞別等で大方の者は百二十円から百五十円位持っていたよう。」(『島根県満州開拓史』七二一ページ)

2　一九四一(昭和一六)年四月一日、「国民学校令」発布により学制改革が実施された。初等学校の名称が小学校から国民学校に変更された。いくつかの趣旨に基づく教育の刷新がなされたが、国民の基礎的錬成として掲げられた①国民学校の教育全般にわたりて皇国の道の修練たらしむること、②教科の分割を避けて知識の統合、具体化を図るとともに、心身一体の訓練を重んずることの二点が特徴的である。

なお、当時の内閣府情報局編『週報』第一七〇号(昭和一五年一月一七日付)および第二二三号(昭和一六年一月一五日付)や、戸田金一『国民学校』などにより詳しく知ることができる。

3　親閲とは、君主や最高の長官自らが検閲あるいは閲兵すること。一九三四(昭和九)年四月三日、全国小学校教員精神作興大会で「御親閲記念日」が設置される。親閲式では正面に御親閲写真が掲げられ、教育勅語や「青少年ニ賜リタル勅語」などの奉読が行われる。勅語としては「教育者ニ賜リタル勅語」「小学校教員ニ賜リタル勅語」などがある。

4　「新潟開拓館」あるいは「新潟満蒙開拓館」とは、渡満する開拓民のための宿泊および各種満州事情情報を提供する施設である。一九四〇（昭和一五）年五月、満洲移住協会によって全国で初めて、新潟市の新潟鉄道管理局に隣接する信濃川河畔に建設された（新潟毎日新聞および新潟新聞、昭和一五年四月二八日付）。それまでは市内の旅館などを指定宿泊所としていた。開拓館はのちに「大陸の花嫁」の訓練や斡旋《あっせん》も行い、満州開拓指導者の訓練施設ともなった。

5　勤労奉仕隊の隊長と副隊長（＝隊付）は事前に指導者訓練で内原訓練所に入所している。第二部二の記録により、指導陣に内原で迎えられる様子が記されている。

二　渡満前訓練

渡満前の内地訓練は約一週間、現・茨城県水戸市内原に建設された満蒙開拓青少年義勇軍の訓練施設である内原訓練所で行われる。日本国民高等学校校長であった加藤完治らによる満蒙開拓青少年義勇軍送出の建議（昭和一二年一一月三日提出）が認められ、大規模の訓練所が建設された。加藤完治が訓練所の所長に就いた。青少年義勇軍（満州では誤解を避けるため青年義勇隊と称した）は数え一六歳から一九歳までの少年たちで構成され、ここでの二、三カ月間の訓練期間中は日輪《にちりん》兵舎と呼ばれる独特の形をした宿舎で集団生活をした。満蒙開拓青少年義勇軍の送出は一九三八（昭和一三）年からであった。

内原訓練所は、開拓団の指導者や勤労奉仕隊の青年たちの訓練施設としても使われた。指導者訓練は約一カ月間で、勤労奉仕隊は野田良雄手記本文にあるように約一週間であった。現在、跡地近くに資料館があり、日輪兵舎が復元されている。

「田巻文書」に昭和一五年四月、拓務省・文部省作成の「満洲建設勤労奉仕隊訓練要綱」（文書番号⑬）なる文書がある。訓練方針が、「満洲建設勤労奉仕隊ヲ派遣スルニ当リ、本計画ノ真意ヲ理解体得セシメ、心身ヲ鍛錬シ、集団勤労ノ訓練ヲ施シ、以テ奉仕隊ノ使命達成ニ遺憾ナキヲ期ス」と述べられている。

集団はおおむね五〇名を一個小隊として、四個小隊で一個中隊を編成する。そして中隊ごとに指導陣が配置される。訓練方法は、「奉仕隊ノ趣旨ノ徹底ヲ期スル為、中隊長ヲ中心トシテ指導者隊員一体トナリ、起床、日課、就寝ニ至ル迄、自治的共同生活ニ依ル規律的訓練ヲ実施」され、訓練内容は行事（朝夕の礼拝）、体操（日本体操《やまとばたらき》、駆け足等）、教練（各個教練、部隊教練、行軍等）、作業（農耕、土木作業等）、そして講話で構成されている。

より具体的には次のように科目、時数、担当講師が計画された。

科目	時数	関係機関	講師
皇国精神と農民道	四	内原訓練所	所長・加藤完治
満支一般情勢	四	陸軍省	
満州事情	四	対満事務所	行政課長・高辻武邦
満州事情	四	拓務省	拓務課長・森部隆
満州建設勤労奉仕隊の使命	四	文部省	社会教育局長・田中重之
衛生講話	四	文部省	体育研究技師・斎藤一男
戦時下農村と満州開拓	四	農林省	経済更生部長・周東英雄

教練	二〇	内原訓練所
日本体操	四	内原訓練所
農場実習、その他作業	五〇	内原訓練所

「要綱」に示された訓練日課は次のとおりである。午前、午後の講話、教練、作業は中隊ごとに順に割り当てられた。口絵掲載写真により、所内訓練に向かう日輪兵舎脇を行進する様子を確認願いたい。

午前	五：三〇―六：〇〇	起床、点呼、洗面
	六：〇〇―七：〇〇	中隊集合、礼拝、日本体操、舎内外清掃
	七：〇〇―八：〇〇	朝食
	八：〇〇―一一：〇〇	講話（教練、作業）
	一一：三〇―一二：〇〇	整理
午後	一二：〇〇―一：三〇	昼食、休養
	一：三〇―五：〇〇	作業（教練、講話）
	五：〇〇―六：〇〇	整理
	六：〇〇―八：三〇	夕食、入浴、座談会
	八：三〇―九：〇〇	点呼、礼拝
	九：〇〇	消灯

では、内原訓練所到着から訓練所での実際の活動の様子を野田良雄記録から見よう（入所記念写真は口絵参照）。大まかな日程は次のようであった。五月二三日、午前内原到着、午後より訓練。二五日は作業なしで、感想文を書かされた。二六日には先遣隊が出発した。一三七号舎に引っ越し。二七日午後、宣誓式予行。二八日午後一時、橋田邦彦文部大臣の臨席を得て宣誓式を行った。宣誓式次第は次のとおりである。

一、礼拝
二、君が代合唱
三、教育勅語奉読
四、主催者挨拶
五、所長訓示
六、関係各省並に来賓告示（農林大臣、拓務大臣、文部大臣、陸軍大臣、対満事務所総裁、大日本青年団長、満州国大使）
七、日満国旗及隊旗授与（各大臣）
八、宣　　誓（綱領復唱）
九、弥栄三唱

宣誓式について野田良雄記録は本項および次項で簡単に触れている。一方、野田良雄の小隊長であった富井源蔵記録は次のように詳しい。

弥栄広場にて宣誓式。

野外大運動場にて参加隊は新潟県はじめ三〇府県隊員八九四名、橋田文部大臣閣下ご臨場のもとに盛大且つ厳粛の中に行われた。[注1]文部大臣訓示後隊旗の授与式、三〇府県隊各隊代表一名、新潟県代表では自分が選ばれた。文部大臣の面前に立った時はただただ感無量で体が固くなる思いがした。

隊旗の地色は地図で見る満州の色、赤みをおびた黄色の中に桜の花が黒色に染めぬき、横に満州勤労奉仕隊と黒色で染めぬき、そのわきに新潟県隊とある三尺五寸くらいの隊旗でした。大臣訓話のあと少年楽団で分列行進を行い、午後二時半に終了したあと、和尚ヶ丘まで約二里の道を全員で駆け足往復、越後健児の意気を示す。

青年らにとってはまさに厳粛な式典であった。以下、野田良雄の内原体験である。

五月二十三日午前九時、内原駅に下車したる我等は、野尻先生（県庁庶務課の人、名は弘）引率のもとに青少年義勇軍内原訓練所へ向かう。雨上がりの道路を重いリュックにあえぎつつ、途中、野尻先生よりこの道路は訓練所ができてから造ったのだと承《うけたまわ》る。*新井線に似た道路で、松林を切り開いて建設してある。当訓練所の素晴らしき発展を物語っていた。

しばらくして右手に目的地訓練所を望む。ぬれた松林の中に点在する日輪兵舎はまた格別な趣を見せた。

正門を我等長以下三十四名、リュック姿も颯爽《さっそう》と、歩調をとって入所する。時、午前九時三十分。本部前は

全員で日本体操（野田良雄アルバムより）

十町歩もありそうな大広場で、雨上がりのため訓練生は訓練を休んでいた。

まず[注2]感じたことは、当訓練生、即《すなわ》ち義勇軍の動作のキビキビしていることだった。わずか十五、六歳の少年をかくも機敏に動作をするようになし得たる加藤完治以下諸幹部の苦心が思われる。

本部前に集合したる我には兵舎第三十二号舎に入舎指示、リュックを下ろしてホット一息ついた。そして当訓練所の規則を承る。

隊長・横渡《よこたわり》冬樹ほか先遣隊[注3]の人四名来られ、ここに新潟県奉仕隊三十八名が集う。空には我等の若き荒鷲**が舞っており、練兵場のほうには義勇軍のラッパ鼓隊の勇壮なる調べが雨上がりの空気の中に爽やかに聞こえる。昼食はポクポクしたパンに味噌《みそ》汁であった。不味《まず》くて食べられるか、ただ休み休みして漸《ようや》く食ったほどなり。

午前中休んだ我等は午後、隊付・櫻井虎雄先生より義勇軍の体操[注4]「日本体操《やまとばたらき》」を習う（櫻井先生は部下三人を率いて去る九日入所せり）。割合にたやすかった***が「なげうて」や「まいのぼれ」が若干難しかった。数回稽古するうちにどうやらこうやられるようになった。

二十六日、本県先遣隊を送った我等は、櫻井先生を失って少なからず落胆した。毎日毎日日本体操の練習であり、二回やれば汗が出るほどで、体のためになる体操であるとつくづく感じた。けれども、飯の少ないのは実に困った。麦飯はなんでもないが、量の少ないのは本当に参った。

軍歌練習もあり、清い内原の空気を腹いっぱい吸って、ひどいどら声を張り上げて歌った。「植民の歌」「大陸は呼ぶ」など。訓練中一番身にこたえたのは駆け足であろう。晴天であれば毎日といってよいほどあるだが、雨天の日もあったので相当助かった。

第一回目は入所した日の、即ち五月二十三日の午後であった。自分は舎内当番であったので見学していた。第二回目は雨上がりの五月二十八日（午後一時より橋田文相臨席のもと宣誓式[注5]があり、終了後若干休憩して午後四時より）、片道一里半くらいの往復をせり。即ち和尚塚と称される小高い丘まで四列にて駆け足に行く。約一里半で、故郷で一里半くらい走れば青菜に塩であるが、団体で足並みをそろえて走れば割合に疲れなかった。その丘にてはるかに我等訓練所の方面を望み、遠藤先生[注6]より種々地名を教えていただいた。

かの幕末桜田門外の変に水戸の浪士が血判をして誓ったという古寺の森を眺め、その後その一志士・佐野竹之助が作「出郷の作」を吟じ、当時の竹之助の心境を偲《しの》ぶ。その他「桃太郎」や「空の勇士」「鳩ポッポ」の遊戯を遠藤先生に教えていただき、幹部以下私どもも久しぶりで童心に還《かえ》り、疲れを慰める。空には若き海の荒鷲が高等飛行を演じつつあり、野山は見渡す限り緑に埋もれ、常磐線の列車が麦畑の中をのろのろ走っていく。長閑《のどか》な初夏の日であった。一里半の駆け足の疲れも忘れてしまうほどなり。

なお和尚塚とは、昔ある和尚が自分の死を悟って門弟に穴を掘らせ、その中で往生をとげられたとのことで、この名前が付いたとのことである。

帰りは行きの道と違うところを通り、また駆け足であった。我が小隊の前は東京府の小隊であったが、彼等は前の小隊に一〇〇メートルくらい遅れてしまい、実にあわれなものであった。我が越後部隊は一同益々《ますます》元気旺盛、一人として落伍《らくご》する者はいなく、あっぱれ越後健児の意気を示した。少々疲れたが、たいしたことはなかった。

第三回目の駆け足はその次の日で、即ち五月二十九日の午後であった。指揮者遠藤先生の言うには、軽い運動にて行軍をするとのことで、一同安心した。その日は焼けつくような晴天で、道路は若干乾燥して土ぼこりが少々立つような日であった。即ち強行軍にて約二里の土浦の海軍空港まで一時間にて行く。そこで約三十分休憩せり。行軍ならばどんなに強くやっても、人には負けぬ心算だ。空港はひっそりとして、「赤とんぼ」[注7]が一台いたのみ。

帰りは幹部訓練所まで約一里を駆け足、昨日のが祟《たた》って走れないかと思ったら、案外たいしたことはなかった。当訓練所にて当所の指導員・水野少将閣下より訓辞を賜り、即ち「現在の人間は五感の欲のみを考えて、自分を捨てて公に尽くすという滅私奉公の精神が足りないと思う」と、日露戦役当時の青年の意気を語られ、大いにその方面の是正を叫ばれ、なお、「健全なる肉体と精神を養うよう心がけよ」と熱ある教訓肝に銘じ、滅私奉公、満洲建設の聖業に尽くさんことを決意した。

その後内原まで駆け足、今度こそ非常に疲れた。陽はジリジリと照りつけ、砂塵はモウモウと舞い上がり、汗の上に埃《ほこり》、埃の上に汗、その上連日の駆け足のため足がこわばってまったくお話にならない。おかげで二、三日足が痛くて困った。内原訓練所における訓練駆け足は以上三回であったが、この駆け足において現在国家が我々に要求している肉体的の、一つの困苦欠乏に耐えるということを、まずある程度征服し得たと思う。駆け足の労苦は永久に私の種として残ることであろう。

〈語句〉

＊　新潟県上越地区の柿崎《かきざき》から新井市に通じる道路。

＊＊　航空隊の練習用複葉機、「赤とんぼ」とも言った。

＊＊＊　「やさしかった」の意。

〈注〉

1　大臣訓示は「満洲建設勤労奉仕隊宣誓式訓示」として雛形《ひながた》が準備されている（『満州建設勤労奉仕隊関係資料』所収）。全文を掲げる（句読点は筆者）。なお、女子青年隊の結成式における文部大臣訓示は、『満洲建設勤労奉仕隊女子青年隊概要』一〇八～一〇九ページに所収されている。

今回満洲建設勤労奉仕隊員トシテ勇躍大陸ノ建設ニ赴カントスル諸子ノ意気ト熱誠トニ親シク接スルヲ得マシタコトハ、国家ノ為ニ衷心ヨリ喜ビニ堪エナイ所デアリマス。

申スマデモナク諸子ガ今将ニ向ハントスル満洲ノ地ハ、曾テ幾度カノ聖戦ニ於テ諸子ノ祖父、父兄或ハ諸先輩ガ、愛国ノ尊キ血潮ヲ犠牲ニシテ拓キ得タ處デアリマシテ、其ノ一木一草悉ク是レ忠魂ノ宿ラザルモノガナイノデアリマス。而シテ、満洲ハ又防共第一線ノ存スル国防ノ要地デアリ、且経済上ニハ未開拓ノ原野ト無盡ノ資源トヲ包蔵スル大天地デアリマス。諸子ハ今先輩奮闘ノ地ニ臨ミ、年若ウシテ興亜国策ノ一端ニ参画スルノデアリマシテ、真ニ光栄ト言フベキデアリマス。

抑々奉仕隊派遣ノ挙ハ新東亜建設事業ノ一部トシテ政府ノ重大ナル施策デアルコトハ勿論デアリマスガ、諸子ハ此ノ尊イ集団勤労奉仕ヲ通ジテ克ク心身ヲ鍛錬シ、以テ健全有意ナル皇国民タランコトヲ期セネバナリマセン。而シテ此ノ大業ノ実績如何ハ、直ニ興亜国策ノ成否ニ至大ノ関係ヲ齎スノデアリマス。諸子ハ其ノ任ノ重キヲ察シ深ク言動ヲ慎ミ、厳ニ隊規ニ服シ、不撓不屈ノ精神ヲ益々強固ニシ、以テ挺身奉公ノ使命ヲ完ウシ、皇国青年ノ真面目ヲ発揮セラレンコトヲ望ンデ已ミマセン。満洲ニ在テハ現地ノ認識ヲ深メ、帰國ノ暁ニハ青年層ノ先駆トナリ、大ニ国民精神ノ昂揚ニ努メテ聖慮ニ副ヒ奉ラネバナリマセン。

時正ニ雨期ニ向ヒ暑熱加ハル等、気候ニ風土ニ辛苦大ノモノガアリマセウ。幸ニ皇国ノ為、自重自愛セラレンコトヲ祈リマス。

2

郷里出発から新潟、上野を経て内原到着までの動き（前項参照）と内原訓練所での初日の様子、訓練や義勇軍の印象を野田良雄は五月二四日夜にしたため、東京にいる弟に次のように葉書で伝えている。

二十二日午前九時三十四分柿崎駅発、午後一時半新潟駅着、四時集合、夕食後八時三十五分新潟駅発にて上野に向かい、二十三日朝六時上野着。六時十五分上野発、九時半頃当方に安着しました。お前も元気だろうね、まあ一心にやりなさい。

朝五時頃起床、六時点呼、七時の朝食まで運動で、八時頃作業を開始で一日中体操ばかりだ。五時の終業、夕食、九時まで自由行動、九時消灯でねむる。一日楽しく終わったので安心している。義勇軍のラッパは本当におごそかでしんみりしてしまう。

3

指導者も隊員同様、内原訓練所にて予備訓練を受ける。隊長・隊付ら数名は三～四日前に先遣隊として入所し、各府県から集った隊長ら二十数名が一緒になって訓練を受ける。多くが教員である指導者たちは、ここで義勇軍の少年たちの規則正しく凛々《りり》しい態度に、「二カ月あまりでかくまでもよく訓練づけられたもの」と驚く。

新潟県からは毎年七〇名前後の教員が内原訓練所に派遣され、毎年七月一〇日前後から一週間受講・訓練したという（『新潟県教育百年史』一一一二ページ）。内原訓練所への定期的な教員派遣は、満州開拓への教員の意識改革のためであり、ひいては満蒙開拓青少年義勇軍への参加隊員の増加およびその指導者としての渡満などにつなげることを期待している。満蒙開拓青少年義勇軍の指導者とは中隊長、教学指導員、農事指導員、畜産指導員、教練指導員、栄養指導員、医師・寮母などだが、それぞれに対する募集要項が定められている。

4 内原訓練所にて満蒙開拓青少年義勇軍のために考案された独特の体操、「やまとばたらき」と称された。

5 昭和一六年のこの日の宣誓式に、島根県隊も参列していた。島根県隊の花谷寛一隊長が「隊旗授与並宣誓式」に関し、「橋田文相の御臨場の下に各府県隊旗の授与、訓示、日本体操、分列行進など、義勇軍の喇叭《らっぱ》鼓隊も加わって実に盛大厳粛に執行された」と記録する。指導者としても「感慨もことに深きもの」あり、「この隊旗を先頭にこの希望と感激を抱いて渡満し、尊き汗の奉仕を捧げることは、現下皇国青年としての光栄であり、最も意義深い奉公の一途である」と意義を堅固にした。(『島根県満州開拓史』八〇三ページ)

6 遠藤先生とは内原訓練所の担当教官のことで、新潟県の指導者ではない。

7 「約二里の土浦の海軍空港」は野田良雄の勘違いらしい。当時を知る人の話によれば、まず「空港」という言葉は当時にはなく、言うならば「航空隊基地」であろうとのこと。また、土浦海軍航空隊は内原からは二里どころではなく、四〇キロ以上ある。最も近い百里原海軍航空隊基地(現・航空自衛隊基地)でも二〇キロ以上ある。「赤とんぼ一台だけ」ということだから、「補助飛行場のことか?」との解説を受けた。内原訓練所用の飛行場であったのかもしれない。内原訓練所近くの少年飛行隊に入っていたという山本博道(北九州市)からは、確かに小さな飛行場があり、「赤とんぼ」に乗っていたとの証言も受けた。なお、「赤とんぼ」とは、初級練習を終えた次の段階の練習機で、機体をオレンジ色に塗ってある二枚翼の複葉機のこと。九三式中間練習機を通称「赤とんぼ」と呼称した。

三　征途

約一週間の内原訓練所での訓練の後、いよいよ満州に向けて出発する。当時の言葉遣いそのまま、野田良雄はそれを「征途」と表現する。征途の最初は、身の引き締まる宣誓式である。野田良雄はここで詳細を記録する。第二部二で見た富田源蔵記録と比較されたい。緊張と興奮の様子が伝わる。内原訓練所から常磐線内原駅までは満蒙開拓青少年義勇軍の渡満道路と称され、桜並木となっていた。

移動に関しては「輸送計画細案」が作成される。以下の野田良雄記録に、自分たちは「第五中隊」で「六府県隊」であったとある。同時期に多数の隊員を移動させるにはその詳細な輸送計画が必要となる。田巻文書⑦に昭和一五年度派遣隊の「輸送計画細案」がある（第五部一資料3参照）。この年、満州建設勤労奉仕隊開拓団班第一回本隊訓練大隊編成がなされ、三木原勝義大隊長のもとに中隊が第一から第七まで編成された。この時の新潟・田巻隊は第一中隊第一小隊であった。石川、兵庫、広島、福岡、佐賀、東京の奉仕隊が一緒であった。

大隊の総勢は一、三〇〇名であったので、四回に分けて輸送された。第一回が六月一日、敦賀港からハルピン丸で三〇〇名、第二回が六月二日、新潟港からサイベリヤ丸で二〇〇名、第三回が六月三日、神戸港からサントス丸で七〇〇名、第四回が新潟港から天草丸で一〇〇名という輸送計画であった。

大量の人員を準備万端手際よく輸送するために、その準備手順がきめ細かに設定された。「輸送準備日課表」（田巻文書⑦）により、その手順の概要を書き出すと次のようになる（詳細は第五部一資料4参照）。準備日課は出発一〇日前から開始される。出発一〇日前に輸送指揮官に期日、経路、輸送部隊が発表される。指揮官はそれを七日前に隊員たちに告げる。六日前から渡満者用必要物品、鍬《くわ》、梱包《こんぽう》材料、救急鞄《かばん》や医療品、その他すべての支給が行われ、出発三日前には渡満荷物の内原駅までの運搬が完了する。二日前には舎内の大掃除、荷物の積み込みを行う。出発前日は弥栄《いやさか》神社への参拝をすませ、不寝番勤務を免じられて翌日の出発を待つ。

　新潟・田巻隊が所属した昭和一五年度第一回輸送隊の旅程の詳細は、次のとおりであった。五月三一日、内原出発。六月一日、東京に出て宮城遥拝《ようはい》。同日、敦賀着。同午後四時、ハルピン丸で出港。六月三～四日、羅津《らしん》着、一泊。六月五日、牡丹江《ぼたんこう》、一四五名下車。六月五～六日、東安《とうあん》、一一一名下車。六月六日、朝七時に東安発、斐徳《ひとく》にて兵庫隊五〇名、楊崗《ようこう》で兵庫隊五〇名、湖北《こほく》で広島隊五〇名、虎林《こりん》で石川隊五〇名が下車し、新潟・田巻隊三〇名が、最終駅の清和《せいわ》で下車した。

現在は史跡として残る渡満道路

　輸送に関しては指導者に「輸送心得」[注1]（田巻文書⑩）が示された。昭和一五年五月二四日付の小冊子の緒言に、「過去数十回ニ亘リ実施セル輸送ノ状態ニ鑑ミ、輸送心得ヲ改訂シ、尚東京ニ於ケル行事ノ大要ニ附加シテ頒布スルコトトセリ。幹部ハ能ク本書ヲ参酌シ研究ヲ重ネ、実地ニ際シ遺漏齟齬ナカラシムルヲ要ス」と、初年度反省からの詳細な留意点がまとめられている。隊員には「輸送間ニ於ケル一般服膺スベキ事項」（田巻文書⑨、第五部一資料5参照）が示された。

以下は、野田良雄の征途記録である。

内原出発

昨日までのぐずついた天候もカラリと晴れ渡り、初夏の風爽やかに吹き渡る五月二十八日、橋田邦彦文部大臣臨席の下に、我等「満洲建設勤労奉仕隊開拓団班」の宣誓[注2]式、いとおごそかに執り行われた。橋田文相は国民服に国民帽という質素な服装にてご臨席くだされ、我等一千名近くの若人はお祝いの言葉をはじめ種々ご注意のお言葉いただく。最後に健康なることを願われた。私達の方からは第六中隊長、大阪府主事・清水益次氏代表となりて宣誓あり。私達八九三名の若人は、橋田文部大臣閣下の前にて宣誓する。即《すなわ》ち、

　我等勤労奉仕隊ハ、皇祖ノ神勅ヲ奉ジ、協心戮力身ヲ挺シテ興亜ノ天業ニ追進シ、神明ニ誓テ天皇陛下ノ大御心ニ副ヒ奉ツラン事ヲ期ス

その後我等は日本体操《やまとばたらき》と分列行進を行った。文相には熱心にご覧くだされ、我等に大いに期待されているように見えた。天候不順のため日本体操や分列行進は思う存分練習できなかったが、大体においてよくできたと思う。空には初夏のまぶしい青空の下に海の荒鷲が我等の征途を祝福するかのように高等飛行を演じ、爆音は内原の松林にこだましてうるわしく聞こえる。

翌日から渡満部隊が一個中隊ずつ征途についた。「あといくつ眠れば渡満だ」、「あと何べん飯を食えば出発だ」とか子供が正月や盆を待つように、意気颯爽《さっそう》たる彼等を衛門に送ること二度。遂《つい》に来た、我等の渡満！　一日千秋

現・内原駅舎、ホーム

の思いで待った出発の日は来たのだ。

前日の雷も止《や》んでカラリと晴れ渡った五月三十一日、我等の出発の日だ。三十日、明日出発の我等第五中隊のみ埼玉部隊の宿舎へ集まって、遠藤先生より渡満のお話を承《うけたまわ》り、また我々からも種々質問もした。まるで師弟の間を超越して兄弟の如《ごと》くなり。これが最後だと思うと若干心寂しくなるを禁じ得ない。夜はあまり嬉《うれ》しいためか、消灯になってからも眠れぬで困った。友も眠れぬのか、寝返りをうっている。

少し早めに四時五十分頃起床、洗顔に行く。我が五中隊はどの小隊もみな嬉しそうであった。新しい服に光った靴を履いて皆出発準備だ。朝礼後六、七の残留中隊は駆け足をしていたが、連日の駆け足のこととて、実に気の毒であった。後片付けも終了して舎前で写真班[注3]の富井君から一同記念写真を撮ってもらった。そして懐かしき宿舎を出発す。

九時出発中隊の我が第五中隊は本部前に集合、即ち三重県隊、東京府隊、秋田県隊、新潟県隊、岐阜県隊、埼玉県隊の六府県隊である。当訓練所副所長・今井少将閣下に挨拶《あいさつ》に行き、閣下より種々ご注意を賜り、次いで中隊長の三重県隊長の答辞あり。あと日満両国旗並びに各県奉仕隊旗を先頭に、行進ラッパも勇ましく征途につく。衛門のところで六、七の残留中隊に送られ、内原駅に向かった。

初夏の風爽やかに麦畑の上を流れ去り、我等の征途を祝福する如く、わずか十日にも足りない内原生活にも幾多の名残を惜しみつつ、樹間に見える懐かしの日輪兵舎、何かしら胸にこたえるものがあった。

さらば日輪兵舎よ、さよなら、いつの日か再び君に会わん。

〈注〉

1　満蒙開拓青少年義勇軍の「輸送心得」（『満州開拓と青少年義勇軍』三四五〜三五三ページ所収）と比較すると、満州建設勤労奉仕隊の「輸送計画」は簡潔であるが、基本的には同一方針が貫かれている。野田良雄手記には印象が弱かったからか、「乗車要領」に関する記述がないが、満蒙開拓青少年義勇軍の輸送心得には次のように示されている。

　乗車二、三十分前ニ駅員ノ合図ヲ以テ「ホーム」ニ入ル。乗車スベキ車両ニ応ジ之ニ面シテ四列横隊ニ並ンデ待ツ。凡ソ車両班ニ分割シ置キ左図（注、略）ノ如クニ乗車命令ニ依リ乗車。

　乗車ノ際ハ一列トス。先導小隊長ハ中央ニ達シ廻レ右、車両班ヲ折半シ右（左）向ヲシテ両入口ヨリ乗車。中央座席ヨリ座ヲ占メシム。

　発車時刻ニ余裕アル場合ハ「ミタマシズメ」ヲナシ、発車前「直レ」、発車ト同時ニ坐シタルママ挙手注目ノ礼ヲナスコト。余裕ナキ場合ハ背負袋ヲ負ヒタルママ挙手注目ノ礼。

　網棚上ノ背負袋ハ稍斜ニシ、同一方向ニ並べ、飯盒ヲツルスコト。

2　宣誓式の内容や大臣訓示については前項参照。

3　写真機については「輸送間ニ於ケル一般服膺スベキ事項」（第五部一資料5参照）において、「写真機携帯者ハ禁撮影地帯ノ通過ノ関係及税関検査ノ都合上各中隊長ノ承認ヲ得ラレ度シ」と示されている。現実には、各個人の持参は禁止されていた。なお、東安《とうあん》から虎頭《ことう》までの鉄道は軍事鉄道で、満蒙開拓青少年義勇軍が義勇隊開拓団に移行して入植地に移動する時でさえ、列車の窓は板戸を下ろすよう指示された。

内原から三ノ宮まで

五月三十一日午前十時九分、内原駅にて訓練所の屋ケ田、遠藤両先生及び文部・拓務省の役人に送られ、渡満部隊の前班として我等は胸に大いなる希望を抱きつつ驀進《ばくしん》する列車[注1]に身をもだえた。

沿線の農民はそろそろ麦刈りを始めている。故郷では今、田植えで忙しいことであろう。父の苗取りや苗担ぎ*の姿、母の忙しそうなモンペ姿の田植え仕度《したく》が目に浮かぶ。物好きの連中は、車窓から日満両国旗を出して振っている。農民は私達を兵隊さんだと思ってか、それとも勤労奉仕隊として送ってくれるのか、手拭《てぬぐい》や手を振り、そして私達の汽車をずっと見送りしてくださる。中でも無邪気な子供や私達と同年くらいの乙女《おとめ》娘から送っていただく時は、何と応えてよいか、ただ「ありがとう」「ありがとう」を繰り返すのみ。彼女らの「お達者で」とか「お大事に」とかいう声は、汽車に乗っていても聞こえた。茨城娘よ、さよなら――。

十二時四十三分上野着。直ちに電車にて東京駅へ向かう。自分も今まで都会をあこがれぬこともないではなかったが、「東京」「東京」というけれども人間がたくさんいるのみで、よいところではないと思われた。やはり故郷の、空気のよい田舎がどれほどよいかと思わるる。

直ちに宮城を拝し、感胸いっぱいになり、国歌君が代斉唱。生まれて初めて拝す九重の城、国民としてのみ感ずることのできる荘厳な気持で胸いっぱいになった。陛下の弥栄《いやさか》を唱え、合わせて任務の達成を祈る。

駅前にて二時、三時まで時間あり。叔父と弟に面会した。叔父から夏みかんをいただく。果物の持ち合わせがなかったので大変嬉《うれ》しかった。虎男[注2]から菓子少々もらう。元気でカーキ色の制服に靴を履いてきていた。土曜日なので講習所は午前中のみであったのだ。弟には小遣い金を若干くれてきた。大変喜んでいた。なお三人で葉書[注3]に寄せ書きをして故郷へ出した。

三時二十五分、叔父と虎男からわざわざホームまで出てもらい、東京府隊と一緒に下関行きの列車にて出発する。地元の東京市民の送りはとても賑《にぎ》やかであった。

熱海あたりへ来て初めて岩に砕ける太平洋を望む。広々とした渺茫《びょうぼう》として涯《はて》しない太平洋、戦雲急を告げる太平洋、何かしら戦慄《せんりつ》を感じる。熱海より沼津まで静岡娘数人と同席、種々慰めの言葉や激励の言葉を頂く。

富士川の鉄橋、国史に名高い大井川の鉄橋を渡り、そしてまた天竜川を渡り、浜松へ近づく。九時二十三分、浜松着。今まで一睡もせず、九時五十分、浜名湖へさしかかり、夜の浜名湖を見る。その景色また格別なり。湖面の漣《さざなみ》我が征途を祝し、街の灯火然《しか》りとも言いたいところである。そこから少し眠る。

初めての東海道ゆえ、見るものすべて物珍しく、名古屋駅へ来て目を覚ますと、電気時計は十二時を指している。白亜のホームはさすが東洋一の停車場を思わしめた。名古屋を過ぎてまた眠る。大津の辺りを見、琵琶湖を少々眺める。

六月一日四時十五分、朝霧立ちこめる中を京都着。晴天の模様。

五時、大阪着。一気に三ノ宮まで走る。

五時四十分頃、三ノ宮着。汽車中は初め割りにすいていたが、よくは眠れなく、全部で二時間くらいしか眠れなかったであろう。中には夜の九時まで、窓外へ旗を出すなというのを聞かないで、国旗を出してヤンヤ、ヤンヤと言っている者もいた。しかし、沿線の農民の熱ある歓迎には厚くお礼申し上げます。駅にて朝食、若干の暇を見て父母の許《もと》並びに親戚へ、それぞれ故国からの最後の便りを出す。

七時二十分より九時三十分まで班ごとに自由行動、小林君の姉妹二人にて市中を案内して頂き、別格官幣社・湊川神社を参拝、日曜日のため参拝者多く賑やかなり。途中の無事を祈る。なお、水戸黄門の建立による嗚呼《ああ》忠臣楠氏之墓も拝し、建武中興の英主楠公父子を偲《しの》ぶ。帰る途中、神戸駅も見る。
九時三十分、三ノ宮駅前に集合。渡満部隊の私達は神戸港波止場へ向かう。
十時三十分、船上の人となる。

〈語句〉

＊ 当時は水苗代で苗を育て、田植え時には水苗代で取った苗を適当な大きさに束ね、それを籠《かご》に入れて天秤《てんびん》棒で担いで田植え場所まで運んだ。田植えはもちろん手植えである。

〈注〉

1 列車内での心得については「輸送間ニ於ケル一般服膺スベキ事項」に定められている。心得は細かく一六項目にわたる（第五部一資料5参照）。前節にならいこの点を満蒙開拓青少年義勇軍の「輸送心得」と比べると、後者に事細かな注意内容はない。「車中心得」としては、「到着下車十分前ニ下車準備ヲ命ジ、『下車』ノ命令ヲ待チ、一列入口ニ近キ座席ノ者ヨリ順次下車セシメ、直チニ其列車ニ面シ四列横隊ニ整列セシム。小隊長ハ整列直後人員点呼ヲナシ、異状ノ有無ヲ報告ス。幹部ハ車両内遺失物ノ有無点検」とある。

2 弟・虎男（一五歳）は当時東京におり、逓信講習所に通っていた。

3 「東京中央一六・五・三一后四―八」の消印が押されたこの「寄せ書き葉書」が、野田良雄の手元にある。ほとんどを野田良雄が書き、次のような父への動静報告である。

ただ今三人で面会しているところです。無事上野着、電車にて東京に着き、直ちに宮城遥拝。駅前にて三人会見す。皆元気です。明日正午神戸出帆、一路大連へ。今三時半なり。家から持って来たアメに菓子を少し足して四人で食べるも一時間ばかりだ。

これに叔父と弟が二行ずつ書き加えている。叔父は「家でも田植えで忙しいでしょう。良雄も元気です。私も善弘をつれて計四人で顔を見合わせているところです」と書き、弟・虎男は「自動車がひっきりなしに通っている。坊やもシゴク元気だ。兄も黒い顔をしている」と書いている。内原での一週間の訓練の結果、兄の姿が精悍《せいかん》に見えたのであろう。

航海

我等「満洲建設勤労奉仕隊第五中隊本隊」一七五名は、初夏の風薫る六月一日正午、日満連絡線鴨緑丸《おうりょく》（七、三〇〇トン）にて出帆せり（付記・鴨緑丸は病院船として徴用され、昭和十九年十一月上旬マニラ沖で沈む）。

六月一日正午、一同甲板に整列。国歌斉唱、いやさか、海行かばの出発式も厳かに執り行われると同時に、哀調を帯びた蛍の光の吹奏楽、船は静かにすべり出る。日曜日のため見送りの人々多く、中でも目を引いたのは、純白の制服に身を固めた女学生の姿であった。彼女らは手に手にハンカチを振って私達を送ってくだされたのをはじめとして、多くの人々から誠意あるお見送りを頂き、唯《ただ》なすところを知らず。

船はエンジンをかけ始め、速力を出した。遥《はる》か彼方《かなた》に乙女《おとめ》らの白い服装が目に付く。私達をいつまでもいつまでも送ってくれた。自分らも日章旗の限りを尽くして彼女らに応えた。そして別れを惜しんだカモメのみが、高く低く船をしたってついてくる。さらば故国日本よ、日本の皆様よ。ご機嫌よう、さよなら。

遥かに淡路島と四国の山々を望みつつ、私共の楽しい航海が始まった。緑の島影、青い水、船は瀬戸の内海をすべるように進む。みな、甲板へ出てその絶景に見惚《ほ》れる。小さい漁船の人々が手を上げて行過ぎる。小学校四年生頃、唱歌の時に習った「瀬戸内海」を自分一人で口ずさんでみた。

午後七時、真紅の太陽、内海の彼方へ沈む。

夜は絵葉書を買って故郷の友達へ便りを出す（虎男、順一君、金子さん、松崎さん、渡邊さん、田中喜君、菊次郎叔父）。九時三十分頃就寝する。乗船日消印のある弟・虎男宛絵葉書は口絵に掲載した。


六月二日、晴天。

六時、門司寄港。七時より二時間、自由行動。市中にて『ノロ高地』『小島の春』二冊買ってきた。船中へ帰ってより、『ゲーテ詩集』買い求めた。

正午、出帆する。その後、波静かにて平和な航海を続ける。

午後三時三十分より自己紹介を行う。隊長殿、名前横渡冬樹、年三十才。剣道二段、三島郡西越農学校の教諭とのこと。隊員の自己紹介によれば年齢は十八歳が一番多く、また中等学校を出た人は自分のほかに三人あるのみ。職業は職工が一番多く、次いで商業、農業人は一番少ない。珍しいのは新飯田君の自己紹介で、「自分は今池ノ坊を少し習っています」とのこと。男でも少し覚えていてもよいと思った。

玄界灘へ入るものの如《ごと》く、船、少々揺れてきた。六時、遥かに対馬を望む。のち、茫洋《ぼうよう》として島影一つ見えず。九時過ぎれども割合に揺れず、月は沖天《ちゅうてん》に高く、デッキに立ちて故郷を偲《しの》ぶ。故郷の父母もきっとこの月を眺めて自分の無事を祈っていることだろう。遥かに対馬の灯らしきものを望む。


六月三日、曇天。波少し高し。

今日は落合*の田植の日だと思うと、昨年及び一昨年の田植の様子が思い出され、朝早く起きてデッキに立ちて、楽しかりし田植を偲んだ。主人を戦野に送りてより二度迎える忙しき田植、叔母の苦労が偲ばれる。薄霧ありて曇天なり。故郷の天候が思いやられる。九時頃から船の動揺相当激しく、歩行若干困難なれども、一同益々《ますます》元気なり。

午後二時より四時過ぎまで、我等一行の各県持寄りの慰安会[注1]あり。一同、船の疲れを癒《いや》せり。主なるものは新潟県では何と言っても「佐渡おけさ」である。小熊君の私服があまり女物に似ているから、佐渡の伊藤君、その着物を借用し手拭《てぬぐい》をつけて、「歯磨き粉」の代用おしろいをつける。立派な芸者ができた。伊藤君、「そっくり女のようだ」と大好評を博す。その他、富井源君の「十日町小唄」、新飯田君の詩吟、渋谷君の浪花節《なにわぶし》が本県の代表として出演。その他、東京隊の「金色夜叉《やしゃ》」、ロマンチックな場面、どこかから女の人の着物を借りてきて、それを着て面白くやる。それから「東京音頭」もやった。

秋田県の「おばこ節」等上手であったが、中で一番うまかったのはやはり唱《うた》の国越後であった。一同腹の皮のよじれるほど笑いに笑ってすごした。他の人々からも見て頂き、さも満足の模様に見えた。遥かに押し寄せる波は船腹に砕け、勇壮この上もない。慰安会が終わっても、各県の角力《すもう》大会あり。揺れる甲板上で火花を散らす。夜に入りて明日の上陸準備をする。今日一日何の退屈もなくすごした。

六月四日、上陸。時雨、後晴天。終日濃霧。

コックがお膳《ぜん》を揃《そろ》える音に目を覚ました。見れば室内の者、ほとんど起床して上陸準備をしていた。いまだ四時半であったのでまた寝たが、どうしても眠れぬので五時に起床して、洗顔に行く。

誰かが雨が降っていると言ったが、次第に晴れて来る模様なので安心した。波もほとんどなく、少しも揺れていない。朝の礼拝も済み、朝食後、速力もぐっと落ちた。港近しを思わせる。濃霧にさえぎられて陸地ぜんぜん見えず。八時過ぎ、汽笛を鳴らしながら進み、間もなく停止。発動機船が来て臨検していく。霧も薄らぎ、生まれてはじめて見る大陸の一角が見える。カモメが船の周囲にたわむれる。

霧はれて　かもめ飛び交う　大連港《だいれん》

船はすべり出し、そして遂《つい》に横付けとなった。スピーカーがやかましいほど到着の知らせをやっている。時、九時二十四分なり。我等奉仕隊一行を乗せた鴨緑丸は途中無事、ただいま大連港に到着したのだ。

九時四十分上陸。大陸の一角に第一歩を印せり。

〈語句〉

＊野田良雄親戚の集落名。この頃の田植えは一般に現在より遅かったが、この地は山間にあり、当時としても田植えの取りかかりが遅い地であった。

〈注〉

1　船中の演芸会は毎年の慣いらしく、昭和一五年の田巻隊、昭和一六年の横渡隊ともに同じような記録が見える。これは参加各府県隊の「郷土演芸大会」の様相を呈す。昭和一五年の参加隊は兵庫、石川、福岡、佐賀、広島と新潟の各県で、昭和一六年は東京、三重、秋田、岐阜、埼玉に新潟であった。阿部正雄は手記『鎮魂』に、「郷土の名誉を一身に担い、粋を尽くし県を競う。我が佐渡おけさ、三階節は好評を博す」と記録する。

昭和一六年の演芸会はここに野田良雄が記録する内容であったが、富井源蔵記録『昭和十六年満洲建設勤労奉仕隊日誌』によれば、会場は甲板上であった。各県出し物で大いに気晴らしをした隊員は、午後七時からは三等食堂で隠し芸大会も行ったという。これも各府県対抗で、「全船客が集合し、非常に楽しい一日を過ごした」という。なお、富井源蔵記録は野田良雄記録にある角力大会には触れていない。

四　満州見聞

満州建設勤労奉仕隊派遣の目的のひとつに満州見聞、大陸の認識を青年一人ひとりに体感させることがある。その機会は多くの場合、帰路において大都市で下車して街や史跡などを見学する計画が立てられている。たとえば昭和一四年五月に満州建設勤労奉仕隊中央実践本部が策定した「満洲建設勤労奉仕隊要綱」（第五部二資料1参照）では、勤労奉仕隊の各地視察・見学について、「運輸ノ許ス限リ帰途ニオイテコレヲ考慮スル」と示されている。満州見聞はこのように、勤労奉仕活動終了後の帰路において実施されるのが常態であったが、野田良雄が参加した昭和一六年の清和《せいわ》開拓団班は、神戸から大連《だいれん》に上陸した関係上、満州国内を北上する途中に見聞を深めるようになったらしい。

新潟港や敦賀港から現在の北朝鮮の羅津《らしん》港に上陸した場合も

「二旒の国旗」（漫画現地報告第1）

そうだったと思われるが、上陸港においてそして到着の各都市において、隊員たちは現地の主だった方々からの歓迎と激励を受けた。勤労奉仕隊は常に日満両国旗、つまり右に日の丸、左に五色旗を先頭に堂々行進した（阪本牙城『漫画現地報告』第1参照）。昭和一四年度の勤労奉仕隊について漫画報告する阪本牙城は、「大連、羅津、新京と、奉仕隊が入ってくるたびに満洲側は上下こぞって大歓迎だ。大官連が代わり合って激励の上に激励する。星野中央実践本部長も熱の塊りみたよう、結城、皆川両副本部長と熱鐵の叫びをあげる。五十子《いらこ》事務局長も火を吐く熱弁だ。その勢いにマイクがデングリ返りそうだ」と伝えている（同第4）。

勤労奉仕隊員たちには、整列して歓迎・激励を受ける歓迎会に臨む心得が示されている。昭和一五年の勤労奉仕隊本隊が東満州の主要都市であった東安《とうあん》（現・密山《みつざん》）に到着した時の行動は、次のようであった。田巻文書⑰「勤労奉仕隊本隊（二二二名）東安駅歓迎計画」の内容は次のとおりである。

一、到着

六月五日十九時四十九分到着ニ際シテ一般歓迎者ハ駅前広場ニ集合シ、代表者ノミ駅構内ニ入場シ、引率者ヲ誘導シ駅前広場ニ至ル。

隊員整列後、省次長ヨリ挨拶、隊員代表挨拶ヲナス。

二、市内行進

東安省実践本部ノ旗幟ヲ先頭ニ市内目貫通リヲ行進シツツ、省公署会議室ニ入ル（各小隊毎ニ行動ヲトル）

三、懇談会

省会議室ニ於テ各機関代表者ヲ交ヘ懇談会ヲ開催ス（約一時間）。

四、宿舎

午後十時迄ニ駅ニ到リ車内宿泊ス。車内宿泊ハ特ニ注意ヲ要スルヲ以テ、左記要綱ニ依ル。

現地に到着し、奉仕隊員が足を落ち着かせる開拓会館などにおいては、地元国防婦人会の盛大な歓迎と世話を受ける。国防婦人会とは、当時全国ならびに満州国の各地に設置された、戦時体制下の家庭婦人たちの会である。日中戦争に突入すると同時に各種の献金運動が大衆運動として起こったが、そんな中、一九三二（昭和七）年三月、大阪国防婦人会が四〇名くらいの会員で誕生した。高射砲型募金筒をかたわらに置いて、カッポウ着にタスキ姿で活動していた。これは戦争における民衆の支持体系、銃後形成であるが、国防婦人会は庶民の下から作られ、かつ最多数の会員を得た組織として、民衆が戦争にかかわる場合のひとつの典型例である（藤井忠俊『国防婦人会』参照）。

少人数で始まった国防婦人会も翌年には一五万人に、翌々年には全国で一〇〇万人に膨らんだ。婦人たちが各所で、「台所から出て兵士の見送りや出迎えに行き、体を使ってお世話をする」ことが続いた。市町村での出征式、港での送迎、兵士への各種世話などを行った。「千人針」や「慰問袋」なども婦人たちの手になった。「見送り」は国防婦人会のもっともシンボリックな情景であった。勤労奉仕隊の青年たちに対しても見送りや湯茶接待、繕いなど、彼らが立ち寄る各所で婦人たちの奉仕が続いていた。

では、野田良雄の満州見聞記をご覧いただこう。一七歳の青年が初めて見た満州現地の体験記である。

大連市

上陸待合室屋上にて大連《だいれん》の歓迎会に臨む。即ち市長はじめ大連国防婦人会の方々である。霧雨次第に大粒と変わり、市長の歓迎の辞、我等中隊長の答辞もそこそこ、大至急にて階下へ行く。自分の迎えに満鉄勤務の叔父も叔母も、一人も出ていなかった。私の便りが着かなかったのだろうか?

待合室にて約二十分休憩。その際、ほころびのある者は国防婦人会の方々より縫っていただいたが、自分は何もなかった。そのうちに雨もはれた。電車二台に分乗、車内より街の風景を望む。馬車《マーチョ》、洋車《ヤーチョ》さては姑娘《クーニャン》のどことなく魅力のある服装等を物珍しげに眺めた。約三十分の後、下車、大連開拓館に安着する。

旅装を解いて休む。時に十二時近くなり、昼食後、休み。庭先には佐渡丸殉難碑と書かれた石碑あり。殉難者の霊を祭ってあった。なお、そこに満人の約五分くらいでできる錬成写真師二人おり、面白い手付きで焼付・現像をしていた。そんなのに真面目になって撮ってもらっている友人もいた。

現・大連駅

二時より市中見学、アカシヤの並木が濃い緑を輝かし、二頭の馬が仲良く車を引いている、いかにも大陸的である洋車や馬車が元気よく走って行く。そして車引きの人夫の背中にある番号が目につく。面白かったのは、馬車の御者の御し方である。「ユウユウ、チョチョ、ウォウォ」などと言いつつ、ムチを上手に使用している。

まず忠霊塔を参拝。富井君より写真を撮ってもらう。その後、停車場見学。大陸の門戸、大連の停車場は素晴らしい建築物だ。電気時計の目盛盤に赤字をもって二十四時に割ってあるのが物珍しい。駅前広場にタクシーや洋車がうんざりするほどたくさん仲良く順番を待っている。停車場側の水かあるいはガスのタンクには、大連付近の地図がカムフラージュ式に塗ってあった。

その後、「泥棒市《ロートルいち》」と称される、支那《しな》人の露天市場を見物する。呉服物、金物、瀬戸物、骨董品《こっとうひん》、革靴、その他日用品など豊富にあった。新物も少々あったが、大部分は中古の、あるいはどこかから拾ってきたような、こぎたない品物であった。そしてこのような人間の多いところへ行くと、何ともいえない嫌な臭いがする。道路に糞《ふん》をしている子供もいた。このような人種を指導する日本の苦労は、まだまだこれからであると思う。

本通りへ出ればどこまで行っても三階くらいのビルで、木造建築物はいくらも見えない。五時半頃、帰宅、夕食。八時頃、日没、大連港裏の岩山の彼方へ…。何となく悠々としている大陸最初の一日は終わった。

夕食後自由行動はとらせなく、開拓館の池田という人よりハーモニカの独奏（軍隊行進曲、山の人気者、ドイツの何とかいう小唄等）を聞かしていただいた。この人は先年ビクターレコード会社の専属を務めていた人とのことで、まったく上手で、聴衆をして夢の世界へ連れて行く如《ごと》し。

十時頃、漸《ようや》く消灯となる。

旅順市

六月五日、晴天。終日濃霧。

ドヤドヤする音に目が覚める。時計は五時、航海の疲れで非常によく眠った。外はすごい霧だ。晴れる様子も見えない。洗顔をして、食事当番をせり。朝食後、即ち六時三十分、開拓館に一夜を明かした我等は、名残を惜しみつつ停車場へ向かう。街のアカシヤは霧で力なくしおれていた。霧の彼方から洋車《ヤーチョ》が元気よく、例の番号のついた半てんを着て客取りに出かけた。

七時十五分、乗車。そばに特急「あじあ号」を見る。見るからにスマートな汽車であった。広いゆっくりと乗ることのできる大きな汽車で、内地の汽車とは雲泥《うんでい》の差あり。

七時三十分、発車。茫々《ぼうぼう》とした果てしない赤土の畑の中や岩肌のあらわな掘割の中を驀進《ばくしん》する。高粱《コーリャン》はまだ四寸くらいであった。旅順《りょじゅん》近くの海辺を通る。波はなく湖のようだ。

九時、旅順[注1]着。水師営《すいしえい》を通ったのはいつだったかわからない。駅前にて濃霧中、市の国防婦人会の方々の歓迎会に臨む。いろいろお茶等の接待をして親切にしてくだされた。めったに見られぬ霧景色はまた格別ではあったが、視界のきかぬのはちょっと残念だった。小憩の後、見学に移る。

まず、白玉山《はくぎょくさん》に登る。相当に険しい山であった。納骨神社を参拝、係りの方より説明を承《うけたまわ》る。即ち、水師営、二〇三高地、高崎山の方面を望み、当時の戦況を聴く。二〇三高地は、濃霧のため全然見えず残念であった。納骨神社鳥居のところで小石をひとつ記念として拾ってきた。なお、ここで一円出して旅順城攻略を詳しく書いてある本一冊買い求めた（国民学校へ寄贈す）。

その後、表忠塔の下を通り（参拝せず）山を下り、市中を通り、戦跡記念館へ向かう。ここで旅順城攻略に素晴らしき威力を発揮せし二十八センチ砲を見学。螺旋《らせん》のほとんど消滅しているを見て、日露役の激戦を偲《しの》ぶ。日本、ロシア、西洋の使用せる砲が、野外に並べてある。中には砲身の折れているのもあり、当時の有様を如実に物語っていた。

二〇三高地より旅順港を望む

昼食後、館内へ入り見学をする。この記念館は当時露軍の使用せし家とかで、天井には我が軍の十センチ砲の弾痕だというのが二ケ所あるを認む。なお当時の軍服、四寸くらいの立方体で南京カマスで包み、荒縄をもってしばってある、さながら小包のような手榴弾《しゅりゅうだん》。露軍が砲弾の代用に用いたという魚形水雷等、血にまみれて勇戦力闘した我が軍の将校の軍服や刃こぼれのしている軍刀等を拝見する。その他各城壁のパノラマなどがあり、畏《かしこ》くも明治天皇の難攻不落、敵の頼む旅順城の攻略を目指す乃木軍に対する勅語あり、大御心のほどが察せられました。

一時三十分、当地を出発。山道を東鶏冠山《けいかんざん》へ向かう。所々に露軍の戦死者の英霊を祀る墓地を見る。敵ながらあっぱれの者と思う（筆者注、口絵に見学記念写真あり）。

水のない川で赤い上衣に黒のズボンを着た汚い娘が、行きも帰りも軽石のような石鹸で洗濯をしていたのを見る。また行軍中の休憩時に「子供《ショウハイ》来《ラ》い《イ》来《ラ》い《イ》」といって子供を呼んでキャラメル等をくれて喜んでいる者もいた。ショウハイは「ありがとう」と言って、礼を言った。「日本語分かるか？」と日本語で応えれば、「分かる」という。可愛《かわい》らしいものだ。このショウハイらはこの山道（*米山登山の道くらい）を元気で私共について、遂《つい》に目的地まで来た。

山はどの山も岩山で、木は全然なく短い草のみ。見学せるところ[注2]東鶏冠山北保塁《きたほうるい》、その城壁前には、馬車や洋車が客を待っていた。すぐそばで博打《ばくち》らしいことをやっており、また子供が煙草を吸っているを見る。

当保塁にて案内の人より当時の模様から攻略の方法を承る。なお

二〇三高地爾霊山記念碑

半永久的な露軍のコンクリートの城壁を見学。我が軍の爆破点等を見て当時の激戦を思い、犠牲者の少なくなかったことを痛感してきた。説明者の声も潤み、聴く私達も感激に咽《むせ》ぶのでありました。我等の父、祖父となる人が貴き血を流したこの北保塁に、自分が三十七年後の今日ここに立っている。神の引き合わせというような感慨また新たなるを覚えた。

その後、記念碑の前にて黙禱《もくとう》を捧《ささ》げた。時に三時五分。遠くでカッコウ鳥が鳴き、やわらかな南満の風が木々の葉を裏返し、私達のほほをなでていく。神聖なる一時であった。

その後「コントラテンコ少将戦死の碑」の前にて記念写真を撮り、整列して駅へ向かう。駅にて夕食。七時三十分、我が国の戦跡旅順発、窓より白玉山表忠塔[注3]を霧の間に眺めつつ。周水子《しゅうすいし》にて乗り換え、九時五十分、一路新京《しんきょう》、満州国の首都へ我等は進む。

出発に際して国防婦人会の方々よりまたお見送りしていただいた。実にありがたく、また、新潟県の人がおり、懐かしかった。

〈語句〉

＊ 野田良雄の故郷近く、柏崎市の日本海近くにある山。民謡「三階節」に歌われる山。

〈注〉

1 旅順は現在でも中国海軍の軍港で、つい最近まで個人で自由には歩けない街であった。現在は外国人にも開放された。二〇三高地頂上からは旅順港を一望でき、そこには乃木将軍が名づけた「爾霊山《にれいさん》」記念碑がある。説明版には、「戦後、旧日本軍国主義の頭である乃木希典は二〇三の（中国語の）音読みによってそれを『爾霊山』と改名した。日本軍の亡霊を供養するために、戦争が残した砲弾の皮と廃棄武器から日本式歩兵銃の銃弾のような形で一〇・三メートル高さの『爾霊山』記念タワーを作り上げ、日本の国民を騙している」とある。これは日露戦争記念碑であるが、「亡霊」や「騙《だま》す」によって中国は国民に何を伝えようとしているのだろうか？

2　「北保塁」はロシア軍保塁の花崗岩製の遺構、幅一〇メートル、深さ六メートル。かつての記念碑碑文には、「明治三十七年八月以来第十一師団ノ諸隊及後備歩兵第四旅団ノ一部隊之ヲ攻撃シ同年十二月十八日占領ス　陸軍大将男爵鮫島重雄碑名ヲ書ス　大正五年十月　満洲戦跡保存会」と刻まれていた。

3　白玉山表忠塔を「忠霊塔」とは言わないのは、別に納骨堂があるためであった。当時は要塞地帯であるため付近の撮影は禁止されており、記念撮影は塔を背景にしたものに限られた。このとき勤労奉仕の渡満隊はここで下車していない。表忠塔は高くそびえ、旅順に入るとすぐに目につくものであった。

首都・新京市

六月六日、晴天、のち曇。

五時起床。汽車は鞍山《あんざん》へ来ていた。汽車が悪くまた混んでいたため、よく眠れなかった。有名な鞍山製鉄所を左前方に望む。どこまで行っても赤土の広い広い畑で、畝が何百メートルも続いている。小高い丘も皆畑になっていて、農夫が二頭の馬を使って耕していた。鞍山を過ぎて間もなく、真紅の太陽大平原の彼方に出て、大陸の夜は明けた。

七時三十分、奉天《ほうてん》着。朝昼二食分の弁当入る。朝食後、大連《だいれん》で頂いた『満洲開拓』などという本を読んだり眠ったりして、午後三時、漸《ようや》く新京《しんきょう》着。

直ちに駅前の満鉄新京支社に集合する。支社前広場にて満洲勤労奉仕隊実践本部の方々の歓迎会に臨む。また十六ミリのフィルムに納めてもらったりする。

四時頃、バス五台に分乗、市中見学に移る。まず、忠霊塔参拝。昭和九年、二十五万円で作ったとか。護国の英霊に対し敬虔《けいけん》なる礼拝をする。皇帝陛下仮御所遥拝。その後満洲事変の激戦地、南嶺の戦跡へ向かう。市中は新興都市だけに整然としており、並木等美しく植えてあり、電車がないので静かな街であった。建築物も素晴らしきものばかりにて、住民も日本人が多く、満洲（外国）だとはまったく思われない。南嶺《なんれい》近くになるにつれて楊柳《やなぎ》が多くなり、風にゆれていた。

南嶺到着。記念碑前にて敬礼をする。その後、満洲事変当時攻撃中隊長として活躍、勇戦奮闘惜しくも護国の鬼と化せられた倉本少佐はじめ、諸勇士の墓標の前にて事変当時の攻撃の模様を承《うけたまわ》りて、激戦を偲《しの》ぶ。その後、これらの勇士に対して衷心より感謝の黙禱《もくとう》を捧げ、冥福《めいふく》を祈る。

南嶺見学を終わり、再びバスに分乗。建国忠霊廟《びょう》を参拝、帰路に着く。途中、新京神社を車上より参拝致す。

七時、地下室食堂にて夕食。その時の味噌《みそ》汁のうまかったこと、今に至るも忘れないほどおいしかった。毎日毎日乾いたような汽車弁でまったく困っていたところなので、天の助けかとばかり喜んで頂いた。その後、自由行動、市内自由見物をする。歩道には満人の靴直しがたくさん並んでいる。その他、バナナ、果物類を売る露天店、花売りも出ており、美しい花を売っていた。洋車《ヤーチョ》引きの人夫は各十字路に道の通行の命令の来るまで、即《すなわ》ち

現・長春駅

夜店が終わるまでだろう、ラッパを鳴らしたり鼻歌を唄《うた》ったりして待っている。満人の性質をよくあらわしたまったく＊慢々的《マンマンデー》なものである。

各百貨店も見物する。内地より品物が豊富のような気がした。また、満洲は内地よりは物価が相当高いと聞いていたが、驚くほど高いことはなかった。

十時四十三分、友邦満洲国首都・新京発、一路北満の都・哈爾浜《ハルピン》へ進む。

〈語句〉

＊「ゆっくり、ゆったり」の意。

北満の都・哈爾浜市

六月七日、快晴。

五時、目を覚ます。今晩は汽車がよかったため、非常によく眠れた。同時に日の出、昨日新京《しんきょう》へ来るまで見たすべての畑はほとんど赤色の瘠地《やせち》であったが、今見る土壌は見るからに頼もしい黒色土壌であった。農夫が二頭の牛を使って畝をこしらえている景色、曲がっている畝でもきれいに曲がっているので、まったく美しい畑に見える。北満の耕作方法に私達一同、目を見張る。

暫《しばら》くして線路の脇に「日本人ここにあり」と大きく横に書いた立て札があり、大きな墓地も見え、心から黙禱《もくとう》を捧《ささ》げた。「日本人ここにあり」――何となく奥地へ来たような気がすると同時に、日本人としての自覚を起こさしめた。黒い野兎《のうさぎ》が一匹、汽車を見て広い草原にたわむれていた。豚の親子約二十匹くらい、私達の走っている汽車のすぐ側で悠々と、さも大陸的に草を食んでいる。真っ黒い満洲豚である。

七時、哈爾浜《ハルピン》駅安着。直ちに休憩所へ向かう。通りながら思う、何となく殺風景な古[注1]びたような街だと。休憩所・宣徳体育館へ約三十分にて着く。ここで私達の後で内原を出た九州の奉仕隊だというのに会う。

八時朝食。若干休憩する。便所の汚いのには目も鼻も開けられないくらい。

九時三十分、ハルピン神社を参拝。途中、白系ロシア人をたくさん見受ける。神社は未だ完成していなかった。その後、個人行動をとる。但《ただ》し、班行動なり。自分はほとんど市中を見物せずに館内で故郷の青年学校へ、内原より今までのことを封筒にて詳しく知らせてやった。

午後近くに「建国十年ハルピン運動会」があったので見物する。日本人はじめ満洲人、白系ロシア人等、ハルピンに住む人間の学校全部の運動会だった。やはり日本人は小柄で何というか、*チャワチャワしているように思われ、満人は慢々的《マンマンデー》、即《すなわ》ち悠々としているように見えた。また白系ロシア人は、宗主国のない亡国の民というような、どことなく寂しい姿を感じた。

若干見物す。露天市には満人の食すひまわりや南瓜《カボチャ》の種を売っていた。彼等は一握り口にほおばって、一つずつ上手に皮をむいて吐き出すのである。そして実を食う。その後二時間ばかり眠り、旅の疲れを直す。夕食後、自分と外数名にて一足先に救急箱を持って駅へ行く。駅には憲兵がピストルを肩にかけて一心に、来る人来る人の所持品の検査を細かくしている。何となく物々しい感がする。本隊と一緒になってホームへ出る。

明治時代の英雄伊藤[注2]博文公の狙撃《そげき》点を見る。青くさびた銅製の花輪が捧げてあった。衷心より公の無念なりしを偲《しの》び、公の冥福《めいふく》を祈り、弔意を表

現・ハルビン駅

す。

九時四十分、北満の首都・哈爾浜発。一路東満の都・牡丹江《ぼたんこう》へ進む。

〈語句〉

＊ 落ち着きのないこと。

〈注〉

1 ハルピン（現在はハルビンの表記が多い）は一八九八年五月、ロシアが東清鉄道を起工したころは松花江岸にわずか五、六軒民家が散在する荒漠無名の漁村であった。ハルピンは満州語で「漁の網を干すところ」を意味するという。現在、観光案内書には、「町の北側には大河・松花江が東西に流れている。かつては小さな村落であったが、ロシアの進出によって水陸交通の要所となった。日本の統治を経て、解放後は電機、機械工業を主力に新興工業都市に生まれ変わっている」とある。

なお、一九一七年のロシア革命で祖国を追われた白系ロシア人が住み着き都市を建設した関係で、「東方のモスクワ」ができ上がった。現在でもアールヌーボー建築様式の建物やキタイスカヤ（大同大街）通りなど、エキゾチックな趣を味わえる。

2 明治の元勲・伊藤博文は一九〇九年一〇月二六日早朝、ロシアの蔵相ココフツォーフと会談するため、大連、奉天、長春を経由してハルビン駅に到着した。車内で朝食をとった伊藤は、プラットフォームに並ぶロシア兵を閲兵、先頭に立って出口に向かう途中、群衆の中に紛れ込んでいた朝鮮独立運動家・安重根《アンジュングン》に至近距離から狙撃された。安重根は日本の韓国併合に反対する韓国人青年であった。彼は韓国では、豊臣水軍を破り祖国を救った悲劇の提督・李舜臣《イスンシン》と並ぶ英雄である。

ハルビン駅ホームの伊藤博文が殉難した地点には「故伊藤博文公遭難地点、明治四十二年十月二十六日」と銘のあるプレートが設置されている。二〇一四年一月一九日、中国政府はハルビン駅に「安重根記念館」を開館した。

東満の都・牡丹江市

六月八日、曇天。

六時起床。内地の山々に似た山岳地帯を走っていた。木々の若葉は新緑に輝き、われらの征途を歓迎している如《ごと》くなり。

ボロボロになった汽車弁で朝食を済ます。ところどころに清流岩に砕けるを見て、故郷米山《よねやま》の麓の川を想い出す。道林《どうりん》を過ぎ、進むにつれて水田を見受ける。農夫が播種しているのが見えた。草原には内地のキンポウゲに似た花が咲き乱れていた。山市《さんし》にて三重、秋田の二県奉仕隊と別れた。松花江《しょうかこう》の濁流を渡り、牡丹江《ぼたんこう》へ近づくにつれて湿地が多くなってきた。

八時三十分、牡丹江駅安着。直ちに休憩所へ向かう。日満軍人会館にて休憩する。昼食まで自由行動なり。葉書を買って、着状の表《おもて》だけを書いた。昼食は玉子丼であった。大変うまかったが、味噌《みそ》汁がほしかった。

今日は日曜日のため、市中兵隊さんで一杯であった。なお、館内では兵隊さんの慰安会があり、白衣の勇士の方々も自動車にて見に来られた。昼

現・牡丹江駅

食後、東安《とうあん》省満洲建設勤労奉仕隊実践本部の方より、某デパートにて開催中の東満開拓展覧会を案内して頂き、見学する。開拓民の農具、農産加工品、即《すなわ》ち藁《わら》の加工品の雨ミノや醸造品、青少年義勇隊の製作芸術品、それから移民の父・故東宮鐵男《とうみやかねお》[注1]大佐（杭州《こうしゅう》湾敵前上陸に戦死さる）の遺品を拝見する。付近の河の魚類や移民奨励のポスター等あり。これらを見学する。

その後解散、自由行動に移る。六時半まで自由に市内見学に移る。市内は満洲事変後に興ったいわゆる新京《しんきょう》と同じ新興都市だけに、まだまだこれから発展する可能性があった。道路上のアスファルトでないところもあり、未だ建築中のところもある。

道の側には饅頭《マントウ》屋のような汚い食料品屋がたくさん並んでいた。また「五並べ」をしている所もあり、ある写真屋の中に畏《おそ》れ多くも天皇陛下はじめ皇后、皇太子、各宮様のお写真を売っている店があった。これらは厳重に取り締まらなければならぬであろう。

夕食はライスカレーであった。大変うまかった。夕食後、九時半まで自由行動。至る所果物を売っていたが、汚くて買う気にはなれなかった。なお、高岡號[注2]百貨店といったデパートには、本県西蒲原郡の者でほとんど全部（約五十名）の女店員をしているとのこと、ちょっと心強かった。

岐阜、埼玉の二県奉仕隊は、現地へ我々より一足先に行った。夜十時、東京隊と共に軍人会館を出発す。本日の自由行動の際、我が県隊で未成年の者のくせにビール等飲んで市中にて醜態を演じた者あり。これら大いに自重すべき点だと思う。駅にて牡丹江新潟県人会の方々に面会致し、挨拶を致した。

十一時十分、東満の都・牡丹江発。一路現地・清和《せいわ》へ汽車は進む。「明日の今頃は」などと考えながら汽車に身をゆだねて、今日一日中を想う。苦力《クーリー》（満洲の土方）と一緒に乗って非常ににんにく臭かった。そして汽車が粗末なため、よく眠れなかった。最後尾に装甲列車が一輌ついて来、何となく物々しく感じた。

〈注〉

1　東宮鐵男について当時の新聞記事（新潟県中央新聞、昭和一七年九月一二日付）から拾う。次のようにある。

満洲開拓の先達は数多い。とりわけ今日満洲において「東宮神社」に祀られる故東宮大佐の名は大きく我々の眼に映じてくる。東宮大佐が満洲開拓の雄渾なる構想をたてたのは、遠くシベリア出兵当時であった。凱旋後南支に留学して大陸事情を極め、昭和のはじめ奉天独立守備隊中隊長となるや満洲の農事問題を研究し、事変後匪賊討伐を指導し、つぶさに北満の地を探査し、或いは匪将に大義を説いて帰順させ、或いは当局に日本人の入植案を建議する等活躍し、石原莞爾将軍、加藤完治氏を識に及んで大佐の労苦は結実し、奔流の如き開拓民の入植が実現して満洲開拓百年の体系は緒についた。大佐は昭和十二年十一月、杭州湾敵前上陸の華と散った。大佐の戦死は満農の老婆にさえ愛惜の涙を絞らしめた。

2　高岡號百貨店と西蒲原乙女《おとめ》について、笑顔の乙女たちの写真を添えた次のような地元新聞記事がある（新潟毎日新聞、昭和一五年二月二五日付）。

燃ゆる希望をふくよかな胸に包んで大陸に雄飛する西蒲乙女部隊――二十五日、新潟港出帆の日満連絡船さいべりあ丸で北満牡丹江市太平路高岡號百貨店にデパートガールとなって大陸行きする西蒲原郡赤塚村大字赤塚の乙女達。溌剌たる希望を胸に包んで賑やかに船出した。

『市史にいがた』（七〇～七一ページ）に市史編集余話として「赤塚大根と満州」の記事があり、「十四歳から二十一歳の九人の女性たちが満州へ旅立つことになったのには、実は赤塚大根の取り持つ縁であった」とデパートガールの渡満に関して次のように説明する。

赤塚の石黒重一は樺太や朝鮮への移出に失敗したり、設備投資の借金に苦労を重ねたりしたが、昭和十一年、満州の大商社高岡号を通して、満州に駐留する日本軍へ三、〇〇〇樽（一樽十六貫詰）を納めた。翌十二年には満州拓殖公社から注文が入り、村人や新潟の漬物業者の助けも借りて三、五〇〇樽を一樽壱拾参円五〇銭で納入した。以後、さらに設備を整え、太平洋戦争が始まって輸出が禁止となる昭和十六年には、約七、五〇〇樽にまで輸出数量を伸ばした。

この満州への大根漬け輸出の世話をしてくれたのが高岡号牡丹江支社の安養善一郎であった。その安養が石黒に高岡号デパートの店員斡旋《あっせん》を依頼したのだった。昭和一二年に第一陣の女性五人を手始めに、以後、新聞記事の九人も含めて、男五人女四七人、延べ五二人を牡丹江のデパート店員として赤塚から送り出したという。

五　現地勤労奉仕　その一（六月）

野田良雄の現地勤労奉仕の実際に関する記録は、現地滞在した三カ月について月ごとに分けて記録されている。

六月は、神戸港出発が一日だった。その後、大連《だいれん》に入港してから開拓団現地に到着するまでの間は、大連、旅順《りょじゅん》、新京《しんきょう》（現・長春《ちょうしゅん》）、哈爾浜《ハルビン》、牡丹江《ぼたんこう》で大陸見学に一週間を費やしている。六月中の勤労奉仕は一〇日からであった。畑作業や水田の耕地整理、用水路や堤防の修繕、道路建設など、主に土木関係の勤労奉仕作業であった（口絵掲載の各種奉仕活動写真参照)。

勤労奉仕隊が現地に入ったのは北満の春が終わりを告げ、大陸一面が「花の毛氈《もうせん》」で覆われる時期であった。植物に関心の深い野田良雄は、咲き誇る花々にまず心を奪われた。多くの開拓団関係者の話をうかがっていると、冬の厳しさの話とともに、花々が大平原一面に咲き競う初夏の風景の話が必ずと言っていいほどよく出る。その時、彼等の表情は一様に穏やかになる。黒龍江《こくりゅうこう》省内の北西部で、北緯は同じくらいだが清和《せいわ》開拓団とは対照的な位置にあった新潟県送出の第九次阿倫河《あろんほ》開拓団の畜産指導員・宮澤正巳が、その様子を次のように表現していた(『まぼろしの満洲帝国』一九三~一九四ページ)。

北満の春は短かった。それだけにまた、濃縮されて強烈に輝くのであった。

蒙古風が土埃とともに運んでくる巨大な春の絵筆は、凍りついた灰色の大地に春の色を塗っていく。萌黄から薄緑へ、薄緑から濃緑へと、一日毎に目を瞠《みは》るばかりの迅速な変化のタッチである。厚い氷を張りつめていた河底の生き返った水のささやき、岸の猫柳が銀色に輝くと、降るような揚雲雀《あげひばり》のさえずりが、夜明けとともに始まる。地平線には大浪のような陽炎《かげろう》が燃え、稜線には野火に焼かれた杏の木がいじけたままに白い花をつけ、湿地には鈴蘭《すずらん》の絨毯《じゅうたん》が濃密な春の匂いをふりまき、放牧の家畜は野放図にはねまわる。黒土と太陽が春の色彩とリズムを駆け足で連れてくるのである。

開拓地は長い冬籠りの忍従の生活から一気に生気を取り戻し、春耕の意欲に燃えて、あらゆる作物を一気に蒔かなければならぬ、目の回るような多忙さとなる。

筆者は旧開拓団入植地への調査・慰霊訪問が六回になるが、まだ五月頃のこの花盛りの時に訪問したことがない。筆者の訪中は四月下旬、六月下旬、七月上旬、八月上旬といった時期であった。七月、八月は夏の〝赤い夕陽の満州〟の燃えるような夕陽を味わいたかったが、なかなか大自然とのタイミングが合わず、願いが叶っていない。百花繚乱《りょうらん》の大平原とともにぜひこの目で確かめたい大陸風景である。

四月下旬は、山裾《すそ》の地域に足を踏み込むとまだまだ地中は凍土のままである。日陰の表土は水分をたっぷり含み、満州独特の黒土のぬかるみとなっている。靴の底には一〇センチほども泥をつけながらの踏査となることもある。佳木斯《ジャムス》大学外国語学院で日本語を教えていた高橋勢津子（引き揚げ時生後六カ月）からは、「今度は是非五月にいらしてください。旧満州の冬と春を堪能《たんのう》してください」と、哈爾浜《ハルビン》の氷祭りと春の三江《さんこう》平原への訪問を勧められた。

渡満前の内原訓練所での講話でも勤労奉仕隊渡満隊に配布される「勤労奉仕隊員衛生心得」（田巻文書㉗、第五部一資料7）でも必ず注意事項として、あるいは禁止事項として強調されるのが生水の飲用についてである。たとえば「心得」の第一は「生物、生水、又は蝿のついたものは摂らぬこと」と表題を掲げ、「腸チフス、パラチフス、赤痢は微菌が口から入るから、特に衛生係員の許可のない限り生物、生水は摂らぬよう」と注意を喚起している。

ところが清和開拓団の人たちは、井戸水の状況が良好なので、一度煮沸して冷ましたものでなくそのままでも飲用していたという。しかし、アメーバ赤痢への注意は当然必要であり、勤労奉仕隊員には開拓民と同じようには飲用しないよう念が押された。

開拓村での飲料水の確保は、どこの開拓団でも重要であった。

下は凍土のままの春浅い畑
（ハルビン郊外）

開拓村基礎建設の段階で大変な手間をかけながら井戸を掘る。たいていは幅一メートル五〇センチくらいで六角の枠を組み、深さ八〇尺（一尺＝約三〇・三センチ）から一〇〇尺くらい掘る。土壌の上層は砂質壌土だが、深さが加わるにしたがって重粘土で、そのため手間も掘賃もずいぶんかかる。清和開拓団での水質は、付近に山がたくさんあり、湿地帯が点在、その上、砂質ということで、満州としては水質の良いほうであった。

なお、各開拓団での井戸は手掘りで井戸枠のないものが多かった。冬の水汲《く》みでは柳で編んだ「つるべ」から水が滴り落ち、それが瞬く間に凍る。井戸の周りはツルツルの状態になり、足を滑らせて井戸に落ちたという話もある。落ちないまでも、「冬の水汲みは要注意だった」と語る、かつての開拓婦人が多い。勤労奉仕隊員には冬のこの経験がない。

最初の一カ月の野田良雄らの勤労奉仕体験は次のようだった。

作業

入団後約十日間は、宿舎より約五キロ南方にある用水路[注1]の堤防の修繕であった。用水路は昨年五月竣工したばかりで、未だ堤防の土がしっかりしていないため、決壊する箇所が少なくなく、昼食持参で行ったことも二、三回以上ある。苦力《クーリー》と一緒に同じ作業をした日もあった。彼ら曰《いわ》く、私達を「日本苦力《リーベンクーリー》」と。

私達も彼らと同じような仕事をしているので、そう言われても無理はない。彼らの日給は大体に於《お》いて三円だ

現存する開拓団時代の汲上式井戸

とのこと。相当の年寄りも混じって黙々として働く。彼らは死ぬまで働くとのことである。土運搬は故国の浜の人が魚を売りに来るように、柳條《りゅうじょ》で編んだ籠《かご》を担いでするのである。苦力は一人で天秤《てんびん》を担ぐが、私達は二人で一つの籠を担ぐのだから、苦力一人対私達四人となるが、彼等は*慢々的《マンマンデー》だし私達は*快々的《クワイクワイデー》だから、仕事はむしろ我々のほうがたくさんするくらいだ。

隊員の中にはこの仕事に馴れた人が少なく、肩の皮を剥《む》いた人もあった。自分は馴れていたからなんともなかった。毎日毎日その作業をするので、次第に仕事の仕振りが鈍ってきた。

飯の配給の少ないのもひとつの原因である。多くもない飯を飯盒《はんごう》につめて昼食として持っていくが、現場へ到着するとまず**小昼《こびる》を食うという有様であった。半分しかない飯を昼食として食ってしまうと、昼からになると空腹を感じ、何ともしようがない。その上、夜の八時過ぎ（日没頃）に仕事を仕舞うこともあった。日はすでに西山の彼方へ沈み、何という鳥だか知らない鳥が淋《さみ》しく鳴き、蚊《か》がたくさん出て仕事なんてほとんど手につかぬ。

西の空は黄金色に染まり、明日の晴天を約して日は暮れる。その頃になって漸《ようや》く、***上がりの命令が来た。スコップ等洗わずにチョイチョイとこすって、まず帰宅の競争だ。気の早い連中の中には、内原時代の駆け足を出して走って行く者もいる。牛馬もいざ上がりとなると元気が出るように、我々人間もその通りだ。大陸の四キロは内地よりは遥かに遠いようだ。遥かに懐かしの宿舎の灯が見えるが、気ばかりはやって、なかなか着きそうもない。

顔の周囲の蚊を手拭《てぬぐい》で払い払い帰る。満洲の蚊は特別多く、夜、小便をするときは足踏みをしながら、また歩きながらしなければならぬほど。そうしないと足から手まで蚊でふさがってしまう。

漸く宿舎へ帰る。炊事当番の者から「やあご苦労さん」と言ってもらうのが実に嬉《うれ》しい。そしてそれが何よりの慰めである。食器に盛った飯は早や冷たくなり、消灯時間の九時を過ぎている日もあった。その時故郷から便[注2]りが来ていれば、まったく嬉しい。当番の者から「ご苦労さん」と言ってもらうのよりどれほど嬉しいか知れない。疲れ等ほんとに忘れてしまう。若い人の文《ふみ》に於いてをや。

右のように八時まで作業を続ける時、夕食兼小昼というような日も二日あった。純白の握り飯、まったくおいしい。二回目の時、私は炊事当番の一人となった。団の人から鮮人の家へ連れて行ってもらい、鮮人の奥さんが米を研《と》いでくれたので、火を焚《た》いた。飯は間もなくうまくできた。そして飯が蒸《む》れるやいなや、団の人も我々もみな、本能を発揮して飯を食った。

それから作業場へ持っていく握り飯こしらえだ。こしらえながらまた二つ食った。現場へ運んでからまた二つ、鮮人の家で食ったのと合計して八つ食った。この頃は毎日のように飯が不足で通してきたのだから、みんなが競争して食った。けれども日は早や西山の彼方へ沈む頃で、仕事なんてほとんど手につかぬ。

六月十七日は、午後四時半頃になると毎日の労働で皆いやいやになって、櫻井先生の許可もないうちに一同揃《そろ》って上がってしまった。帰宅してみたら、夢にも思ったことのない饅頭《マントウ》ができていた。炊事当番の苦労と親切が思い出された。炭酸が少し多すぎたためとかで若干苦かったが、一同舌鼓を打って食べた。また約十日ぶりの風呂もあり、皆、久しぶりのこととてのびのびした。そのほかに珍しき白米が夕食の膳《ぜん》をにぎわしていた。皆嬉しそうであった。いやいやを越して上がってきたのが済まなく思われた。

次の十八日は、昨日の饅頭、風呂、白米飯があったためか、作業が大変進行した。仕事をするのが楽しいように思われた。自分自身でさえ不思議に思われた。昼食も、高粱《こうりゃん》飯ではあるが久しぶりで十分あった。それに昼からのおやつに炊事当番の渋谷君がわざわざ五キロの道程を、饅頭を持ってきてくれた。この日、即《すなわ》ち十八日をもって堤防の修繕奉仕は終了し、その後堤防の見張りとして毎日二人、昼食持参で行った。見張りといえば聞いたところはよいが、遊びに行くようなものであった。二十八日にて見張り出張は中止となった。

堤防の修繕を終わって後二日ばかり、水田耕地整理をせり。即ちトラクターにて起こしてある幅一尺二寸くらい、深さ五寸くらいのところをスコップで切って積み上げて畝をこしらえるのである。

二十三日より本格的に道路の建設、神社の建立の奉仕作業に取りかかった。見渡す限りの大平原にはミカン色の野花咲き乱れ、恰《あたか》もミカン色の毛氈《もうせん》を敷きつめた如く。そこにスコップを突っ立てて真っ黒の土を起こす時の気分は、内地ではとても味わうことはできない。

道路造りの方法は、原野、ただ広い野原へ造るのだから、土を担ぐは全然不要、道幅八メートルの両側へ一メートル二十センチくらいの溝を掘り、その土を道路上に敷いてならしていけばそれでよいのである。神社建立の奉仕作業は、拝殿の土台をコンクリートにするが、その中へ混合する砂利を作るのである。即ち、約十キロ離れた丘に厚さ二寸の板状の石が層をなして出る、その石を取ってきてハンマーでくらすけて荒割をし、金槌《かなづち》をもって一寸角くらいに割るのであるが、大変な根気仕事であった。

六月二十五日、道路工事現場へ行ったが、昨日の雷雨のため作業は割合に困難なように見受けられた。土がスコップにくっついて仕事ができないと思うのである。現場へ着いても誰一人として作業に手をつける者はなく、はてはいろいろの不平まで出て、上がっていこうという者もあった。相馬、剣の二君が代表的人物であろう。隊長が来て作業を始めても、みなブツブツ言って面白からぬ点多々有《ターターユー》。

昼食上がりに一同舎前へ集合を命ぜられ、隊長より懇々と注意有り。「これから不平を言う場合は友人間で言い合わぬに、直接自分にあるいは班長を通じてもらいたいと思う」と。自分は今日半日、本当に面白くなかった。皆の不平を耳にしたので、実際面白くなかった。

六月二十八日夕方、道路建設の帰りに五十歳くらいの満人******一人が大車の車輪を車体からそっくり取って弱っているように見えたので、皆で直してやろうと思って出たが、なかなか直りそうもない。中には帰った者もいたが、藤井君らその部なり。けれども四班長の新飯田君が率先して直そうとしていたので、我々もそれに力を得て一所懸命に手伝って、漸く役にたつようにしてやった。

彼の満人は満人の性格をよく表わして「没法子《メーファーズ》」（あきらめる）でいたのだ。もしこの車を直してくれる人がいなかったら、直してくれるまで夜通しここに留まっているように見受けられた。牛馬六頭悠然と草を食み、そして仲良く遊んでいた。彼の満人は車を直してやっても表情は少しも変わらなかった。もっとも顔は真っ黒で、目は目ヤニで一杯になっていたから、目が見えないのかもしれない。

〈語句〉

* 慢々的＝ゆっくり、ゆったり、快々的＝てきぱきと。

** おやつのこと。

*** 終了の意。

**** 当時の日本人が用いた朝鮮人に対する呼称。蔑称《べっしょう》に当るが、以下を含め原文のまま使用する。

***** 力強く打っての意。

****** 当時の日本人が用いた満州（＝中国）人に対する呼称。蔑称に当るが、以下を含め原文のまま使用する。

〈注〉

1　勤労奉仕作業に取りかかり始めた頃、野田良雄は両親宛に、「御一同様達者にいますか。私は毎日家のことを思っているためか、毎晩家の夢を見ます。一同変わったことはありませんか」と故郷を思う気持ちと、「私は益々健康で奉仕をしていますから何卒ご安心ください」と近況報告を葉書で送っている。

作業内容はここに記されていることと同じで、「道路一キロの建設と鎮守社の地形もりですが、いま水田の用水路が崩れたため、その修理をしています」と報告している。続けて、「その仕事が昨日で終わったため、今日午前休業で、明日は日曜で休み。明後日より道路作りを始める」と伝えている。

2　渡満先と故郷との間の手紙のやりとりは頻繁に可能であったらしい。「昭和十五年度満洲建設勤労奉仕隊心得」（田巻文書⑭、第五部一資料6）に郵便物の取り扱いについての心得がある。郵便物は舎内当番が一括して取りまとめ、本部において発送する。受信も当番が受け取り、各自に配布する。「現地ニ於テハ内容ヲ点検スルコトモアリ」との項目も見いだせる。

野田良雄が書くとおり、故郷からの手紙は待ち遠しく嬉しいものであった。昭和一五年の勤労奉仕隊員・阿部正雄は手紙を受け取った時の様子を、「喜びに溢れる顔、心待ちに待った小包の来ぬ隊員の張り合いのない顔、優しい文字の手紙をもらった隊員をやじったり、全く悲喜交々《こもごも》です」（『鎮魂』）と書く。内地からの便りは隊員の士気を奮い立たせる。消灯時間までの自由時間は、特に娯楽施設がないので相撲、棒倒し、将棋、あるいは一週間以上遅れた内地からの新聞の輪読などで過ごすが、便りが来た日は内地への手紙を書く人で舎内が静かになるほどである。

内地からの便りは勤労奉仕隊員たちの生活に潤いを与え、励ましてくれた。隊長からは、「定休日には必ず故郷へ便りを出すよう」勧められた。野田良雄の送受信書簡・葉書は八〇通以上になった（第一部二4（4）

参照）。

食　糧

清和《せいわ》開拓団入団後最初の一日は白飯であったが、副食物は実に少なく、若芽《わかめ》汁のみであった。その後十分にあった飯が急に減じて、飯中へ全量の約四分の一高粱《こうりゃん》が入った。高粱とは内地にある穂キビであるが、きれいに精白してあるのでたいして変わらない。色は小豆飯と同じような色をしているが、味は、働いて食すためか、たいして不味《まず》いとは思わなかった。むしろ麦飯よりはうまかった。

しかし、飯中に石の入っているのには実に困った。これは米の調整時は初冬で、地面が凍るときになったら水をまいてそれを凍らせて、その上でするためだとのことだ。筵《むしろ》はぜんぜんない。

数日後、副食物として沢庵《たくあん》と漬け菜が一斗樽《＊たる》に各一本ずつ来たが、品物は内地にいれば牛や馬にくれるような代物であった。しかし、なにしろ他に何もないので、皆、我慢して食べた。沢庵はさほどではなかったが漬け菜は真っ黒で、炊事当番の者は気持ち悪がって、いっぺん煮沸して食膳《しょくぜん》に供した有様だった。

飯は十八日頃まで不足また不足で通してきたが、汁だけは十分にあった。十五日頃、野菜（ホーレン草、葱《ネギ》）・大豆（内地の味噌《みそ》豆）の配給あり。煮豆やホーレン草のおひたし等が出て、そろそろ食膳が賑やかになってきた。十九日、隊長より食料品のことについてお話あり。即《すなわ》ち、「諸君は今までよくこの粗食に堪え、誰一人として不平を言う者はなく、一心に奉仕作業を続けてくだされたこと、隊長として衷心より厚くお礼申し上げる。いろいろ交渉の結果、以後食品も十分来ることになったから、一同安心して作業を続けていただきたい」と。

翌日、第一部落より豚一頭配給あり。この屠殺《とさつ》に自分も行ってきた。四時起床、隊長以下五名で行ってきた。四時二十五分頃、日の出である。十二貫目*くらいのバークシャーで、本年一月に生まれたばかりとか。頸動脈を切って殺したが、気の毒であった。嗚呼《ああ》、はかない家畜の一生よ、心の中で念仏を唱えた。四人で頸《くび》を下にして担いで来た。夕食は待ちに待った肉汁であった。みな、腹いっぱい食す。

翌二十一日は炊事[注1]当番であった。道路建設に行った連中が、お昼上がりに食料品をたくさん担いで来た。一四貫目の日魯《にちろ》の塩鮭《さけ》、十五、六貫目くらいの塩鰯《いわし》、内地では大変欠乏しているそれらの魚をはじめ一斗樽にイカ塩辛、玉葱《たまねぎ》十貫目くらい、梅漬け一斗樽一本、その他野菜がとてもたくさん来た。食用油も一斗缶に一つ来た。カレー粉もあるのでライスカレーを作るといって我等炊事当番は張り切った。

午後は第一回隊長会議があり、その後隊長指導のもとにライスカレーを作った。煙のため涙を出しながら一所懸命にやったためか、とてもよいのができた。ラード、肉、玉葱、メリケン粉、カレー粉、塩等の原料である。おかげで夕食は大評判であった。渋谷君等は、「オイ炊事当番!俺が**なしてニコニコしているか、言わんでもわかるだろう。とてもうまかったぞ」等と。

自分は当番だったので欲張ってたくさん摂《と》った。そして満腹になったのにもかかわらず、意地にもと、みな食ってしまった。食ってから後悔したが、遅かった。腹が張って張って、今にも皮が破けそうであった。夜になって国民学校の先生が来られ、慰問品として飴餅《あめもち》六つずつくだされた。

現在の清和共銷部内部

よほど残しておこうと思ったが、またがんばってみな食ってしまった。

その後すぐ、苦しくて苦しくてたまらぬので外へ出た。そして余分の分を吐《は》こうと思ったが、全然出なかった。仕方なく方々散歩した。雲間にはキラキラと星が輝き、舎の中ではみんなの笑う声がする。故郷の父母もあの星を眺めて自分の健闘を祈っているのだろうと思うと、誠に申し訳ないように思われる。

時計は早や九時を過ぎている。今まで飯は足らぬ足らぬで通してきたが、あれは自分としては満足しないが、健康上よいのだ。以後十分体に気をつけて、たくさん食べないようにしよう。そして、一心に満洲建設の鍬《くわ》を振ろう。

先生方が帰って、皆床へ入った。なかなか眠れなかった。多分清和信号所の方であろう、汽車が鐘を鳴らしながら進むのが淋《さみ》しく聞こえる。満洲の汽車は、駅付近へ来ると鐘を鳴らしながら進むのだ。故郷の友のことを考えているうちに漸《ようや》く眠くなった。

翌二十二日、櫻井先生が学校の先生と一緒に魚釣り[注2]に行かれた。夕方、満人より一斤*（一六〇匁*）三十五銭の魚、七斤ある鮒《ふな》のような魚（長さ一尺二寸くらい）を買って食べた。豚と一味異なり美味だ。その後毎日のように、隊員の中で魚釣りが好きな連中が三人ばかりずつ釣ってきてくれるので、毎日魚が食べられた。

次の二十三日は、夕食には玉葱と豆のテンプラ、トンカツであった。腹具合の若干悪いのも忘れて喜んで食べた。友達の中には魚屋もいるので、魚料理をするに上手ですこぶる具合がよろしい。飯も十分になったし、副食物も栄養価一〇〇パーセントの料理ができるようになった。

二十四日以後、塩魚類もたびたび食膳に供されるようになった。二十八日、最大の失敗。塩漬けにしておいた肉が、塩が少なかったために腐り始め、臭気屁《へ》の如し。全部砂糖醬油《しょうゆ》をつけて焼いて食べたが、体には何の影響もなかった。一頭五十七円也の豚が台無しになった。

こうして六月も終わった。一層体に気をつけて奉仕を続けよう。

〈語句〉

＊「斗」は尺貫法の容量の単位。一斗は一〇升、約一八リットル。「貫」は目方の単位。一五キロを四貫とする。一貫は三・七五キロ。「斤」「匁」は重さの単位。「斤」は一六〇匁、「匁」は貫の千分の一、一匁は三・七五グラム。

＊＊新潟地方の方言、「どうして」の意。

〈注〉

1　各種当番については第五部一資料6、「昭和十五年度満洲建設勤労奉仕隊心得」の当番守則参照。
食料については横渡隊長談にあるように、当初は粗食であった。ところが野田良雄らが炊事当番となったこの頃（炊事当番時の写真は口絵参照）、副食等豊富な配給があった。野田良雄は六月二五日付の弟宛葉書に、「食料品はたくさんうまい物が配給され、内地にいるよりは余程うまい物を食べました。君の好きな塩鱒《ます》や塩鰯《いわし》等がたくさん来たよ」と書く。

2　魚釣りに関しては、次項六の富井源蔵手記ならびに阪本牙城『漫画現地報告』に詳しい。

会議・講話等

六月十四日午後四時頃、山本満洲軍軍医大佐及び満鉄の人、奉仕隊実践本部の人と計三人来られた。夕食後、満鉄の人より私達の就職[注1]について満鉄の状況をお話してくだされた。しかし、満鉄は早や発展しきってしまったから面白くない。

六月十五日、山本大佐殿より朝食後に満洲の事情についてお話あり、その一、二。

満人の長所、勤勉で粘り強いということ。万里の長城、大運河、昔の何とかいう書家の筆跡を親子数代にわたってその字を真似して、そしてそっくりの字を書いて売り物にする等。

短所、進取の気性に欠けている。没法子《メーファーズ》（あきらめる）で有名である。

宗教は仏教が主にて、偉人としては孔子が敬われている。その他、国勢調査は昨年初めて行われた、学校も義務制になったとのこと。

六月二十日、勤労奉仕隊の実践本部の田島、萩川という人二人来られ、二時より開拓の方面の話を承《うけたまわ》る。この人たちは満拓の人、即《すなわ》ち、大国民らしき生活をするには、現在一戸耕作反別七反を一戸当たり二町くらいにせねばならぬ。我が国の栽培技術は世界に誇れども、満洲には適応しない。現在大豆は十アール平均収量一〇〇キロであるが、二五〇キロを獲《と》る可能性あり。その他、現在の三倍は獲られる可能性あり。

満洲の育成は定着性を有する農民に限る（国家が五十億の予算をもって行っている原因）。日本では集約農業をしているため一人能力で五反、満洲では粗放農業をするため一人三町が可能なり。開拓民は、
一　普通作物を作り、家畜を飼う。
二　自給自足の策を取り、全国民の必需品を養う。
三　自作主義を採る。
四　経営は中農とし、一戸当たり十町歩の畑と山林、牧草地、五町歩くらいはよろしい。但し標準は土地、気候によって異なる。

年三千円から四千円の収入があればやっていかれる。農業をするには所有土地、家畜（殊《こと》に働く家畜）を大切にすることが一番大切である。即ち、土地（畑）に草を生やさぬようにすること、それから牛や馬は、呼べば来るくらいに自分になつかせしむること。純収入が二、五〇〇円あれば、やっていける。

六月二十一日、午後一時より隊員会議。

一　作業に関する件

1　計画・指導は櫻井先生よりやってもらう。

2　勤作は敏速にせよ。作業は午前三時間、午後三時間とする。農具の整頓もしっかりやるべし。

二　舎内における日常生活

1　青年らしき生活をすべし。隊員中には十八から二十歳までの者が多いから、年長諸氏は指導的立場にあるのだから十分言語動作を慎むべし。

2　起床六時、消灯九時、例外を除きこのようにす。

三　常番勤務[注2]

1　舎内当番

今までやってきたようにすべし。舎内の整理・整頓、清潔を保つこと。

朝昼二回の本部連絡、ついでに郵便物を持って行ったり持って来たりすること。

食事の配分、以後責任者を登坂氏にし、朝礼前に当番者は責任者のところへ行って指令を受くべし。

2　炊事当番

今まで一日勤務でやってきたが、これは次の日の炊事のことはどうでもよいというようになり易いから、これより一週間勤務とする。班長・相馬君、副班長・竹森君とす。

夜、国民学校の岩橋校長先生（北蒲原郡出身）、米山（南魚沼郡出身）・小薬（村上町出身）の三先生、慰問に来られた。話は魚に至る。昨年、興凱湖《こうがいこ》[注3]には八十五貫の鯰《なまず》が捕れたとのこと。また、近くの穆稜河《ムーリン》には満人が頸（頭）をかついで尾を引きずるくらいの鯰が多々有《ターターユー》、また、少し離れた山にはノロ（鹿に似たもの）が多くキジもおりますが、狼《おおかみ》や蛇はいない。

氷は四尺から五尺くらいまで至る。

開拓団の出産率が非常によく、昨年の如きは二〇〇戸のうち五十人生まれたとのこと。

十時頃帰られた。


〈注〉

1　勤労奉仕隊は集団として渡満し、集団として帰還することが原則であるが、勤労奉仕隊に参加した青年たちが勤労奉仕終了後にそのまま満州に留まりたい場合、それを認めるとの規定が要綱にある。青年学校長宛文書（第五部一資料1）には、「奉仕期間満了後ハ全員一応内地ニ帰還セシム」（傍点は筆者）との表現が見える。
野田良雄はここでは満鉄関係への就職の道について説明を受けている。規定には中央実践本部等が「開拓民其ノ他トシテ之ヲ斡旋ス」とあり、奉仕隊員から開拓民へという道も考えられていたことが分かる。

密山口岸国境検問所

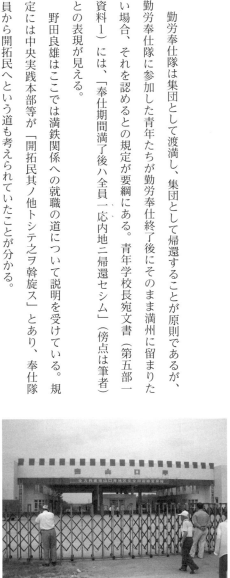

2　勤労奉仕期間中はいろいろな生活当番を、四人ずつくらいで　順番に担当した。詳しくは第五部一資料6に掲載の「奉仕隊心得」の当番守則を参照されたい。

3　「興凱湖（シンカイフー）」とは東満密山《みつざん》市南、湖の中を国境線が走るソ満国境の湖である。東西七〇キロ、南北一〇〇キロ、琵琶湖の六・五倍ある大湖である。湖の北三分の一のところに国境線がある。湖の西南地点に国境検問所があり中国側は密山口岸（「水際の国境」の意）、湖は海水浴のリゾート地になっている。

かつて、湖の北側には一〇を越す義勇隊開拓団が入植していた。

現地感想

六月三十日、午前中、櫻井先生と共に入植一ケ月を省みての座談会あり。各自自分の感じたことを話し合った。

一　思ったより涼しいこと（東部冷涼地帯のため）
二　病気、殊に伝染病の少ないこと（水質のよいため）
三　水質のよいこと（団の人は生水を飲んでいる）
四　団民の割合に慢々的《マンマンデー》なこと（大陸的になったんだね）
五　未耕地の多いこと（入植間もない建設中のため）
六　農作物の一日ごとに成長するを見ることができる（沃野《よくや》、日照時間の長いこと）
七　日の長いこと（四時十五分頃日の出、八時日没。一番長い時だ）
八　道路の悪いこと（一番砂利のないことのため。雨が降っては外へ出られぬ）

九　魚のいることと大きいこと（前述）
十　土壌は徐々に解氷するため、適当な湿気がある
十一　表土が深く沃野であること（三尺くらいあって真っ黒である）
十二　糖分（即《すなわ》ち菓子）の少ないこと、奥地のため物価の高いこと（一番困った一つであろう）
十三　水使用の不便なこと（ロクロ式の井戸）
十四　水が冷たく、また井戸の深いこと（上げたての水は手を入れておられぬ。深さは普通一〇〇尺）
十五　飯中に砂・籾《もみ》のあること（前述）
十六　樹木は少ないが植林の可能性あり（小さい木が生えている）
十七　牛馬の仲のよいこと（一緒に車を引くのを往々見かけた）
十八　出産率のよいこと（前述）
十九　夫婦仲良く、言葉のよいこと（隣の人でも「〇〇さん」と呼ぶ）
二十　草花が多く、きれいなこと
二十一　ランプ掃除は珍しい
二十二　手紙の嬉《うれ》しさこの上ないこと

六　現地勤労奉仕　その二（七月前半）

勤労奉仕隊活動記録のその二は、七月中旬までの体験についてである。
勤労奉仕隊の青年たちは月曜日から土曜日までは、若さに任せた体力で土木工事や建設工事に汗した。日曜日以外の作業日の日課はおおよそ次のようだった。

午前六時　起床
六時三〇分　朝の礼拝
七時　朝食
八時　作業開始
一二時（正午）　昼食
午後二時　作業開始
六時　作業終了
六時三〇分　夕食
九時　夜の礼拝

旧清和駅付近から第一部落方面を望む

九時三〇分　消灯

朝の礼拝は丁寧に毎日、次の順で行われた。内容および順は国旗掲揚、礼拝（二拝、二拍手、一拝）、国歌奉唱、教育勅語奉読（月曜日）、天晴《あっぱれ》おけ（注、万歳に代わるもの）、奉仕隊綱領、「海ゆかば」合唱、朝の挨拶《あいさつ》、体操、行事予定発表である。夜の礼拝は簡単に、一日の反省、礼拝（二拝、二拍手、一拝）、夜の挨拶であった。

日曜日は休日である。それぞれの過ごし方をする。しかし、七月の上旬は梅雨の時期に入り外での作業ができないので、以下の野田良雄記録では時間を持て余している様子が伝わる。ある日曜日の過ごし方の例としては、野田良雄の小隊長である富井源蔵が次のように紹介する（『昭和十五年度満洲建設勤労奉仕隊日誌』三一～三二ページ）。

六月二十九日（曇り）、日曜日で作業休み。

舎内にいる者、虎林《こりん》街に行く者、魚釣りに行く者といろいろ。虎林街に藤井君、富井（修）君、大町君等行く。汽車六時半着だが午後七時頃になっても行った者は帰って来ず、不安でならぬ。隊長を囲んで雑談にふける。本部連絡員の報告により、虎林行きは二、三時間遅れるとの報告あり、ひとまず安心。

約三十分後、五部落長より昨日三江省《さんこう》にて満軍叛乱軍《はんらん》が六、七名出て、三江省より虎林県、我が清和開拓団に入るかも知れぬから注意せよとの報告ある。皆んな初めてのことで張り切る。昨年の秋にも入るとの報あって、約二ケ月も警戒していたとのことである。

予定よりも五時間遅れて虎林行きの一行が無事帰る。一行の話によれば、叛賊で遅れたのではなく、汽車の事故とのことであった。

富井源蔵がここに書く隊員たちの休みの日の楽しみのひとつ、魚釣りについては、開拓団の子供たちの手記にも多数見出せる。全満どこの開拓団地にも川があり、湿地帯や池があった。魚を釣る現地人は多くないので、釣り糸を垂らしさえすれば、えさをつけなくとも針に食いついてくるほど簡単に魚が捕れた。食すれば栄養になるし、これといって遊びのない開拓団の子供たちにはかっこうの遊びであったことだろう。その楽しみは勤労奉仕隊の青年たちにとっても同じであったらしく、青年たちの活動を同行取材した阪本牙城は『満洲建設勤労奉仕隊漫画現地報告』で、第四次哈達河《ハタホ》開拓団（昭和一〇年東安《とうあん》省鶏寧《けいねい》県に入植した全国混成の開拓団。日本敗戦時悲惨な麻山《まさん》事件に遭う）に入った広島部隊の青年たちについて次のように報告する。

飯――勿論《もちろん》上等ではない。一汁一菜だ。空腹に不味《まず》い物なしみんなケンタン家になって炊事班をマゴつかせている。副食物も思うように配給が間に合わないというから、魚を捕えてきたらいいじゃないかと言ったら、さっそく投網の名人が選抜されて、近くの河へ出かけていった。大きな鮒《ふな》と鯰《なまず》を捕ってきた。

「どうです」「いけないよ、かえって思い出してね」、瀬戸内海の魚が食いたくなったというのである。生じっか魚の味を見せなけりゃよかった。その代わり、今度の休日には大挙して全員で出漁しようということになった。あたりの魚を洗いざらい捕って食ってしまうつもりらしい。

「魚が恋しい」（漫画現地報告第50）

また、富井源蔵が触れた「満軍叛乱軍」とは、満州国軍の中の反満抗日分子のことである。満州開拓民が入植し始めた頃に日本人が「匪賊《ひぞく》」と呼んでいた反満抗日分子とは異なる。満州国軍は五族協和の謳《うた》い文句のとおり、兵士の民族は入り混じっていた。通常は日本人将校および軍規に従っているが、心の奥底に持つ反日感情から時として隠密裏に叛乱暴動を起こしていた。日本敗戦後、この叛乱兵たちによって開拓民は多くの犠牲者を出した。

以下の野田良雄記録に触れられている防衛演習はこの満軍叛乱軍を想定してのものではなく、「敵」と想定されるのは当時のソ連軍であった。年末には太平洋戦争が開始された一九四一（昭和一六）年の段階は、「日本の生命線」とされた満州は関東軍の日本防衛の最前線であった。

さて、もう一度勤労奉仕隊の青年たちの日常生活に戻ろう。約三カ月の期間中、生活は自分たちの共同生活で規律正しく過ごす。共同生活のためのいくつかの当番が設定され、前項でも触れたとおり、隊員は順に当番に当たる。田巻文書⑭の「昭和十五年度満洲建設勤労奉仕隊心得」の中に「当番守則」がある。当番は本部当番、舎内当番、不寝番、食事当番、清掃当番、風呂当番とあり、本部当番（二名、毎朝交代）以外は各隊で二名ないし四名を配置し、それぞれの任務にあたる方式である（詳細は第五部一資料6参照）。

野田良雄はこの期間食事当番に当たった。食事当番に求められた役割は次のとおりである。

イ　食事の合図により、炊事場より食事物を受け取ること
ロ　分配には細心の注意を払い、全員に亘り過不及なきよう心がけること
ハ　不在者、殊《こと》に勤務番に対する食事準備に遺漏なきこと
ニ　食事終了後は食卓を清潔にすること

ホ　食物容器（櫃《ひつ》、汁桶《おけ》、菜器等）は清潔に洗浄し、定位置に返還すること
ヘ　絶えず湯茶の補給に留意すること
ト　湯茶は炊事場において支給を受け、絶対に生水の飲用を避けしむること

勤労奉仕隊員たちは野田良雄記録に縷々《るる》述べられているように、任務遂行と日常生活の両面において大きな問題なく過ごすことができている。

引率・指導者である隊長や隊付の先生方の動きについての具体的な記述は多くない。新京での隊長会議への出張（第二部八参照）、櫻井虎雄隊付の開拓団・義勇隊訓練所視察（第一部四（3）参照）、来訪者対応（同）などの動きがわかる程度である。日常的には作業計画立案・引率、各種指示、対外連絡・報告等に追われる日々であったのだろう。

渡満後一カ月にして隊長・隊付には重要な仕事があった。それは隊員たちの親に彼らの無事を知らせることである。隊員個々は頻繁に手紙を交換してはいるが、これは指導者の責任である。昭和一六年七月八日付で、隊長・横渡冬樹、隊付・櫻井虎雄連名の野田良雄父宛の葉書がここにある。内容は各隊員ともほぼ同じなのであろうが、一人ひとりに対し丁寧な文字で次のように報告している。

> 一望千里山一つ木一本見えない草原は一面お花畑であり、
> 此の雄大な広野にシャベル持つ身の幸福を感じつつ、

和気藹々たる中に奉仕作業に精進致して居ります。
渡満致して既に一ヶ月余、其の間一名の事故、病気者も
無く、此の頃は生活にも慣れて至極元気愉快な日課です。
御休心願います。
後五十日、無事大任遂行を一同誓って居ります。
何卒宜しく願います。
敬具

勤労奉仕隊員の順調な生活が続いている。では、七月の野田良雄記録を見てみたい。

北満の梅雨期

我々の待ち遠しい、そしていやな、北満の梅雨期が遂《つい》に来た。一日や二日の雨降りであれば作業をしないで終日、否《いな》作業のできるようになるまで舎内で遊んでおられる。いわゆる「骨休み」には良いが、一週間もそれ以上も続いてはとてもやりきれない。その北満の梅雨が七月に入る早々やってきた。先月下旬より降ったり晴れたりの落ち着かぬ天候が、今度こそしっかり腰を下ろして本格的にやって来た。

七月一日、道路建設箇所へ行けども、昨日の雨のため、溝中に水がいっぱいで作業はほとんどできず、おまけに天候が次第に悪くなってポツポツやって来た。早朝、濃霧あり。それが晴れれば晴天になるのだと思っていたのだが、その霧は次第に固まって、遂に雨となって私共の頭上に落ちてきたのだ。これが即《すなわ》ち、梅雨期の始まりである。

現場よりはじめは整列して駆け足をもって引き上げれども、次第にバラバラになって三々五々になって舎へ帰る。宿舎より現場まで約二・五キロ。夕方になって雷雨となり、而《しこう》して*沛然《はいぜん》として降り来たり。当地へ来て未だ見ざりし物凄き豪雨となった。水しぶきにて外の景色はぼんやりしてしまった。

二日夕方、一部落の人が先月十四日の夕方、病馬一頭を五部落より一部落まで約三キロ担いでくれた礼として、日本酒一升くだされた。夕食後、全員食器の中へ分配していただき、久しぶりの日本酒とて皆[注1]喜んで飲んだ。一人平均二**勺《しゃく》半くらいである。雨中薄明の中で、「佐渡おけさ」や「軍歌」等合唱して退屈を凌《しの》いだ。

三日には、遊んだり寝たりしていては退屈でしょうがないので、頭の良い連中が遊び方を考案した。即ち、トランプや花カルタがそれである。満洲で物価の安いものは、トランプや花カルタくらいのものである。内地の半分又は三分の一くらいで売っている。その日は一日中トランプをして遊んだ。あちこちにトランプや「花」をする者のかたまりが見える。みんな馬鹿笑いをして、腹の皮がよじれそうだ。

外はシトシトと降っている。団の人も皆休んでいる如く、姿は見えない。トランプをして負け、腕首をたたかれてしかめ面をしているのが見えるかと思うと、「花」組のほうでは十点に煙草《たばこ》一本をかけて一所懸命になって、目を皿のようにしてやっているのが見える。まるで商売の人のようだ。しかし、煙草をあげることも悪いということがわかったので、二、三日うちに止めてしまった。

四日の夕方、一時晴れて夕焼け雲を眺めた。本当に美しかった。トランプ遊びもそろそろ皆飽きてしまった頃、多分十日頃だったか、誰かが占いらしきものを始めた。「今日自分のところへ手紙が来るか?」なんてのを始め、「誰々さんは自分を想っているか?」とかいうのを始めた。たちまちのうちに舎内に流行してしまった。

ところどころにそんなものに真面目になってやっているのが見える。「トランプ」様が自分のところへ手紙が来ると言ったといって喜んでいる者、またその反対で「困った！」と言っている者で、他で見ていれば面白いようだ。手紙が来ると言った者のところへ便りが来なかったり、来ないと思った人のところへ手紙が来たりしている。こんなもの一つの遊戯に過ぎない。

そのうちにトランプは徐々にすたれてきたが、「花合わせ」だけは我が国古来の遊戯だけに、いっこうにいやにならないのは不思議に思われた。その間に軍歌や流行歌を唄《うた》う。一人が唄い出せばトランプをしている者も「花」をしている者、はては手紙を書いている者までもそれについて唄いだし、一節終らんうちに大合唱になってしまう。三間に十間くらいの宿舎が今にも倒れんばかりの蛮声《ばんせい》を張り上げて唄う威力は、また素晴らしい。外はシトシト、シトシト、相変わらずだ。

炊事当番の連中が素足になって合羽《かっぱ》を着て、「やあシャッポだ」なんて言って、汚い外を右往左往している。まったく辛《つら》そうだ。長い雨のために釜《かま》は燃えず、また薪《まき》が湿《しめ》ってほんとに弱っているらしい。煙のため目を真っ赤にはらしている。けれども、時間になればキチンキチンと飯を食べさせてくれる。心から感謝しなければいけないと思う。

外より一段低い舎内は、長雨のためクチャクチャになって、悪い筵《むしろ》等敷いたが、すぐに筵の上までクチャクチャになってしまう。下駄なんて履《は》いて騒がれたもんではない。なんだか身中、寝具まで湿っぽい気がする。食事後食器等を洗いに出る時は、まったく死に物狂いだ。あんまり急いで転んだ者もいた。外へ出るのがいやで朝の洗顔もしないで歯だけ磨いてシャンにした日も、二、三日続いた。小便に行く時は外へ出られぬため、軒下でジャージャーやったこともあった。

舎内当番の本部連絡の者は、ズボンを股《また》までまくり上げて汚い合羽を着て（汚くなくても長い雨のために雨がしみこんで黒く、汚く見える)、日除《ひよ》け笠を代用にかむり、道路上をスポンスポンと歩いて行くのがしばらく窓から見える。本部まで往復六キロの行軍、すぐそこに見えてそんなにある行軍、気の毒である。

帰りに郵便物[注2]を各人渡されるときは、まったく嬉《うれ》しい。「何の誰某」「ハーイ」と盆と正月が一緒に来たほどの喜びである。ましてそれが故郷の友達の村のニュースでもあれば、躍り上がってしまう。そしてその返事を書くのが、また一つの楽しみである。

「やあ今日は良い天気だ」—永い雨で一時の晴れ間の惜しい私達は、みんなで外へ出て清い雨上がりの空気を胸いっぱい吸う。が、それも束の間、ものの二時間とたたぬうちに沛然として降り注ぐ雨、一時の晴れ間にもと草原へ離した牛馬は、ションボリ雨にたたかれている。またあの陰気な舎内生活かと思うとウンザリする。

第五部落跡の畑地

約半月続いた雨も十五日で終わったように思われた。夕方、雲間に輝く太陽を眺めた時は、何ともいえない嬉しさを感じた。露にきらめく大草原の中に戯《たわむ》れる牛馬の群れ、積み木のように行儀よく並んでいる開拓団の家々、はるかにそびゆる赤き国・ソビエトの山々は美しきグリーンに輝き、この雨上がりの美しさはまた大陸ならでは見られぬ風景と思う。

この梅雨中、作業らしき作業をした日は九、十日の二日間だけだった。

〈語句〉

*　雨が盛んに降るさま。

**　「勺」は尺貫法の量の単位、一合の十分の一。

***　雨具のこと。

****　帽子のこと。

*****　「終わりにした」の意。

〈注〉

1　「皆喜んで飲んだ」とあるので野田良雄に確認すると、未成年だったが「お礼にもらったのだから」と、皆で飲む隊長了解を得ていたのだろうと語る。

2　郵便物は隊員にとっての楽しみである。本部連絡係の当番が郵便物の集配にあたり、隊員たちは毎日のようにせっせと手紙を書いたらしい。しかし、この勤労奉仕期間中に一大事件が起こっている。六月二二日にはドイツ軍がソ連に攻撃開始して独ソ戦が始まった。これに呼応して日本では七月二日、関東軍特種演習、いわゆる「関特演」が発動された。その関係で七月二四日付の野田良雄の葉書には、「今日より小包の輸送が禁止されました。また近いうちにこちらから出す手紙も出せなくなるようです」とある。事実、七月二八日より一時発信不能になった。

防衛演習

十一日と十三日、防衛演習あり。国境第一線地区だけに意気物凄《すご》く、さながら実戦の感深しと言いたいが、さにあらず、雨天の関係か割合に熱は熱からず。団の人たちは冗談半分にやっており、一所懸命にやったのは我々奉仕隊くらいだけなり。

即《すなわ》ち、十一日虎林《こりん》におられる牛島中将（沖縄の司令官になった人）部隊長閣下来団の下に演習を行うにつき、我々も十日の夜、一同、係を命ぜられた。自分は伝令係を命ぜられた。

早朝二時起床。朝の礼拝、朝食をとり、昼食を持参にて四時半、本部前に集合せり。空は割合良いので、この分ならば今日は良い天気だろうと、みな安心していた。閣下が来られるまで団にて想定を作って演習をしたが熱が熱からず、面白くありませんでした。私共も係とは名前だけで、用はない有様。このようであれば、いざ空襲の場合は大変乱れるであろう。

六時頃、「閣下来るのを中止された」との報来たり。一同待機の姿勢にて本部付近に留まる。早朝よりひどい濃霧にて良い演習日和でよろこんでいたが、この報を受けみな力を落とした。そのうちに団長より引き上げの命令来たりしため、一同引き上げると一緒にすごい大雨になって、終日舎内にて談笑す。

翌十二日、また演習をするという報来たり。昨日通り起床、本部前に行き、昨日の続きをやる。即ち、「六時三十分頃敵装甲列車が当開拓団を襲撃するものの如し」との情報を入手した団本部では、これを踏み切りと信号所の間で迎撃せんとし、兵を配備する。雨上がりのこととて草原には水がたまり、畑中はぬかるみにて相当の苦戦であろうと思われた。我が方重機、軽機、小銃を備え、襲撃する列車を一挙に放らんとする。

私共は本部に伝令係のため残っていた。六時三十分、本部屋上の監視哨《かんししょう》より列車発見の手回しのサイレンがうなった。肉眼にて見通しの利《き》くところであれば、煙が見えてから三十分くらいを経て駅へ着くような有様だが、惜しいかな、虎林の方から来た汽車は丘陵地帯を越えてくるため、稜線《りょうせん》の向こうの列車は見えない。

六時四十分、踏み切り付近に停車したる列車は、直ちに一千余メートルしか離れていない団本部へ向けて重軽機の射撃を開始せり。装甲列車は色とりどりにカムフラージュして、機関車を中心に二輌来た。銃眼より撃つ重軽機の威力は物凄きも、我等の部隊からも重軽機をもってこれに応戦、ジリジリ肉迫する。ぬかるみを越え、馬鈴薯・高粱《コーリャン》を踏み潰《つぶ》し、溝を越えて、漸《ようや》く第一線に増援終わる。地下足袋の割れ目に草が絡んでほんとに走りにくい。足の踏み場用に置物を利用、隣の分隊と連絡しつつ迫る。列車は一、二度前進・後退して射撃を続ける。三十メートルくらい迫った我等は、四班長・新飯田君の号令の下に一挙に装甲車の死角に突入。喊声《かんせい》を上げて列車に迫った。四周を囲まれ攻撃された敵車は、遂に退却の余儀なくに至り、虎頭《ことう》方面に退却を開始した。見事、我等奉仕隊は敵装甲列車を撃退したのだ。

一同直ちに集合、点呼して舎へ引き上げた。途中、皆が戦いの様子を語り合いながら、ぬかるみ中を行く。この演習は内地ではとても味わわれぬ、荘厳な気持ちと快感に打たれた。血気盛んな我々は未だかつてこのように真面目に、そして面白く演習したことはなかった。

鉄道跡、現・省道（清和信号所脇）

遠く、このぬかるみ中で演習しているのか、機銃の音がする。近頃はこの雨中、毎日のように銃声が聞こえる。この演習がそのまま延びて実戦になるのも遠いことではあるまい。未だささっきの列車の煙が見える。内地へ帰ってよい話の種となるであろう。

変転極まりなき国際情勢下に於《お》いて、今や独ソ戦火を交えている。何時この極東へ飛び火するとも限らぬ現在の時局ゆえ、十分の覚悟をして働かねばならぬ。

舎へ来てよりまた沛然《はいぜん》と雨が見舞い、いやはや実に参ってしまう。いくら作業がいやな我々も、二週間も続く雨には白旗を掲げる。

炊事当番

七月十三日より一週間、炊事当番を任命された。当番者は班長・相馬（新潟市）、一班自分、二班羽賀（南魚沼郡）、三班丸山（三島郡）、四班小島（中蒲原郡）で、合計五人である（筆者注、口絵掲載写真参照）。

炊事当番は当番者の長所を上手に利用したため、各人の能力を十分発揮することができ、一週間中、ほんとによい飯を作ることができた。班長は私共に細部の点のやりくりを任命し、唯《ただ》、朝は何、昼は何というように堅いところだけおさき*、作業としては水汲みばかりやっていた。そのようなわけで我々四人の当番者は、自分の長所を見つけて自発的に炊事を分業にしたわけである。

当番中、副班長・竹森君が一日指揮を取ったが、彼は自分の思うとおりにばかりやろうとしたため、かえって当番者の統率が取れなく、一日中面白く仕事をすることができない日があった。上に立つ人は当番者の意見をうまく使用し、楽しく炊事（作業）をするようにすべきだと思う。

釜《かま》の方面（飯や汁を煮る方）は小島と羽賀がした。小島君は内原時代炊事の方を専門にやっていたため、また自分の境遇がそうしたため、その方面は非常に長けていた。初めの数日は小島が専門にやっていたが、そのうちに羽賀が横領してしまった。小島は口には出さぬが、面白く思っていなかった。第三者の自分から見ても、小島がするのは当然だと思う。

準備係は、自分と丸山君とやった。即《すなわ》ち、菜を洗ったりエンドウをこしらえたり、米研ぎもした。飯は三十八名で十三リットル（七升二合）で、うち三リットルは高粱《こうりゃん》を混ぜた。一人当たり一合九勺＊＊になるから、今になってみるとたいへん食ったものだと思う。上手にできたのはみな、準備係が上手にしたためだ。

十三日は日曜日の晴天であったので一般の者は遊んでばかりいたが、自分たちは炊事を楽しく働いた。終日のらりくらりと遊んでいるより、仕事をしている方がよほどよい。自分で食事をこしらえて自分で食すのは仕事に張り合いがあって、炊事当番をしているのが嬉《うれ》しかった。今までの一日交替の炊事当番のときは実に嫌でたまらなかったのが、自分はこの一週間の当番で炊事というものはほんとに楽しい作業だと思った。

十四日は終日雨降りで素足で作業をしたが、幸いなるかな、作業をするときは一時晴れるので、仕事をするには具合がよかった。炊事場の中は泥でクチャクチャしているし、道等はそれ以上、井戸端[注1]等はツルツルしていてバケツと心中したこともあった。他で見ていれば気の毒で見ていられないほどだが、当番者は素足だし、そしてしなければならないのだと思っているから、案外たいしたことはない。けれども一般の者が舎内で遊んでいるのを見れば、自然に愚痴の出るを禁じ得られぬ。

一日の炊事当番は普通（例外はある）五時起床（普通より一時間早く起きる）。直ちに炊事着手（その暇を見て洗顔）、六時半より七時までの間の朝食に間に合わせる。食事のときは、舎内当番と共に分配をする。ここへ到着当時は分配が下手で、分配中になくなって米の飯を少しずつ取ったりしてようやく配給したが、近頃はみんなが馴れてきて、食缶（バケツ）中の飯量を見て大体どのくらいの量を分配すればよいかということがピンと

第五部落に残る井戸跡

頭へ来て、うまく分配することができた。

その後食缶を洗って、次の準備をして休み。準備係の私達は次の食物を用意し、米を洗っておくのである。十時頃より昼食の炊事に着手。十二時少し前までに間に合わせる。夕食は三時頃より始め、六時前後の夕食に間に合わせる。そして明日の仕度をして休みである。即ち、炊事の仕事と仕事の間は休みで（約二時間）、寝たり文《ふみ》を書いたり、「花」等をしているのである。

夕食後、班長は明日の献立表を作り隊長の認可を得て、然《しか》る後、当番者に納得させておくようになっている。

十七日胡瓜《きゅうり》、十八日茄子《なす》の初物を食し、先日エンドウの初物も食べたけれども、内地の蔬菜《そさい》類のような風味が足りないように感じた。

十九日にて炊事当番は終了せり。もう一週間の当番は終わったのかと思われた。一週間中楽しく、そして一心に働いた。また働くことができた。かくして奉仕期間中の炊事当番は終わった。一生この人たちと一緒にこの仕事をすることができないのだと思うと、心寥《さび》しくなるを禁じ得ない。当番者一同と共にこんなことを言って、淋《さび》しく笑った。注意としては、炊事当番をするととにかく食べすぎをして、下痢《げり》等することがあるをもってよほど自重すべし。


〈語句〉
＊　＝おさえる。
＊＊「勺」は尺貫法の量の単位。一合の十分の一。
〈注〉

1　野田良雄には滞在した第五部落に関して「井戸」の強い記憶が残っている。その記憶を頼りにかつての井戸跡が残るという畑地の中に連れて行ってもらった。見たものは小さな水溜りのようであった。畑地での野菜栽培用に活用されているのか、そのままだという説明であった。ただし、落ちないための柵はない。また、これが野田良雄の記憶にある井戸かどうかは、集落の様相が一変していることから特定はできない。

なお、井戸掘りの苦労に関しては第二部5を参照されたい。

七　現地勤労奉仕　その三（七月後半）

休日の過ごし方の一例は前に富井源蔵日誌から借りたが、ここでの野田良雄記録は休日を利用しての近隣の現地民集落訪問記である。現地民とは交流とまではいかないが、記述からは現地民との接触の様子や現地民の暮らしの一端などを知ることができる。

なお、昭和一四年の満州建設勤労奉仕隊に同行して奉仕隊員らの生活探訪を報告した漫画家・阪本牙城は、休日の過ごし方ではないが、作業合間の休み時間における現地民との「草の上の懇親会」を報告している（『満洲建設勤労奉仕隊漫画現地報告』）。その解説は次のようである。

おヤツの休み時――。東京部隊は国道建設を手伝っている村の満人達と草の上に車座になって休んでいるうち、期せずして懇親会になった。
満人の屯長が現れ、通訳がついて話がはずむ。こちらが日満不可分関係と奉仕隊の使命を説明すれば、満人側も納得がついて、新東亜建設の意気をもやし、お礼に国歌を歌って答える。こちらが詩吟をやれば、あちらは踊って見せる。和気アイアイたる光景だ。お互いに心持の通うれしさ。

この年の奉仕隊のうち山形、石川、福井班などは、哈爾浜《ハルビン》から松花江《しょうかこう》を下って依蘭《いらん》近辺に入植していた自県送出の開拓団に勤労奉仕に入った。阪本牙城の右の報告は〝東京部隊〟についてのものである。当時の東京府からの奉仕隊も東京府送出の開拓団に勤労奉仕に入ったと考えられる。東京府が初めて単独編成した開拓団は、吉林《きつりん》省盤石《ばんせき》県へ入植した第八次興隆川《こうりゅうせん》開拓団である。ただし興隆川開拓団は先遣隊の入植が昭和一四年二月で、本隊は昭和一五年三月～一六年三月にかけての入植であった。したがって、阪本牙城がいう〝東京部隊〟が興隆川開拓団への勤労奉仕団だとは考えにくい。

東京府が送り出した勤労奉仕隊が虎林《こりん》駅に下車して勤労奉仕に入ったこと、また勤労奉仕は郷土の開拓団に入ってのものであったことなどを考え合わせると、該当する開拓団は集団第六次黒咀子《こくそし》（国礎）開拓団と推測できる。黒咀子開拓団は石川県を中心に福井県、東京府出身者などを含めた全国混成の編成であった。その混成開拓団に東京からの開拓民も一集落を構成していた。

「草の上の懇親会」
（漫画現地報告第 36）

満州の最東部、ソ満国境近くの都市・虎林に隣接して入植していたのは清和《せいわ》開拓団と黒咀子開拓団である。この二つの開拓団は、日本敗戦後それぞれ多大な犠牲者を出した開拓団であった。清和開拓団については第四部一で詳述するが、黒咀子開拓団の「東安《とうあん》駅爆発事故」についてここで触れておきたい。

黒咀子開拓団は昭和二〇年八月九日午後三時に虎林駅から列車で南下、同二二時に東安駅（現・密山《みつざん》駅）着。東安駅から西へは林口《りんこう》までの間が火の海との情報があり、列車はこれより先は運行しないとのことで、避難民たちは七両連結の他の列車に乗り換えて待機した。乗り換えなかった若干名は、一時間後にその列車が運行し、八月一三日には牡丹江《ぼたんこう》に到着し、現地の収容所に収容された。その結果、事故被災を免れた。

八月一〇日午前七時二〇分、列車から約二〇メートル離れた反対側ホームに山積みされた二五ないし五〇キロの爆撃機用爆弾が、軍命令によって爆破された。午前七時発車予定の避難列車は発車遅延して停車中であったため、その大爆発に巻き込まれた。七両連結の前三両を残し他の車両が転覆したため、乗客の避難民の七割以上が死傷、一大惨事となった。被害者は虎林県民一、〇〇〇名以上に達し、死傷者は七〇〇名に及んだとされる。以上は全国拓友協議会刊『満洲開拓史』の説明を借りたが、『石川県満蒙開拓史』や古世古和子『八月の最終列車』など、多くの著作がこの「東安駅爆発事故」に触れる。

この黒咀子開拓団を野田良雄らが訪問していた。そして、入植一年違いの両開拓団を青年の目で比較している。後掲の野田手記をご覧いただきたい。

勤労奉仕に入った青年たちはある日、県公署職員から講話を受けている。そ

密山駅（旧東安駅）構内

の中に、各開拓団や義勇隊開拓団に嫁いだ「大陸の花嫁」についての話があった。開拓団員や義勇隊員として単身渡満した男性たちは開拓生活数年後、家庭を持つ必要が生じる。そこでとられた国策が「大陸の花嫁」の募集・送出である。この「大陸の花嫁」という名は、満蒙開拓青少年義勇軍という名称に優るとも劣らぬ誇らしさと勇ましさにあふれていた。そして昭和一四年頃から、多くの女性たちが理想郷建設の拓士のもとに嫁いでいった。

「大陸の花嫁」の養成には国内においては女子拓務訓練所、満州においては開拓女塾が設けられた。大陸の花嫁講習会も各県内の各地に開設され（新潟日日新聞、昭和一六年八月一四日付）、送り出したあとには「大陸の花嫁」現地視察も行われ、「一人でも多く大陸の花嫁を」といった記事が新聞（同、昭和一七年四月一八日付）で報じられた。ちなみに第一次試験移民の開拓団であった弥栄《いやさか》開拓団に「大陸の花嫁」が入ったのが昭和八年、七名であった。続いて昭和九年には九七名、一〇年一一五名、一一年四四名、一二年二六名、一三年以降は一〇名で合計二九九名であった（『彌栄村史』二九九ページ）。

阿部正雄（『鎮魂』四〇ページ）は、「一般に農村出身は少なく、概して都会出身といったような人が多いので」として、「いろいろとナンセンスもあって朗らか」と、清和開拓団での次のようなエピソードを奉仕隊記録に添えている。つまり、「小豆の小さいうちに除草を仰せつかった主婦が雑草を丁寧に残して小豆をきれいに除草したり、大根の発芽するのを見て『大根はなかなか可愛らしい』などと言って驚嘆した主婦があったりして微苦笑する」など。だから開拓団では「でき得れば実際農業に従事している人を大陸の花嫁にほしい」と言っていたと記録する。

野田良雄往復書簡の中から本人が内地に送った手紙を一枚一枚見せてもらっている中で、休暇に関する興味深い葉書を発見した。葉書はいつものとおり現地生活の報告であるが、その末尾に、「この間五割引の汽車旅行券が来ましたので、信一叔父様に奉天まで行ってよいかと問い合わせました。もしよいとなれば八月十日頃から約七、八日間行ってみたいと思います。汽車賃は弁当入りで往復三十円あれば楽だそうです」とあった。

日曜日の休日には体を休めたり隊員全員での視察旅行が組まれることがあったりと、勤労奉仕以外にいろいろな出来事があったことが野田良雄記録から読み取れる。しかし、「五割引の汽車旅行券」の支給があり、「約一週間の個人旅行」が勤労奉仕期間中に認められていたことは、少しの驚きであった。奉天《ほうてん》の叔父さん宅への旅行計画は、お盆の時期にお邪魔するとの計画だったと思われる。

この奉天行きは叔父さんの都合が悪く、実現しなかったという。改めてこの葉書を読み返した野田良雄は、「覚えていないけれども、長期休暇も申請すれば許可されたのかもしれない」と語った。「五割引旅行券」も、どのような趣旨でどこから支給されたのか、野田良雄の記憶にない。また、各種規則にこれに関する規定は見当たらなく、詳細は不明である。

以下、野田良雄の七月後半の体験である。

満人部落見学

七月二十日、日曜日で数日前よりの永い雨も晴れたため、道路も乾燥し、絶好の行軍日和であった。有志十四、五人で、前の日曜日に行った登坂君の案内で、約二里くらいある満人部落へ見学に行ってきた。即《すなわ》ち、満洲国東安省《とうあん》虎林《こりん》県和気《わきそん》村太平屯《タイペートン》である。「村」は内地の「村」、「屯」は「部落」、即ち「字」のこと。

昼食までに帰る心算で、朝食後の七時半頃、舎を出発する。道路の側にはナデシコやタンポポに似た草が咲いていた。その花を手折り談笑しつつ満人部落へ行く。

先《ま》ず、第七部落にある満人の家を覗《のぞ》いてみた。庭先はほとんど湿地で板等が敷いてあり、直径一尺*くらいもある材木もどこから持ってきたのか、積んであった。一間＊に一間半くらいの小屋には玉蜀黍《とうもろこし》が中程まで積んであった。これを全部饅頭《マントウ》にして食すのであろう。

そして豚とヒヨコがとてもたくさん遊んでいた。生まれて十日くらいの真っ白いヒヨコの頭を赤くぬってあるのが一羽おり、また黒い長さ一尺くらいの仔豚に赤い布で首を飾ってあったのも一匹いた。たしか愛玩用だと思う。

家の中には主婦らしい四十を過ぎた人と二十五歳くらいの女が、二人で包米《ポーミ》（玉蜀黍の粉）をねって柏餅をこしらえていた。中へニラやニンニクの葉を油でいためたらしきものを入れて、釜《かま》の蒸し場の上へ並べていた。

隣の部屋には姑娘《クーニャン》が一人、靴に刺繍《ししゅう》をしていた。着物は汚いのを着ていたが、顔と頭の毛はとても手入れしてあった。頭はきれいに切って美しく結ってあり（未婚の女は結わない）、顔にはおしろいをぬっていた。七歳くらいの子供（女）もおしろいをぬっていた。

壁には絵や何かの印刷物等が貼ってあった。絵の中には「王道楽土」というのが読めた。大体において豊作を祈ることらしかった。字は赤い紙の幅二寸くらいの紙に書いてあるが、中々うまいものだ。

もう一人の姑娘は机の上にボロ切れに糊《のり》をぬっては張り、糊をぬっては張りしていた。案内の登坂君がかまって、「チャカ・ショマ（これは何ですか？）」——しかし、その娘黙々として語らず。もう一度尋ねたら、「我的《ウォデ》ブチドウ（自分は知りません）」と答えてツンとしていたので、一同大笑いをした。満人の娘は未婚の人と語ることを禁じられているのだ。もし話をした場合は、その人が結婚する場合、その女の価値《ねうち》が下がるとのことである。だから、私共が話しかけてもツンとしているのだ。

家財道具等もなく、これではいつ引き上げるとも造作もないことだと思われた。家中グルグル廻《めぐ》って、今度は本当の目的地へ向かう。雨がやんで四、五日経たがまだ道は十センチくらい埋まった（道とは名前だけで、その日その日の草原の硬いところを通る。そこが道である）。二間くらいの川に径六寸くらいの丸太が一本渡してあった。高橋君がその丸太を踏みはずして川の中へ落ちたのには、みんな大笑いをした。

部落へ近づくにしたがって湿地といわず乾燥地といわず、満馬が前足を一足に縛られて野放しにしてあるのを見る。

いよいよ部落の前に行ったら、方々に遊んでいた子供（小孩《ショウハイ》）らが皆、門のところへ集まって来た。私達を見たいためだろう。部落の草原には馬と豚がとてもたくさん草を食んでいた。中には牛もいた。子供が豚十頭くらいを上手に移動させていた。

部落は三〇〇メートル平方くらいの面積にして、周囲は高さ三メートルくらいの壁に囲まれている。四隅及び門には銃眼が見えた。部落の子供が「満洲娘」を唄《うた》ってやると喜ぶということを聞いていたので、皆で唄いながら門を通って部落内に入った。内部にも真っ黒い豚がウヨウヨしていた。電話線が入っていたのには驚いた。日本の指導のたまものとつくづく思った。

道は正門から直線に一本あるきり、家は数家族が一軒の家で暮らしている模様だった。道幅約八メートル、とてもひどいぬかるみであり、端だけかろうじて通行できた。そのぬかるみの中に豚がたわむれていた。

先ず、購買部[注1]というべきところへ入ってみた。種々の駄菓子、羊羹《ようかん》、化粧品、缶詰等の日用品、さては中折帽、赤ちゃんにかむせる帽子、パナマ帽等もあった。明治キャラメルもたくさん見えた。ほとんど日本製の品物ばかりであった。天井には何のためか、赤い布が吊り下げてあった。

国民学校もあり、生徒の中には日本語を知っておるものもおり（日本語は正課目として課せられている）、日本の著しい発展を如実に物語っていた。我々は国民学校長より字を書いてもらおうと思って行ったが、あいにく虎林《こりん》へ出張したとのこと、残念であった。

友達が子供にキャラメルをくれたが、七、八歳以上の子供は喜んでもらうが、三歳くらいの子供はワッと泣き出したのには閉口した。

あちこち若干《じゃっかん》の時間さわいでみたが、満人はたいして難しい顔をしていなかった。こんな風をしていても日本人をよく思っていないとのこと。いざ日ソ開戦の場合は必ず叛乱《はんらん》を起こすとのこと。気をゆるめることはできない。帰りには子供らとサヨナラをして別れてきたが、顔は日本人と少しも変わりなかった（中には満人らしい顔つきの子供もいた）。

満洲語をもう少し知っていたら、「大きくなったら日本へ来なさい」と言ってやりたかった。満人の農夫は牛馬合わせて三頭（牛を中心にして馬）に太車《ターチョ》を引かして、「ウォウォ、チャチャ、ユァユァ」等と仲良く車を引いているのが目を引いた。これは大陸ならでは見られぬ、いわゆる大陸的な風景である。

あちこち一時間くらい見物してくる。帰りにまた第七部落の満人の家へ寄ってみた。姑娘は、今度は妹が学校でする刺繍の輪で手芸をしていた。ちょっと借りて皆で見てきたが、とてもうまいものだった。饅頭（柏餅）は今蒸《ふ》かし中で、いやな臭いがしていた。入り口（戸間口）には何の印か、赤い布が下がっていた。姑娘は手芸をする時も、それから平常でも、あぐらをかいていた。

舎へ帰ってきたらちょうど昼食であった。満人学校の校長先生より字を書いてもらえなかったのが残念であった。この次も暇を見て部落へ行って、字を書いてもらおう。

〈語句〉

＊　それぞれ尺貫法の長さの単位。一尺は一丈の十分の一、一寸の一〇倍、約三〇・三センチ。一間は六尺、約一・八メートル。

＊＊　＝動き回って。

〈注〉

1　清和開拓団には団員のための購買部の店があった。その建物は現在でも清和共銷部《きょうしょうぶ》として使われている。位置関係からすると、野田良雄が第五部落から国民学校に向かっているので、立ち寄ったのはこの建物であったと思われる。二〇〇七年の現地訪問時にはここの店員に元の清和開拓団地を案内してもらった。詳細は第四部三および第四部付録の「清和開拓団訪問現地図」を参照されたい。

2　「字を書いてもらう」とは、色紙や条幅などに書をしたためてもらうことを意味する。役職についている現地民は書に熟達しているという。野田良雄はこの日はダメだったが、ほかの機会に書いてもらった（第二部九、八月二〇日の記録参照）。書いてもらったことは覚えているのだが、その作品をどうしたかは全く記憶にないという。

虎林行き

七月二十三日、自動車の荷付けのため各班から一人ずつ虎林《こりん》へ行くことになった。第一班自分、第二班阿部君、第三班丸山君、第四班佐藤君、計四人が細雨の中を八時頃、昼食持参にて出かける。トラックは時速三十五キロの速度で軍用道路を前進する。第三部落を過ぎると第六次[注1]の移民団へ入る。当清和《せいわ》開拓団より一ケ年早いだけあって大いに進歩していた。後で聞いた話だが、第六次は相当開拓してあるところへ入植したのだそうだ。

我々のところより山が多いので展望がきかないのは遺憾《いかん》であるが、至る所畑で作物はよくできていた。人に承《うけたまわ》れば、第六次は協同がうまくできているとのことである。

家屋も第七次のように見えないで、ポツンポツンとある程度で、その家も旧式で煉瓦《れんが》も少なく、家も少ないような気がした。畑には大豆、麦類、高粱《こうりゃん》、玉蜀黍《とうもろこし》、粟《あわ》等が主で、蔬菜《そさい》類は見えなかった。私達の第七次のように畑には草が生えていなく、そして山には緑したたるような大木が植えてあり、うらやましかった。

しかし、六次は七次より一年早く入植しただけに畑等はたくさんあったが、何となく七次より文明が遅れているように思われた。私達のほうは部落の家がきれいに並んで、見るからに開拓民の家らしかったが、六次はそうと思われなかった。

自動車は進み、畑は続く。第六次開拓団本部らしき建物、病院、学校のような建物が見えた。これらは私達第七次よりよほどよいのが見られた。殊《こと》に学校はよかった。清和の学校は未だ建築中だが、この学校はすっかりできて緑の木々に囲まれて、子供らが登校するのが見えた。全煉瓦《れんが》造りで、校庭もうらやましいほどだった。

山の頂にお宮様が見られた。車上にて国の安泰と故郷の皆々、自分の無事を祈る。

自動車は山の中腹を進み、ところどころに苦力《クーリー》が石を切り出していた。厚さ二寸内外の層をなして出る板状の石である。間もなく虎林、アンペラで覆いをしてある軍用資材らしきもの、多々有り。

出発後約五十分にて目的地へ着いた。清和開拓団出張所にて小休憩し、現場へ自動車にて行き、建築材料の木を自動車に付けた。細雨降りしきる中、満人五十歳くらいの奴《やつ》が監督をしていた。「やろ、木を一本盗んで行くぞ」とその満人に言いながら、自動車に木を付ける。その満人、日本語不明白《プミンパイ》なので唯《ただ》ニコニコしているのみ。*

自動車はその日四回往復する予定であったが、自動車の故障や道路が悪いため、二往復したのみで一日終わる。

トラックが帰ってからの時間を利用して、虎林の町を騒いでみた。内地で言えば「原ノ町」と「柿崎町」の中間くらいの町だった。方々に煉瓦を盛って建築中のを見かける。また水道の施設に道路を掘っているところも見えた。軍隊では牛島中将の指揮する軍隊が来ており、この町は追々に発展する可能性あり。遠くの方に牛島部隊の兵舎がきれいな煉瓦造りで見える。

虎林や虎頭《ことう》は、昔ロシアと密貿易をして発展した町だそうだ。所々に満人経営の百貨店があり、店員は簡単なる日本語を知っていた。某百貨店の子供は、来る人来る人に「時計は何時ですか」と聞いていた。そうやって日本語を覚えようとしているらしかった。物価は割合に高く、物によっては二倍くらいのはあるが、内地にいて三倍もしているといわれているが、そんなものではない。餡餅《あんもち》は内地で二銭くらいのが五銭、便箋《びんせん》の四十銭くらいのが八十銭近くしていた。同じく十五銭くらいのが三十五銭、毛筆は四十銭くらいのが七十銭近くしていた。そのような具合で、大体によっては、内地の二倍ぐらいしていた。品物は全部日本製であった。アンパンの五銭くらいのが十銭だった。

帰りは七時頃になり、虎林街には電燈が美しく輝き、故郷の電燈が思い出された。トラックに荷を少し積んでスピードを出して帰りを急ぐ。第六次の神社の下り道を七十キロのスピードを出したときは、思わず快哉《かいさい》を叫んだ。運転手が車を止めて小便をしてまた走り出したのはおかしかった。

宿舎に着いたのは八時を過ぎて、みんな夕食を済ませて外をブラブラしていた。便りが三通あり、疲れた私を慰めてくれた。

現・虎林駅前、乗降客とタクシーの群れ

〈語句〉

＊「あいつ」「やつ」の意の新潟弁。

＊＊ ＝歩き回って。

〈注〉

1　全国混成の集団第六次黒咀子《こくそし》開拓団のこと。東安駅爆破事件については前述。野田良雄は、一七歳の青年の目で両開拓団の様子を比較している。なお、東安駅爆破事件については、現地人に聞いた話として次のような証言もある（『一粒の麦　地に落ちて』七二ページ）。

長谷川忠雄（一九三三年生まれ。逃避行中に家族を失い孤児となる。後に八路軍に加わり一九五三年に帰国）が一九四七年のあるとき、事件現場を見に行った。その時現地の人たちがみんな口をそろえて、「機関車が汽笛を鳴らしてガタンと動き出したとたん、長い列車の中ほどの一車両の爆薬が突然爆発して、その列車の中で避難しようとしていた大勢の日本人民間人がそこで亡くなった」と話してくれたという。長谷川忠雄自身も、「列車のレールが二本そろって空中高く、電柱の高さ位にまでめくり上がっていた状況を目にした」と手記に記録している。

講義、その他

七月四日、朝食後県公署（県庁）の開拓課長等が来られるため、その打ち合わせを行う。即《すなわ》ち、朝礼の指揮者は新飯田君（燕町出身、本年二十一歳、甲種合格者）がすることに決定し、不寝番は今まで石油の経済上していなかったが、当日に限ってすることにせり。主なるものは以上の通り。隊長の要領のよいのには一同驚いた。

その後、隊長が内原訓練所時代の感想を言われた。曰《いわ》く、

一　現在国家が要求している全体主義の短期養成所である。この教育をするには内原訓練所に限る。

二　心身訓練の最先端を行く忍耐力を養成するところである。即ち、空腹時飯を食わすようなもので、知識欲に燃えている青少年に、たまに偉い人の講話を聞かして知識を広め心身を鍛える。

三　即時即応の態度を養いつつある。計画的な教育では将来はだめだ。指導者は細かい点を知っておき、生徒たるべき人は直ちにそれを処理し、それに応ずる頭を養うべし。

四　絶対服従の方法を採っている。下意上達が叫ばれているが、教育される人は上官の命令に絶対に服従すること。

五　子供らしき団体訓練を養う短期養成所である。

七月五日、県公署の小杉開拓課長、穂積開拓肢長、その他計五名、トラックにて来られる。昼食後、種々質問す。

当開拓団付近の土壌は腐食土壌（私としては湿草地土壌と思われる）、表土は平均三尺くらいあり、十一月頃より凍り始め地下数尺に至り、四月中旬、遅くて五月上旬より解け始め、六月いっぱいで解け終わる。永久凍土はないと言われたが、防空壕を掘った人の話を聞いたら、二メートルくらいのところに永久凍土らしきもの十五センチくらいあったとのことである。団長さんの話だそうだが、どうもいい加減であてにはならない。

気温は高くて九十五・六度（摂氏三十五度）くらいだと言われたが、いくら東部冷涼地帯といっても、そんなに低くはないであろう。四十度以上にはなるだろう。

花嫁さん（大陸の花嫁）の出産率はたいへんよいとのこと、どのくらい生まれたかわからないが、昨年は戸数二〇〇のところで五十人生まれたとのこと。しかし子守をする人が少なく、乳児の育て方が悪いので、割合に死亡率は高いとのこと。団の人々は、嫁さんのお母さんから渡満してもらって子守をしてもらいたいと言っている。

右は団長のお話。次は県公署の人々の開拓団についてのお話。

第一次開拓団の入植した頃は、満人と耕作方法を同じようにしては彼らと対抗できないという見地から、農業加工を取り入れた。第二次には満人に小作させて農耕をする方法を採った。そのため第二の満洲事変を起こすかと心配されていたが、一昨年よりプラウ農法（北海道式農法）が試験の結果良好だということが分かり、採用することに決定したため、その心配はなくなった。

一昨年より現在の未耕地を全部買い上げ、国家管理とした。将来は三江《さんこう》省、東安《とうあん》省の如き北満（即ち国境地帯）には、日・満人をおのおの半々くらいにする計画とのこと（なるべく満人を少ないようにする）。

開拓民は日本と満洲の二重戸籍を有しているため、満洲に永住しても満洲人と見られない。

満洲の皇帝は月のようなもので、日本の天皇陛下（即ち太陽）が輝いているからこそ、月が光っているようなものである。

一から三次の開拓民は月三円の食費を国家から給与されていたが、物価が高いため故郷より月二十円くらい送金してもらってやっていった。

＜当時の物価の例＞

砂糖一斤（一六〇匁）　十一銭

塩一斤　二十四銭　（張作霖《ちょうさくりん》の政治のため）

本年より国兵法が施され、内地人を除き在満人は全部採用される。即ち朝鮮人も採用される。叛乱《はんらん》を起こす満人は元兵隊であり、今度若い兵隊が入ってくると我々は何ともしようがないというので、叛乱を起こす。その他いろいろな原因もある。古《いにしえ》のことわざに、「良い人は兵隊にならぬ」とある。兵隊は一番浅ましい職業だと見られている。

役人は現在日本人三、満人一の割合になっている。

虎林《こりん》県の人口約三万六千人（想定）、面積九十万町歩（想定）。

開拓団は二ケ所、即ち第六次と第七次なり。

青年義勇隊（青少年義勇軍）訓練所は現在乙種二ケ所あり。三ケ所入る予定とのこと。

病気としては発疹チブス、赤痢等にして、チブスは蚤《のみ》、シラミ等によって伝染する。赤痢は大体において生水飲用によって出る。七月八月の雨季に出るが、年によって異なることあり。

肥料は二年目ごとに大豆を輪作するので割合に土はやせず、米は安東《あんとう》、間島《かんとう》、奉天《ほうてん》の各省にて米作しておるので、在満兵隊の米は自給できる。

その他、満人はすこぶる情報が早い。

清和《せいわ》開拓団の水田は約一八〇町歩あり、反当たり一石収穫して一、八〇〇石で、開拓団では余るほどだが、今のところ収穫極少し、昨年の如きは収穫皆無なり。

午後四時終了せり。

七月六日、午後三時より五時半まで、雨のため横田団長代理（副団長）が来られ、話あり。横田氏は三十を一つ二つ越えて、陸士を出た陸軍少尉とのことである。

○気　候

空気は乾燥しているため人体に及ぼす影響少し。冬季零下四十度くらいの時は、濡《ぬ》れ手で金物をつかむこと絶対に禁物なり。離そうとすれば手の皮がむける。その際は湯をもって解かすこと。

雪は粉雪（メリケン粉の如《ごと》し）で積雪五寸くらいなれども、雪の吹き溜まり、高さ一丈くらいになること珍しからず。

地下数尺、穆稜河《ムーリン》は川底まで凍ると言っても過言ではない。そのときは蛙《かえる》やミミズ、魚類は心臓のみを働かして、他は全部凍らしているのだそうだ。

厳寒にても室内はオンドル、ペチカの設備があるため、浴衣《ゆかた》一枚、寝具等不要にて冬が越せる。家の防寒設備は内地よりはよほど良くできている。防寒服というものは服の綿入れなり。一見、夜着《よぎ》に似ている。防寒手袋は親指一本、他四本一緒になっている。防寒靴、防寒帽子は着用せねばならぬが、その他はなくともよろしい。手袋は軍手とて可なり。しかし、身体全部を動かさぬときは一通りの防寒具を着用せねばならぬ。

冬期、水は使用できぬため、洗顔も米研ぎも湯を使用する。

○風土病

アメーバ赤痢、時季これから出る（生水飲用のため）。人命にかかわる。少なきも下痢のため体力が消耗する。当地は水質良好のため、この虞《おそれ》少なきなり。

チブス（病原菌不明）、パラチブスと腸チブスの中間とみなされている。

以上の病気はあるが、ごく少数の発生を見るのみ。他に変わった病なし。

○政　治

協和会の組織あり。満洲の政治は協和会をもって左右されるといって差し支えない。即ち、日本の大政翼賛会はこれを真似して作ったものであるといって過言にあらず。協和会は五族協和を目的とし、下意上達の方法がとてもよくできている。

企業は一貫して国営会社となっており、経済も約三年前より統制的となっている。

○治　安

東安省は四〇〇キロソ連と接続しているため、治安の点は虞少なからず。虎林県には抗日連合軍（共産匪《ひ》）がおり、彼等はソ連と連絡を取りつつ思想宣伝をやっている。即ち、満人に徐々に反満抗日の思想を植えつけつつある。虎頭《ことう》、虎林の付近の満人はほとんど反満反日の分子といってよいほどである。そのため国境線を日本人で守ることが一番大切なり（開拓団、義勇軍等を国境地帯へ入れる意味）。また日ソ開戦の場合は、満人は必ず叛乱を起こすと見てよろしいから、日本軍の絶対に優勢なることが必要なり（彼等は強い方になびく性質を有している）。

結論としては、民心の把握は何をおいてももっとも重大な問題である。これらの共産匪はたびたびの粛正《しゅくせい》にて表面的には良くなれども、その反対においてゆるがせにできぬなり。いつか、満人部落が匪賊に襲われた。次の日行ってみたら村内は死体等が散らばっており、何物をも盗まれていたが、生き残った満人は無表情にて仕事をしていた。即ち、彼等は民族の粘り強さを物語っていた。

虎頭、虎林の街は、ソ連の密貿易をして発展した町である。

満人兵の叛乱を起こす原因は長上に対して不服を抱くためである。「長官は何も持*たぬで馬に乗って行かれる。我々は重いものを背負って行軍しなければならぬ、馬鹿げである」など。その他ソ連の働きかけもある。

○風　俗

満人には趣味はほとんどないといってよろしい。高足踊くらいしかない。

〈語句〉

＊　＝持たないで。

八　現地勤労奉仕　その四（八月）

野田良雄の勤労奉仕隊活動記録もいよいよ最終の八月に入る。三カ月間の作業内容は野田記録によってうかがい知れるが、小隊長の富井源蔵が作業に関して集計を試みている（『昭和十六年満洲建設勤労奉仕隊日誌』一四ページ）。作業日数は六月が一八日、七月も一八日、八月が一二日で、総作業日数は四八日であった。本部当番などで作業自体を欠けた諸勤務者を除く延べ作業人員数は一、五〇四人に上る。病気などのために作業勤務ができなかった者は、延べ一四人であった。

渡満時に計画された事前の作業内容を昭和一五年の例（田巻文書⑮）で見ると、六月の上・中旬が水田の除草作業、下旬から七月中旬までは蕎麦播種《そばはしゅ》準備となっている。そして、七月下旬から八月中旬までは蕎麦畑の除草作業が予定され、中耕や土寄せ作業もある。これら水田や畑の作業の合間には、神社社域や参道の建設作業、開拓団部落への応援作業などが計画されていた。

富井源蔵がまとめた昭和一六年の作業内容はこれと大きく異なり、多岐にわたっている。この中には野田良雄が担当しなかった作業も含まれ、たとえば、測量助手などの専門的作業の援助や開拓団の労力不足の家庭への応援などの作業が見られる。作業種別の延べ人数は次のようだった（作業風景は口絵掲載の写真参照）。

イ	道路建設	七一五人
ロ	道路橋工事	七五人
ハ	水路作業	一六六人
ニ	神社建設	一六〇人
ホ	本部警備	九六人
ヘ	学校校庭整備	一〇一人
ト	各種運搬作業	一二人
チ	水田見回り	一八三人
リ	開拓団員家族応援	一五〇人
ヌ	宿舎前後整理他	四一人
ル	測量助手	五人

勤労奉仕に渡満したわけなので、日課と作業勤務はきちんとなされた。そして最後の八月にはお楽しみとして、演芸会の企画・運営・出演が待っている。運営や出し物は青年たちが知恵を絞って決める。自分たちの楽しみの意味もあるが、娯楽の少ない開拓団の人たちにも楽しんでもらうために張り切る。ここに掲げる野田良雄の慰安演芸大会記録は実に詳細である。

慰安演芸大会は勤労奉仕隊と開拓団本部が相談してのことであろうが、昭和一五年の記録によれば、満州開拓総局、満拓（満州拓植公社）、満州建設勤労奉仕隊実践本部などの機関が協力して担当し、満映（満州映画協会）に依頼して映画上映慰安会が開催されている（田巻文書㉕、第五部一資料8）。その趣旨には、「開拓民及勤労奉仕隊慰安ノ為、政府ヨリ満映ニ対シ補助金ヲ交付シ」巡回させる旨が記されている。

昭和一五年度の巡回地計画書が興味深い。七月一日から巡回に入り、その日に一気に虎林線《こりん》（虎林―林口間《りんこう》）の最終駅である虎林まで行き、清和《せいわ》開拓団に一泊している。清和開拓団での上映会を終わると七月二日から、虎林線沿線に入植している各開拓団に立ち寄り立ち寄り、林口まで移動する。この虎林線沿線には第五次の開拓団、たとえば黒台《こくだい》、黒台信濃村、朝陽屯《ちょうようとん》、永安屯《えいあんとん》、哈達河《はたほ》、城子河《じょうしが》をはじめとする集団第五～八次の開拓団が多数入植していた。巡回映画はそのそれぞれの開拓団をくまなく回っている。

田巻文書㉕の巡回計画書には七月二日以後の月日記入がないので、林口までどれくらいの日程で巡回したのかはわからない。巡回班は林口から今度は図佳線《とか》（図們《ともん》―佳木斯《ジャムス》間）を北上する。図佳線沿線には初期の武装移民、第一次、第二次の弥栄村《いやさか》、千振村《ちぶり》をはじめとして、ここも沿線に多くの開拓団が入植しており、巡回映画が立ち寄っている。その後は、三江省《さんこう》の省都・佳木斯を中心に巡回を続け、そこを最後に佳木斯から綏佳線《すいか》（綏化《すいか》―佳木斯間）で綏化に出て、そこから哈爾浜《ハルビン》、新京《しんきょう》（現・長春《ちょうしゅん》）へと南下したようである。佳木斯を起点にした巡回班はまず松花江《しょうかこう》対岸の蓮江口《れんじゃんこう》から北上し、炭鉱の町・鶴崗《つるおか》近辺に入植している開拓団を回った。その後は引き返して松花江を船で南下、依蘭《いらん》付近の開拓団や対岸の通河《つうが》県入植の各開拓団を訪問している。そして大羅勒密《タラロミ》の港から佳木斯に引き返す巡回となっている。

上映班は四班編成された。ある基点駅で下車した後、それぞれが別々の開拓団に赴き、上映会を実施した。各班とも上映プログラムは三種、つまりニュース映画、大陸認識宣伝映画、娯楽映画の編成である。大陸認識宣伝映画では「日満一如」「冬の移民地」「ホロンバイル」「拓け満蒙」が、娯楽映画としては「ロッパのガラマサドン」「エノケンの風来坊」「水戸黄門漫遊記」「エノケンのチャッキリ金太」が準備されていた。

満州建設勤労奉仕隊送出の趣旨に、「勤労ノ実践ヲ通ジ青年ノ訓練及ビ大陸認識ヲ与へ、以テ日本青年ノ報国精神ヲ昂揚スル」という主眼が謳《うた》われていた。それゆえ、青年たちには近隣開拓団や虎林などの都市への一日見学旅行が勤労奉仕期間中に組み込まれている。往復の旅程途中には新京、奉天《ほうてん》（現・瀋陽《しんよう》）、哈爾浜、大連《だいれん》など、旧満州の主要都市の見学も組み込まれていた（第二部四参照）。

昭和一五年度の清和開拓団への勤労奉仕隊には、関東軍が建設した虎頭《ことう》要塞のある虎頭地区への見学があった（『鎮魂』三二～三四ページ）。軍事施設の見学である。ウスリー河・興凱湖《こうがいこ》等でソ連と国境を接する東満州、特に虎頭（虎林北約六〇キロ）から南の東寧《とうねい》までの直線距離で約三〇〇キロの一帯は関東軍最大の要塞地帯で、許可なくして立ち入ることのできない「特別地帯」となっていた。虎林から虎頭までの鉄道は軍用鉄道であった。戦時中は東安《とうあん》（現・

虎頭要塞遺跡博物館

密山《みつざん》）駅から先は、兵員であっても窓を遮蔽《しゃへい》された軍用列車でそこに向かったという。
虎頭には膨大かつ堅固な秘密の地下要塞があった。昭和二〇年八月九日午前零時、要塞地帯は即、ソ連軍の攻撃を受けた。連絡を絶たれていた残留部隊は八月二六日まで戦闘を続け、玉砕した。第二次大戦最後の激戦地となり、跡地には記念塔や「虎頭要塞遺跡博物館」があり、地下要塞の保存も行われ、一部の地下施設は見学に供されている。
阿部正雄らが見学に赴いた時、勤労奉仕隊の青年たちは虎林国境警察隊の隊長から国境における施設設備に関する話を拝聴している。阿部正雄はそのときのことを次のように記す（『鎮魂』三三ページ）。

赤魔ソ連が河を隔てて指呼の間に在り、遥か煉瓦《れんが》造りの家屋は兵舎らしい。鉄道があるらしく鉄橋が見え、その周囲はこんもりとした樹木が青々と茂り、芝生が絵の如く浮かぶ。町も相当繁華らしく色々の型の家が並んでいた。町の一寸離れた草むらにトーチカらしいものが点々と並び、ウスリー河にソ連の砲艦が浮かび河岸警備に当たっている。水兵の姿がはっきり見え、将校が甲板に立って双眼鏡を下げている姿までよく見える。遠景は霞《かすみ》に消えていた。

阿部正雄は、ソ連が「河を隔てて指呼の間に在り」と言い表している。野田良雄は、清和開拓団第五部落からは「ソ連の山々を望み」「対岸の都市イマンの灯りを見た」と話す。現在は清和開拓団跡地ならびに周辺地の樹木が高く繁り、ロシア側の山々をそこからは望むことはできない。

ウスリー河遊覧船と対岸ロシア

虎頭のウスリー河岸は、今は観光地となっている。川岸に立っても対岸はうっそうとした樹木で覆われていて、現・ロシア側の建物は何も見えない。ウスリー河遊覧船でしばらく進むと、現・ロシア軍の監視塔とロシア正教の木造教会を目にできたのみであった。中国国旗を掲げた遊覧船は対岸ロシア領に五〇メートルほどまで近づいて航行した。

では、野田良雄勤労奉仕体験記録の最後を見てみよう。

隊長会議報告

八月一日、朝の礼拝の後、去る七月二十三日頃、国都新京《しんきょう》に於《お》いて満洲建設勤労奉仕隊各県隊長会議あり。その際出席された我が県隊長・横渡冬樹氏（七月三十一日帰宅）よりその報告あり。その要旨以下のとおり。

各隊[注1]の動勢報告を見るに、病気らしき病気をしない県は我等新潟県隊と東京府隊くらいのものである。他の隊ではいずれも相当の事故者を出し、四国の高知県隊の如きは病のため死亡した人さえ出た。また某隊では隊長が病のため帰国したというのもあり、その他アメーバ赤痢（生水飲用のため起こる）が隊員ほとんど全部にわたって発生した所もあった。またある所へ行った奉仕隊は、匪襲《ひしゅう》*のため開拓団の人が数人殺され、その後、奉仕隊で毎日歩哨《ほしょう》に立っているというところもある。東京隊では狼《おおかみ》が出て、この間一頭打ち殺したとのこと。

続いて隊長曰《いわ》く、このような隊の動勢報告を聞くに、我々新潟県隊ほど幸福な奉仕隊はいないと思う。その原因は、

一　水質の良いこと

当開拓団の井戸水にはアメーバ菌をほとんど見ることができない。しかし、就寝前また腹具合の悪いとき飲

用すれば危険なり（団の人々は生水を飲んでいたが、私達は飲まなかった。しかし、七月下旬より八月上旬にかけてほとんど全部の人々はアメーバ赤痢に似た下痢を経験した）。

二　場所が良いこと

国境第一線地区ではあるが、平坦部であり匪襲のおそれの割合少ない所ということ。他の奉仕隊の行った所は、駅より一〇〇キロ余り入っていかなければならない所がある。当地は僅《わず》か一キロである。

三　夏季の気候は新潟県人に適している

右のような三つの原因でこれまで暮らすことができたのだ。あと二十日前後しかないが十分健康に留意して働いてもらいたい。

以上、団長のお話。

〈語句〉

＊「匪賊《ひぞく》」と称された反満抗日集団の襲撃。

〈注〉

1　各隊の動静として、ここでは病気や匪襲のことが触れられている。各種記録で触れられることが少ない、勤労奉仕隊の良からぬ例についてここで触れよう。京都府送出集合第一次天田郷開拓団への母郷からの勤労奉仕隊の事例である（『生還者の証言―満洲天田郷建設史―』一〇三～一〇五ページ）。

開拓団の受け入れ体制が不十分だったこともあったが、「一身一家の運命を賭《と》した捨て身の団員と、満洲見学のような安易な気持ちの奉仕隊員との間に、何かにつけて感情的なミゾを来した」という。勤労奉仕隊員の作業実績は苦力《クーリー》の半分以下、一日も早く帰国を急ぐような様子が、感情の悪化をもたらした。勤労奉仕隊長は、「何れ団員の方にも罪ありと信じ候も、建設途上の開拓団としては、内地の坊チャン方に満足してもらうような待遇や気配りはできるはずなく、神聖なる奉仕観の上に無我の活動を願うより他無く候」と、内地に報告している。

開拓地の生活は唯精神ひとつで良くも思われ、無意味にも思われる。他に比較する対象物、外界の刺激がないため、常識的な考察が及ばない。「娯楽も慰安も、土地から、自然より取ってもらうより途は無之候。ラジオもなく、電燈も無論、映画も、全然文明の世界ではなく、半年山籠もりの積りでなければ期待を裏切ること請け合いに御座候」が団長の言である。

ただ、報告の最後で勤労奉仕隊長は、「唯、農耕だけはすばらしきものとだけは保証致し候」と母郷に報告している。

虎林徒歩見学

八月二日、平常より一時間早く、即《すなわ》ち、五時に起床。行軍の用意をする。

どんよりと曇って今にも降りそうな雲行きである。けれども私らは若き力と意気をもってこの雲を晴らしてくれるとばかり、六時二十五分、宿舎を出発。一路、目的地・虎林《こりん》へ向かう。

国道をもって一里を四十分足らずで行軍する。大陸の行軍はどこまで行っても草原また草原、黄色の菖蒲《あやめ》の遅れ花、内地にある盆花のような花、今を盛りと咲き乱れている。

[注1]第六次開拓団手前にて相当の湿地帯を見る。左前方に小高い丘を望む。アンペラの苦力《クーリー》小屋が無数にある。これは後で（八月十七日頃）聞いた話だが、時局緊迫の際、国道も軍用とすべく石を敷くためだとか。

天候は徐々によくなりはじめ、苦力小屋は陽に輝き白く光って見える。自動車や馬車が石を付けて走っていくのが見える。虎林の手前の山にて清和《せいわ》、虎林両方向を望みて休憩する。冷風爽やかに私達の顔をそよぎ、一同快く休む。付近にキキョウが今を盛りと咲いていた。昨年春*百木山《ももきやま》から持ってきて庭前に植えたキキョウは、家を出発する際には僅《わず》か五寸であったが、今頃はやはりこのような花が咲いているだろうと思い、ちょっと故郷を偲《しの》んでみた。

遥かに我等の清和開拓団の方を望めば、約二里を隔てた第四部落の家屋が点々としてようやく望める程度である。満人兵舎のあった丘は、丘だやら何だやらさっぱりわからん、そのまた向こうにある。当所から約五里前方にある山（軍事上重要な山）は、霞《かすみ》の中に浮かんで見える。

穆稜《ムーリン》河の方は湿地で、水がキラキラと輝いて見える。赤き国ソビエトの山々も青々と望める。その山を下りて、一気に虎林へ向かう。道はほこりでえらいものだ。目も鼻も開けていられない。手拭《てぬぐい》で鼻を押さえて行軍する。今にも降りそうだった朝の様子はいつの間にか晴れて、日がカンカンと照りつけてきた。

行き交う満人にいろいろ冗談を言いつつ、一同笑いこける。即ち、「ニーデ、ナーベン、ガンホーヂ」（お前はどこへ仕事に行く）と聞いたり、「チャカシェマ」（これは何ですか）と馬車上の石を指差して尋ねてみたり、「ニーデ、多々辛苦ナ」等とからかったり、そしてまた、彼らの人の良い話しぶりもおかしい。通る馬車を「ウューウュー」（ドウドウ）と言って馬を止めてみたり、また、そんなことを言って馬が驚いて道から飛び出して畑へ入って暴れているのもある。それをなだめる満人の御すときの言葉、「ウォウォ、チャチャチャ、ツオツオツオ」等、彼らの一挙手一投足すべて面白かった。

虎林の手前のところに石川[注2]・富山県の義勇軍だというのが、軍の仕事らしきものをやっていた。真っ裸な、見るからに丈夫そうな肉体でスコップを取っていた。街へ一歩入ると満人特有の臭いとほこりで、えらいものだ。

前方から義勇軍が五十人くらい、四列に並んで陸軍軍歌の「天に代わりて不義を討つ」を唄《うた》いつつやってきた。皆十五、六歳の少年であるが、彼らの元気また**沖天《ちゅうてん》である。我々もそれに負けまいと歌こそ唄わなかったが、足並みをそろえて互いに黙礼をして通り過ぎた。

九時半、目的地・県公署へ安着。十一時半まで県公署前庭で休憩する。その際隊長殿が、「今日は虎林で映画を見る心算で来たのだが、昼間の映画は日曜日だけなので今日は昼間映写はない。映画は見られない」とのこと、一同がっかりした。映画館の前に「折鶴七変化」の映画広告が出ていた。また、現在地より四キロくらい離れている牛島部隊長傘下の軍隊の方々を見学するや否やとの話もあったが、何しろ一里ときてはとても行く気になれぬ。たとえ行っても時局柄重要なところは見せぬであろうから、行かないのにした。その方面を望めば、兵舎の煉瓦《れんが》造りがとてもたくさん見えた。

その後、県長殿（県知事）に一同面会いたし、お話を承《うけたまわ》る。即ち、「この変転極まりなき国際情勢下に独ソ戦火を交え、何時この極東に於いても日ソ開戦するかわからないとき、この満ソ国境地帯は完全に守ってあるから、諸君が帰国されたら故国の人々に、国境方面のことは心配せずに働いてくださいと言ってもらいたい」と言われた。その後、公署玄関にて県の方々と記念撮影をした（筆者注、口絵掲載写真参照）。

午後一時より虎林街の一流支那《しな》料理屋へ行って、一テーブル三十円也の支那料理を二時間にわたってご馳走になった。珍しきもの多々あり。即ち、塩に石灰で漬けたというドス黒い卵、ナマコの煮付け、貝柱、胡瓜《きゅうり》、茄子《なす》等の蔬菜《そさい》類の料理の油のしつこいものが多く、餡《あめ》を付けたもの、片栗粉にユリの根を入れた甘いもののような、しつこい甘い料理が出た。最後に米の飯というようになっていた。なお、最初には老酒《ラオチュウ》とニンニクが出た。醤油《しょうゆ》を水でうめたような色をしているちょっと苦い味がしたが、まんざら不味《まず》い酒ではなかった。

以上のような珍しき料理約二十種類出た。これを皿に盛って出すのである。そして十人で食べるけれども、みんながお代わりの皿が出るか出ないうちに箸やスプーンを出して食ってしまうので、一瞬のうちになくなってしまう。まるで電撃戦だ。はじめのうちはこのように争って食べたが、後の飯の出る頃はゲッツリ＊＊＊してあまり食べられなかった。

三時に終了し、約一時間自由行動。阿部君と街を歩いた。軍用自動車が数台、物凄《ものすご》いほこりを上げて走ってきた。乗っている兵隊さんは水眼鏡のような眼鏡をかけて、赤・緑の手旗を持って信号しつつ…、戦地で働く兵隊さんの労苦が思いやられた。

四時半、虎林駅前に集合して帰途に着く。義勇軍の前もあるので、彼らが作業をしているところまで上着も脱がずに整列して行軍して行ったが、そこを過ぎると皆、真っ裸になって自由に帰り始めた。足に自信のある自分は始終先頭に立ち、友人四、五人と共に帰った。

大陸の行軍はどこまで行っても草原、何となく悠々たる気持ちになった。二時間後の六時半に舎へ帰った。直ちに体を洗い、休む。たいして疲れを感じなかった。

〈語句〉

＊　野田良雄実家近くの山の名前。

＊＊　＝旺盛。

＊＊＊　お腹が「詰まっていて」「いっぱいで」の意。

〈注〉

1　全国混成の集団第六次黒咀子《こくそし》開拓団のこと。「相当の湿地帯」に関しては、第四部一の1に掲載の地図を参照されたい。一連の湿地帯や荒野は「北大荒《きただいこう》」とか「三江平原《さんこうへいげん》」とか呼ばれていた。

2　虎林付近に入植していた義勇隊開拓団は、時期からして第二次の完達嶺《かんだつれい》開拓団しか該当しない。しかし当義勇隊は山梨、岩手等の出身者で構成されていた。野田良雄が見た義勇隊員がいずれの団の所属であったのか、あるいは動員されて「軍の仕事らしきもの」を行っていたのかは不詳である。

北満の月明り

八月上旬、故郷を離れて眺める第三回目の月夜を迎えた。第一回は神戸出帆、渡満中の船中。第二回は七月上旬、この清和《せいわ》開拓地で。今は第三回目である。

夕食後、遥か東の地平線から出た月を望む。紫色の雲の中から顔を出した黄金の月を見て、一同故郷のことを話した。十八、十九、二十歳の青年ばかりなので話も決まったようなものだが、感受性の強い年齢だけに面白いこともあった。

この次の月夜は故郷で見られると思うと嬉《うれ》しく、また寥《さび》しくもあった。今頃は農林一号は穂揃《ほぞろい》した頃だ。あるいはお盆が近くなってきて、故郷では嬉しいことだろう。しかし、話がはずむと食べ物の話になる。「ボタモチが食いたい」「すしが食べたい」「キャンデーが食いたい」とか、ありとあらゆる食べ物の名前が出てくる。

その頃、佐渡島の伊藤君が「佐渡おけさ」の踊りを教えてくれていたので、みんなで円陣を作って習った。一日の奉仕を無事終了してここに一同楽しく月明りの下で団欒《だんらん》するのも、一つの大きな慰みである。

高粱《コーリャン》は出穂《しゅっすい》し始め、そしてまた、虫の声もなんとなく秋近しを思われる。

九時消灯となり、ランプを消す。月の光は益々《ますます》清く、その淡い光は窓ガラスを通して友の寝顔を優しく照らす。舎内はひっそりとして物音一つせず、友の寝息のみが規則正しく聞こゆるのみ。故郷のことや国の友達のことが想い出されて、なかなか眠れないので、静かに起きて舎外へ出て月を望む。

満洲独特の蚊が物凄《ものすご》く襲ってくるので、足踏みしつつ月を見る。（現地へ着いてから帰るまで、物凄い蚊で夜は足踏みしつつ小便をする。昼間はさほどでもないが、朝晩草原へ入ると、食い殺されそうである。作業中夕方になると、青草をいぶして蚊を防ぐ役目を一人くらい必要だ）。

北満の空はあくまで澄み渡り、荒漠《こうばく》千里の大草原の中に点在する開拓民の家屋は、月明りの下に草原とともに静かにねむっている。この情景はとても北満の広野ならでは見られぬ、また味わわれぬ一種の荘厳さに打たれた。清和信号所の方向に火車《ホーチャ》（汽車）の鐘の音が聞こえる。夢の鐘とも言いたいような、ある哀調を帯びて聞こえる。私は何回も何回も庭をめぐり歩いて、心ゆくばかり月の広野を観賞した。

〈語句〉

＊　当時の水稲の主要銘柄。

出発間近、隊長の注意

八月五日、朝食後、隊長殿より我々の自覚を促すものの如く、左の如き注意あり。

「帰国[注1]が迫ってきたが、それにしたがって気分もゆるんで来たように見受ける。初めのうちはみな緊張して作業に行く途中軍歌を唱って行ったものだが、現在の作業に行くさまは何だ。三々五々になって誰が指揮を取っているのかさっぱりわからぬ。こう言えば諸君は全部をわかってくれるから全部を言わないが、最後の五分間をしっかりやって有終の美をおさめて元気で帰ってもらいたい」と言われた。

我々はこれによってぐっと緊張して、帰還の途につくまで規律ある生活をすることができた。

〈注〉

1　勤労奉仕隊の帰国に際しては「勤労奉仕隊員ノ帰還ニ際シテノ注意事項」（田巻文書㉝）、「税関通関ニ関スル件」（同㉞）、「満洲建設勤労奉仕隊解隊式ニ関スル件」（同㉚）など、詳細な通知がなされている。具体的な様子は次項第二部九を参照されたい。

慰安演芸大会

八月十六日、この日私達は開拓団の人々の慰安をするため、慰安演芸大会[注1]を開催した。同じ新潟県でも方々の人間が集まっているため、なかなか気合がかかった。

九日に演芸大会を催すとの話しあり。役者が決定してより、毎日毎日暇を見て練習をした。夕食後は毎日毎晩予行演習をしたので、たいへんうまくなった。盆休みも寸暇《すんか》を惜しんで台詞《せりふ》や独唱の練習をするような有様だった。器用な連中はかつらをこしらえたり刀をこしらえたりしてその日を待った。

私は「腹踊り」の監督並びに指揮者になって、大島・若杉二君とともに出演する。また珍芸捕り物帳にも出演することになった。

【プログラム】

期日　八月十六日、午後二時より
場所　清和在満国民学校
主催　勤労奉仕隊
後援　開拓団本部

一　挨　拶　　隊長
二　合　唱　　全員「植民の歌」「見たか鉄腕」
三　ハーモニカ独奏　太田昇五郎「軍艦マーチ」「荒城の月」
四　十日町小唄　唱・五十嵐武雄、踊・神田光夫、中島才治
五　独　唱　　羽賀喜久男「日本よい国」「西湖の月」
六　相川音頭　唱・松沢秀雄、踊・伊藤澄雄
七　奇　術　　太田昇五郎
八　腹踊り　　唱「もしもし亀よ」、野田良雄、大島敬二、若杉三男也
九　詩　吟　　新飯田米三郎「蒙古来」
一〇　独　唱　中島才治「お島千太郎」「開拓拓士」（「愛染かつら」の替え歌）
一一　安来節　唱・松沢秀雄、踊・五十嵐武雄、伊藤澄雄、伊藤三代喜
一二　脱線捕物帳　原作・渋谷熊治
出演・羽賀喜久男（新撰組隊士甲）、野田良雄（同乙）

清和国民学校
（数年前まで現地学校として使用）

藤井弥栄（ガマ油売り）、藤井修吾（旅人）、小林敬吉（森の石松）
新飯田米三郎（国定忠治）、高藤数夫（子分）、
神田光夫（丹下左膳）、伊藤澄雄（おふじ）

一三　タンプリング　　高橋傅、中島才治、大島敬二
一四　おしどり道中　　唱・藤井弥栄、踊・五十嵐武雄
一五　佐渡おけさ　　唱・松沢秀雄、太鼓・高藤数夫、踊・伊藤澄雄
一六　独　唱　　竹森久米太「満洲娘」「雨のブルース」「乙女の門出」
一七　手拭踊　　唱・松澤秀雄「佐渡おけさ」、太鼓・高藤数夫、踊・伊藤澄雄、神田光夫、中島才治
一八　独　唱　　小熊務「親恋道中」「妻恋道中」
一九　八木節　　唱・伊藤三代喜、踊・伊藤澄雄
二〇　ハーモニカ独奏　　高橋博「白蘭の歌」「暁に祈る」「熱砂の誓」
二一　旅笠道中　　唱・小熊務、踊・高藤数夫
二二　剣　舞　　新飯田米三郎「千人針」（九月十三夜陣中之作）
二三　佐渡おけさ　　全員
二四　挨　拶　　隊長

僅《わず》か四十人足らずの、しかも未成年者の中から以上のようなプログラムの作成を見、また出演に際しては素晴

らしき好評をはくしたこと、喜びに堪えず。五時終了。

終了後直ちに後片付けをし、団の人々の慰労会に出席、一人に羊羹《ようかん》三本当ていただいたが、初めの一本は自分でもどうして食べたかわからぬほど夢中で食べ、二本目にようやく落ち着いて食うことができた。当地へ来て糖分の少ないことおびただしい時だから、全くうまかったこと、生涯忘れることができない。

後で、見物に来た子供たちに演芸会のことを聞いたら、一番面白かったのは私共のした「腹踊り」であった。彼らの頭の中には、我々が出演した「腹踊り」が一番強く印象されたことと思う。私達の出発する二十三日の早朝、清和信号所にて汽車を待っている時、国民学校の先生があの演芸会の一番面白かったのを子供に絵に描かせたのを持って来て下されたが、その中に「腹踊り」の絵が断然首位を占めていたのを見ても分かる。

その他、「手品」「タンプリング」が面白かったそうである。しかし、私が見て一番上手であったのは、五十嵐君の「おしどり道中」、次に高藤君の「旅笠道中」、次に「安来節」であろう。劇は割合によくできなかった。

この演芸会は団の人々にとって、また主催者の我々にとっても、永久に忘れることのできない楽しい思い出となるであろう。

〈注〉

1　ラジオも新聞もない辺境の開拓地での楽しみに神社のお祭りや、内地で行っていた季節の行事などがある。子供たちを中心にした学校の演芸会も楽しみのひとつだが、勤労奉仕隊の青年たちの出し物は開拓団の老若男女を楽しませた。出演姿のままの記念写真を口絵にて確認されたい。

組織的な娯楽提供としては満鉄（南満州鉄道株式会社）が開拓地巡回映画上映を行っている（第五部一の8参照）。

また満鉄は厚生船を巡航させ、演芸、物資、医療の提供を行っている。厚生船は毎年五月から九月までの間、ハルビン埠頭《ふとう》を出発して烏蘇里《ウスリー》河、黒龍江《こくりゅうこう》の沿岸住民（邦人、満州人を問わず）に親しまれている船である（『満鉄厚生船の最期』）。

九　帰省

野田良雄の『満洲建設勤労奉仕隊點描記』もいよいよ最終段階に入る。勤労奉仕した清和《せいわ》開拓団を昭和一六年八月二三日に出発、帰国は同二八日であった。帰路は往路とは異なり、林口《りんこう》から真っ直ぐ南下、牡丹江《ぼたんこう》、東京城《とんきんじょう》、図們《ともん》の各都市を経て、現・北朝鮮の羅津《らしん》港より直接新潟港に入る日満航路での帰国であった。

開拓団を去るにあたって野田青年は　少し感傷的にもなる。広々とした開拓団の農場、世話になった開拓団の人たち一人ひとり、特に、同郷の高野家の人たちとも最後の別れとなった（開拓団本部員との帰国に際しての記念写真は口絵参照）。一方、九九日間の満州生活は野田青年を「大陸人」にした。新潟に帰郷してまず感じたことは、「狭いこと」、「汽車の小さく、窮屈なこと」、「暑いこと」、「駅と駅の間があまりにも短いこと」であったと書いている（新潟港到着記念写真は口絵参照）。

開拓団の人たちの歓送は、心温まるものであった。昭和一六年度の勤労奉仕隊の現地出発は真夜中であった。午前一時の出発だったが、暗い中、開拓団の人たちが外に出て野田青年たちを見送ってくれていることを肌で感じ取っている。特に、第五部落の奥さんたちの声が耳に残る。後日のことになるが、戦後清和開拓団の悲劇が伝わった時の野田良雄は、「あの時の女の人たちはどうなったのだろう……と思わずにはいられなかった」、と筆者に語った。この想いが慰霊訪中団に数回加わって現地を訪れる動機となっている。現地再訪については第四部に譲る。

さて、昭和一五年度の奉仕隊の現地出発は日中であった。その様子を阿部正雄隊員が次のように記録する（『鎮魂』四五ページ）。

日満国旗と隊旗を先頭に駅へと行進する。長い間通った購買の雪子部に別れを告げ、ホームにと立った。遥か地平線の黒煙がだんだんと大きくなりＤ五九九列車はホームに入る。校長先生の乗車命令一下、粛々と乗り込む。期せずして梅川団長様の「奉仕隊万歳」の声。見送りの小学生、本部員、部落長、そして主婦連中の歓呼の嵐。汽笛一声、列車はもう全速力。子供の振る帽子、主婦連中の振る野花も姿を消してしまった。鉄道沿線の部落民や作業中の人々が皆手を振って別れを惜しむありさま。日頃元気で陽気な隊員もすっかりふさぎこんでしまった。どこか心の一隅に哀愁を含めて……。

このように書く阿部正雄も、「清和の開拓団も今日去りしならばと思うと、次から次へと追想が浮かび名残惜しい。楽しかった、面白かった三ケ月、色々な思いを含んで終生吾等の人生に微笑みを与えてくれるであろう――」と結んでいる。

野田良雄は郷里出発時、親戚はじめ多くの人たちから餞別《せんべつ》をもらっていた（第二部一参照）。帰国に際し野田良雄はそれらの人たちへの土産を買おうとしている。土産を考えたのはずいぶん早い段階のことで、七月八日付の現地報告の葉書に次のように書き、父の意向や手はずを尋ねている。長雨で手持ちぶさたな日々の中での便りである。

（前略）
今月に入って雨ばかり降って、まだ満足に一日働いた日はあまりありません。毎日毎日トランプや花等をやって笑い興じているような有様です。つきましては帰宅してから記念品として餞別をもらった人のところへ何かやりたいのですが、満洲では土産というような珍しいものは少なく、帰りは牡丹江へ寄りますが何でも高く、そして日本で出来たものを満洲で買って、又日本へ持って行くのですから馬鹿らしいです。それで盃は如何でしょうか。田の草取りが終わったら、高田へ行って聞いてみてくれませんか。名入れにしたいのですが、高いことでしょう。
（後略）

昭和一五年度の勤労奉仕隊の帰路は、清和開拓団を出発後満州各都市の巡歴を昭和一六年度の逆に行い、出航は大連《だいれん》港からであった。勤労奉仕隊として一番奥地に入った新潟県隊を乗せた列車は、途中石川、東京、福井、佐賀、兵庫、広島隊を順次虎林《こりん》線の各駅で拾い、都市巡歴は牡丹江《ぼたんこう》、哈爾浜《ハルビン》、新京《しんきょう》、奉天《ほうてん》、旅順《りょじゅん》と見聞して、大連まで七泊八日の旅であった。

大連埠頭《ふとう》からは七、六六八トンのラプラタ丸で出港した。野田良雄は現・北朝鮮の羅津港から新潟港に渡ったので、出港に当たっての満州側の歓送はなかった。しかし一五年度は、大連港において大連市長や勤労奉仕隊中央実践本部長の謝辞など、熱烈な歓送を受けている。しかし、それまでの各都市においても同様の行事が繰り返されており、阿部正雄をはじめ青年たちは、「もう聞き飽きた様子」だった。挨拶《あいさつ》を聞くのも往路の緊張の中で聞くのと、懐かしの故郷を想っての移動中に聞くのとで、心への響き方が異なるのである。

港には見送りの人たちも大勢かけつけている。スピーカーからは「勤労の歌」、「蛍の光」が流れてくる。船が港を離れる。「陸の歓呼、打ち振る日の丸とハンカチ、これに対する奉仕隊の挙手の礼。半島の山々のみが霧の中に浮かんでいた」と、阿部正雄は結ぶ。船上の人となったあとは、「夕闇せまり、チラリチラリと漁船の灯りが点在、時折大きく灯台の閃光《せんこう》。湿っぽい潮風に吹かれながら奉仕生活を語る一団と歌を歌う一団。半分欠けた月、波の音、楽しかった奉仕生活が次から次へと思い浮かんでくる」―追憶から夢路へと入り、昭和一五年度勤労奉仕隊新潟清和開拓団班二六名の青年たちは故郷に帰り着いた。

さて、帰国に関してはいろいろしなければならないことがある。現地で支給された農具類に関する返却手続きをきちんとしなければならない。滞在期間中に購入した、あるいは土産物などに関しては、税関検査を考えなければならない。団長をはじめとする幹部は帰国者名簿となる隊員名簿を何部か準備しておかなければならない。田巻文書㉝に「奉仕隊員ノ帰還ニ際シテノ注意事項」（康徳七年八月一日付、中央実践本部事務局発の文書。第五部一資料９参照）があり、隊員はそれに従って帰還手続きや準備を行った。

勤労奉仕隊員が現地で満州国通貨をどの程度使用したのか定かではないが、「隊員所持金は日本兌換《だかん》券に両替の必要がある」と示され、出発にあたっては出帆港での手続きが容易に行われるよう、全員分の所持金を金種別に明細表にまとめ、奉仕隊の代表者と実践本部員とが一緒に銀行に出向いて両替するよう指示されている。贅沢品《ぜいたく》への課税、免税品およびその数量が示されているので、土産として持参するものはそれに従うことになる。また、帰路は一端朝鮮にも入るので、税関を二回通ることになる。

勤労奉仕隊の解隊式は拓務、文部、農林の三省主催で、各上陸地において挙行された。昭和一五年度の拓務省の案（田巻文書㉚）を第五部一に資料10として掲載したので、詳細はそちらを参照されたい。大連から門司に寄港、神戸港で上陸した昭和一五年田巻隊の解隊式の実際を、阿部正雄記録『鎮魂』から借りる。

昭和一五年度満州建設勤労奉仕隊新潟清和開拓団班田巻隊は神戸港上陸後、神戸市商工会議所で解隊式に臨んだ。関係者の絶大な歓迎を受けたが、青年たちにとっては「歓迎そのものよりも早く自由になりたい」と願う気持ちのほうが強かった。その上、解隊式のあとは歓迎会が待っていた。「好意は有難いやら、内心は困るやら」であった。

新潟県隊はここから新潟まで帰らなければならない。車上の人となるが、体も心も大陸的になっていたのか、「三ケ月ぶりで乗る内地の電車が横にガタガタ揺れるのには驚き入った。大陸のあの快速でしかも揺れない列車からみて、余りにも振動の激しいのにはがっかりする」、加えて、「列車の混雑すること夥《おびただ》しい。どうしてこんなに人が動くのか」と思われる人、人、人の波に出くわした。ただ、帰郷の列車の中は「明日は新潟だ」と、ほとんど眠らないでワイワイ言いながら夜を明かした。

神戸港では全体の解隊式であった。地元に帰ったら県への報告がある。新潟駅から列を正して隊旗を先頭に新潟県庁へと行進、県庁にて学務課長の謝辞を受けたあと解散した。新潟市および付近の隊員はそのまま帰郷したが、遠方の隊員は満蒙開拓館で一泊した。その一夜は、県青年団の役員を中心に満州体験や勤労奉仕体験をめぐっての座談会が開催された。

新潟駅では小学生が四〇～五〇人、二列に並んで国旗を振っているのみの出迎え・歓送であった。ところが阿部正雄が柏崎市比角《ひすみ》駅に到着すると、ホームには村長はじめ青年団長や青年団員、婦人会の方々、そして母校の先生と、新潟駅での出迎え・歓送に比し、心からなる歓迎を受け、お賞めの辞までいただいた。

野田良雄が加わった昭和一六年度横渡隊は、現地出発前に帰郷後のことを相談していた。小隊長の富井源蔵が八月九日の日誌に次のことを相談したと記録している（『昭和十六年満洲建設勤労奉仕隊日誌』四四～四五ページ）。

イ　記念アルバムを作る。五円以内とする。
ロ　アルバムの出来上がったとき、一同が集まる。
ハ　集合地は長岡と決定。場所、期日は未定。
ニ　集合時間は午前十一時、会費は一人二円五十銭とする。
ニ　アルバム委員は新潟市出身者とする。
ホ　帰郷後二十年後の計画として清和開拓団の再度訪問の件を隊長が提案したが、希望者が少なく、隊長ほか有志のものだけと決定。

記念アルバムは相談のとおりに完成しており、本書では口絵を主として随所で収録写真を転載した。アルバム完成記念の会合については、野田良雄の記憶がない。そして、相談の最後の内容は日本敗戦、日中国交断絶で結果的には実現不能となった。

富井源蔵日誌の最後は、帰郷のための現地出発から新潟県隊の解散までを次のように記録する。

清和の駅で帰国の車中の人となる。汽車は真っ暗闇の広野を、煙と時々の汽笛を後に残して走り続けている。全隊員は疲れが出たのか、ほとんど仮眠している。日誌の記入は禁じられた。北朝鮮の清津港（筆者注、羅津の誤り）より日本船月山丸に乗船する。船は日本海に向かって埠頭を離れ、一路新潟港へ。天候は悪くなり海は荒海、波は高く、新潟港には一日遅れて着く。

幸いにして隊長以下全隊員一同は、新潟埠頭の地に第一歩を踏むことができた。新潟県庁に帰還の挨拶に行く。隊長からの無事全員が帰ることができた慶びのご挨拶の終了と同時に、新潟県隊の解散命令により全員各自それぞれが故郷に向かって帰路についた。

勤労奉仕体験を通しての野田良雄の感想は、第一部二の4の（4）に掲げた。阿部正雄は、「大陸において何物を得たか」を現地体験報告の最後で四点上げている。つまり、①新東亜建設者としての日本の重要性、②国境守備に在る皇軍勇士そして開拓団への感謝、③新潟県人特有の粘り強さと底力、④郷土に対する有難さの再認識である。青年たちの心意気を感じさせられる。

勤労奉仕隊送出趣旨のひとつに青年たちに、大陸認識を深めさせることがあった。阿部正雄の右のまとめは、野田良雄のものでもある。叔父が満鉄勤務ということもあってか、八月初めに書いた感想文において、野田良雄はすでに高い意識を示していた。その関係からか、弟や妹たちに将来満州で活躍することを期待することばを、ある時点で書き送っていた。

東京の逓信講習所に通っている弟・虎男には、渡満後すぐの六月二五日付で、「その後元気で勉強していることと思う。これから追々暑くなってくるから体に注意して勉強しなさい。そして卒業したら満洲へ就職するようにしたら如何ですか」と勧めている。三人の妹たちへは七月二三日付で、「サヨ子もチヨ子もヒデ子も、大きくなったらみんなまんしゅうへ来なさい。（中略）まんしゅうはとても広くてたのしいところだヨ。兄さんのいる所もこのようにとても広いんだヨ。元気でべんきょうしなさい。よくまなび、よくあそべ」と意識づけ、元気づけている。絵葉書は広々とした水田風景のものである（口絵写真参照）。

それでは野田良雄の帰省までの道のりを見ていこう。

帰省準備

私達が一日千秋の思いで待った出発の日が、日一日と近くなって来た。

八月十九日を懐かしき奉仕の最後の日とし、私達は出発準備に取りかかった。六月九日に現地到着、最初約十日間の水路堤防工事の際の辛苦、道路工事の楽しかったこと、神社へ石割りに行って幾時間も働かないで眠ったり遊んだり、鳥やノロ*を追い回したこと、炊事当番や便りの嬉《うれ》しく楽しかったこと等、走馬灯のように私の頭の中を駆け巡る。

八月十九日、晴時々曇。最後の奉仕日。

終日、国民学校校庭にて防空壕造り。最後の奉公日とてみな気合がかかって、一日中休まないで午後五時に終了した。先生も、夕方応援に来てくだされた。長さ五メートル、深さ一・二メートル、下底八十センチメートルの壕である。

八月二十日、晴天。

永い間お世話になった農具[注1]の整理をする。我々一班はスコップ・つるはしを洗って揃《そろ》えた。なお、この日は南瓜《かぼちゃ》の初物を食す。

思えば入植当時井戸端に何か播《ま》いたような形跡があるが、これはいったいなんだろうと言っていたのが、それから間もなく芽を出して、大陸の肥沃な土壌と日照時間の長いためにグングンと伸びて立派な南瓜になって、今我々の口に入るかと思うと、七十五日の奉仕期間が割合に長く思われた。

午後、阿部君と大平屯《タイペートン》へ行き、国民学校の校長より記念として字を書いてもらってきた。帰りに少々雨にあったが、たいしたことはなく帰宅することができた。

八月二十一日、快晴。

午前中リュックサックの整理。羽賀君に部落の人より荷物を持っていってくれといって頼まれ、たくさんになって無茶**かっていた。

午後風呂へ入り、四時、部落の高野様宅へ挨拶に行き、夕食をご馳走《ちそう》になってきた。この七十五日間食べたことのない糯米《もちごめ》のおはぎであった。

八時半帰宅する。これが最後の晩なので、部落の宅へ挨拶《あいさつ》行く者多く、舎へ来ても静かであった。残っている人間同士で、長い七十五日間の思い出を話した。

八月二十二日、快晴。現地最後の日。

午前中、開拓団本部へ行って本部の方々に挨拶をしてきた。横田副団長のお礼のお言葉、我が横渡隊長の挨拶等あり。長い七十五日間、今になってみるとたいへん短くも思えた。もっと居たいような気がした（筆者注、帰国に際しての開拓団本部前における記念写真は口絵参照）。

午後、リュックの整理をする。何度も何度も入れたり出したりして、ようやく整理し終わった。四時頃、国民学校の校長先生以下三人来られ、お礼のしるしに各自に羊羹《ようかん》三本当てくだされた。岩橋校長、米山、小薬、三人の先生とも、本当に己を捨てて御国のために尽くすという滅私奉公の精神に燃えている人ばかりだと思う。約三十分にして名残惜しい先生が帰られた。

夜、部落の高野様宅へ行き、お別れの言葉を交わし、また伝言を聞いてきた。北満の空はすっかり晴れ渡り、月こそないが星は美しく輝き、北極星は私達の頭上に輝いている。今晩は最後の晩だと思うと、心から懐かしく感ずる。

部落回りをしていた連中もみんな帰ってきた。寝具もすっかり整理したので、そのままアンペラの上に横になった。団の方々が「たいへんご苦労様でした」と言って、西瓜《スイカ》やトマトを持ってきてくだされた。そして、隊長殿や櫻井さんとここを出発するまで話をしておられた。二時間くらい鬱々《うつうつ》として十二時、一同起床。出発準備、みな、張り切っている。

〈語句〉

＊　現地に野生の「ノロ鹿」のこと。

＊＊　「ホントに困って」の意。

〈注〉

1　田巻文書㊴「奉仕隊用品回収要項」「奉仕隊物品出納報告書」がある。

出発

八月二十三日、曇りのち雨。

いよいよ私達の出発の日だ！　この日を我々は指折り数えて待っていたのだ。

午前一時、第一班長富井君の指揮で宿舎を後に、行進ラッパも勇ましく出陣した。空はうす曇りで、道は真っ暗である。行進ラッパの次は軍歌だ。みなこちらへ来て覚えた歌ばかりだ。第五部落の曲がり角で奥さんらしい人が、「永々《ながなが》ご苦労様でした」と暗い中から声をかけてくだされた。「永々おじゃましました」「お世話になりました」と、姿こそ見えないが挨拶《あいさつ》をした。

一時三十分頃、清和《せいわ》信号所へ着く。汽車は一時五十五分の予定であるが、待つこと約一時間。その間、見送りに来てくだされた方々と名残惜しき言葉を交わす。国民学校の先生が来られて、生徒の描いた慰安会のときの絵をくだされた。

二時二十分頃、時局柄電燈も点《つ》けないで汽車は来た。副団長以下各位の万歳の声に送られて清和を出発す。思い出の清和、懐かしい開拓地よ…。

車中は割合に空いていたので、よく眠った。夜が明けて車窓より望め

かつての第五部落跡に広がる野菜畑

ば、緑したたるような大豆畑、刈干してある麦、玉葱《たまねぎ》等、昨日までいた清和の農場が思い出された。

九時四十分、東安《とうあん》着。一時間の停車。駅待合室よりホームへ出るところで乗客全部身分証明書を調べられる。時局を反映し、中に物々しく感ずる憲兵等所々に見受ける。当駅にて東京府の奉仕隊と合流す。彼ら皆元気なり。

平時、清和より東安まで四時間で来るのだが、今はその倍かかり、まったく困難す。軍隊の方々が多忙なのであろう。一時間停車の後、出発。東安より黒台《こくだい》まで車両の窓幕[注1]を下ろされ、蒸し暑く、実際困った。時々憲兵が通って、方々を見渡していく。どこだったか、一人の満人が縛られて憲兵に連れられて行くのを見た。なかなか容易ならざるを感ず。

走る時間より止まる時間が長いように感ず。駅と駅の中間には汽車のすり替えができるようになっており、即《すなわ》ち準複線となっており、交通の便をはかってある。その他、途中にて軍用列車とすれ違うことが度々《たびたび》あった。トラック、馬、兵隊さんを見受ける。帝国陸軍の力、素晴らしきかな。

曇天なれども爽やかな風が吹いていた。黒台を過ぎて満人の大好物、ひまわりの花を見る。半円形の一見トーチカの如き煉瓦《れんが》釜を見る。午後一時、永安《えいあん》着。雨降りとなる。平陽《へいよう》と東海《とうかい》の中間にて（二時頃）、水田の素晴らしきを望む。面積数百町歩あるものの如く、見渡す限りの水田。今、開花期の模様なり。

平陽より蘭嶺《らんれい》まで再び窓幕を下ろし、蒸し暑い旅を続ける。列車中ハルピン方面へ行く汽車の連絡不明にて、不平を言う者すこぶる多し。

五時、この雨中を兵隊さんが馬と一緒に歩いて行くのを望み、衷心より感謝の意を表した。走るより止まる時間長く、中には一時間以上も止まるときあり。

夜になりて、楊木《ようぼく》にて七月十日頃渡満、当地へ来た今年の春志願した青少年義勇軍に車中にて会う。彼等は私らが内原にいたとき未だ内原に訓練中であったのだが、今はもう立派な義勇軍となって働いている。皆元気で張り切っている。未だ四十日しかたっていないのだが、すこぶる元気がよろしい。[注2]

九時過ぎ頃、土砂降りの中を林口《りんこう》着。駅前の家まで約一五〇メートル、ずぶぬれになってしまった。五間に十五間くらいの掘っ立て小屋の中は、雨が漏らぬようになっているだけ。下はグチャグチャで、外と同じだ。明日の一時までそこに待たされるので、寒くてしようがないから、チョッキ*を着てその上にレインコートを着てもまだ寒かった。土砂降りの中を馬車《マーチョ》がカンテラをつけて走って行くのを見る。約四時間立ちつくした。

八月二十四日、小雨。

午前二時、林口出発。乗るときは一時晴れたので楽だった。汽車もよかったので、発車するすぐに眠ってしまった。そして、牡丹江《ぼたんこう》の一つ手前の駅まで眠った。起床時、汽車は牡丹江の流れに沿って走っていた。行く手に兵舎らしきものたくさん望む。

午前六時、牡丹江着。霧雨が降っていた。直ちに軍人会館へ向かう。七時過ぎ、朝食を取る。その後午前中、自由行動。市中を見学。デパート等へ行って、いろいろみやげ物を買う。午前中いっぱい市中を歩く。若干の買い物をする。

午後一時昼食後、直ちに駅へ向かう。二時過ぎ、牡丹江発。一路、図們《ともん》へ向かう。東満の都市・牡丹江、この次牡丹江に来るのは何時《いつ》であろうか。出発後直ちに車窓に幕を下ろされ、再び陰気な旅を続ける。東京城《とんきんじょう》付近にて水稲を望む。昨日見たよりわずかに生育が進んでおり、出穂《しゅっすい》後二週間くらいの模様、わずかに黄味を帯びている。

馬連河《ばれんが》にて岐阜県隊乗り込む。一際《ひときわ》賑やかになった。内原時代同じ兵舎で寝食をともにした彼等、みな元気であった。小雨降っている模様、山間を驀進《ばくしん》中。汽車が悪く、その上混んでいたため、夜はよく眠れなかった。

〈語句〉

＊　ベストのこと。

〈注〉

1　東安から黒台までは約二六キロである。軍事上の「特別地区」を通過する列車では、窓に板戸やカーテンを下ろして外が見えないようにする。各車両に憲兵が同乗することが多い。

2　昭和一六年七月に渡満した新潟県送出第四次越佐《えっさ》義勇隊・斎藤中隊のこと。総員三三〇名で満鉄楊木《ようぼく》訓練所に入所、三年の現地訓練の後、昭和一九年四月、東安《とうあん》省密山《みつざん》県半截河《はんさいが》に義勇隊開拓団として入植した。

日満国境・図們から羅津へ

八月二十五日、曇時々雨。

午前五時、小雨が降ったりやんだりしている中を図們《ともん》着。日満国境の都市なり。ホームにて税関検査を受ける。煙草《たばこ》、花札等に輸入許可証の印を受けた。

六時三十分、満洲国内最後の停車場、図們発。懐かしき友邦満洲国に無言のサヨナラをした。思えば大連《だいれん》上陸以来、八十二日を満洲で暮らしたのだ。この次この満洲国へ足跡を印すのは何時《いつ》であろう。満洲開拓の発展を祈りつつ汽車に身をゆだねる。
図們発間もなく図們江（豆満江《トマンガン》）を渡り、日本領朝鮮に入る。国境都市・南陽《なんよう》を過ぎて、濁流渦を巻く豆満江と並進する。両岸の奇岩、絶景に皆瞳を凝らす。神田君がカメラを出したら、美しいところを通り過ぎてしまった。

憲兵、警乗兵、税関の役人が時々見回ってくる。

朝鮮に入って先《ま》ず感ずるは、家屋の造り方の異なることであった。色のどす黒い瓦葺《かわらぶき》、一見廟《びょう》のように見える。そしてたいていの家の前には甌《かめ》のあるのを望む。満洲の広野と異なり至る所耕作してあり、水田も見受ける。條播《じょうばん》、正條播が大部分を占めていた。草丈短く、出穂しているものもごく少なく、一株十本くらいであった。

時は移り、汽車は進む。かの有名な張鼓峰《ちょうこほう》事件[注1]のあった正勇山を望むのもあと幾時間でもないと言って喜んだのも束《つか》の間、要塞《ようさい》地帯へ入ったためか、日満ソ三国国境地帯へ入ったため幕を下ろされ、あの皇軍の勇戦奮闘、ソ軍を撃滅せり正勇山を見ることができなかったこと、実に残念であった。

十一時頃、羅津《らしん》着。直ちに開拓館へ向かう。ここで昼食を取る。一人飯茶碗に大豆の入った飯一杯しか当たりつかない。米の配給が少ないのだそうだ。これを見て私達越後人が白米のみを食っていること、幸福のように、また済まないように思われた。外は小雨が降っていた。

当開拓館にて第五中隊全部一緒になる。即ち三重、埼玉、東京、秋田、新潟、岐阜の六府県隊である。一時半

中国・北朝鮮国境、鉄道は１キロ程右手。
橋は豆満江を渡る。後方の山々は北朝鮮。

頃から解隊式を挙行するとのことであるが、我々新潟県隊は頭髪が長くて大勢の前へ出られぬから、この一時間ばかりの間に街へ理髪に行ってきた。出発前の五月二十日に頭を刈ったきり、約一〇〇日も刈らんでいたので「山あらし」のようだった。三分刈りで五十銭、理髪を終わり一同スカスカした気持ちで帰ってみたら、もう解隊式は終わりそうであった。

羅津府長、羅津要塞司令官の人々が来られ、式終了後、一同記念章をもらう。また新潟県隊は張国務総理大臣より感謝状をいただく（第一部四の3掲載の写真参照）。その後細雨の中を街中散歩し、みやげ物等を買い求めたり。

羅津は近年、日満連絡線日本海航路の港となったばかりで、未だたいした町ではないが、道路もアスファルトにしつつあり、市中も以後益々《ますます》発展する可能性あり。活気に満ちあふれていた。羅津駅等、一見牡丹江《ぼたんこう》駅に似たところあり。全部鼠《ねずみ》色に塗ってあった。建築物もほとんど鉄筋コンクリート、あるいは石造りとなっている。

六時、夕食。久しぶりで毛布の厚くした中へ入って、ぐっすり眠る。懐かしい故郷へ帰るのもあと数日になった。

〈注〉

1　西満・モンゴルとの国境付近で一九三九（昭和一四）年五月一一日に起こったノモンハン事件の約一年前、一九三八（昭和一三）年七月一一日、ソ連・朝鮮・満州の国境・張鼓峰にソ連軍が進出、国境紛争が勃発した。外交交渉での抗議は受け入れられず、ソ連側は自国領であるとの主張を変えなかった。そこで日本軍は七月三〇日出撃した。しかし沙草峰でソ連軍の反撃に遭い、死傷率二一パーセントの損害を受けて敗退する。一カ月後の八月一一日、停戦協定が成立して紛争が終結した。日本軍は停戦ラインの確認後、張鼓峰の名称を変更し「正勇峰（山）」と改称した。

昭和一三年七月一五日付の東京日日新聞はソ連軍侵攻直後のことを次のように報じた（『昭和ニュース事典』）。

去る十二日朝、ソ連兵多数が琿春南方約四十キロの国境線を突破して満洲国に侵入し、長池（ハーサン湖）西側張鼓峰（国境より二キロ）を不法占領し、十余名は塹壕を構築して防禦を固め、峰の東側斜面には約四十名が掩兵壕を構築し、さらに北側斜面には約二十名が天幕露営し待機の姿勢をとっている。

また同地東方約二十キロの香山洞（ソ連領）には多数の兵力を集結し、その上国境警備の兵力を増強するため車馬の往来頻繁で、同方面には不気味な空気が漂っている。

張鼓峰は雄基・図們線をはじめ要塞地帯の羅津港を一望の裡に収めるとともに、ポシェット付近のソ連海軍根拠地を展望し得る満鮮の軍事的要地であり、このためこれを占領しソ連の軍事的施設を隠蔽し、併せて粛清の嵐に戦々兢々たる人心を国外に向けようとする計画的不法行為と見られ、成り行きは重視されている。

羅津発、新潟港へ

八月二十六日、曇時々雨。

六時三十分起床。七時朝食後、自由行動をとる。戦闘帽やゲートルを買った。純綿類はとても豊富にあり、そして値も安かった。たとえば長袖の純綿の作業シャツ等、内地では配給なのであるが当地にはいくらもあり。公定価格もあるが、物によってはいくらも負ける。一円四十銭のバンドを一円に、また二十五円の服を二十円に負けたというのもあった。

十一時より約一時間、室内当番（留守当番）をする。昼食後少々街を騒ぎ*、買い物等をして二時に帰る。

二時三十分、一同開拓館を後に埠頭《ふとう》へ向かう。埠頭まで素晴らしき大通りにて、並木が秋風に揺れていた。幾万の義勇軍、開拓民、大陸の花嫁がこの大通りを感激込めて歩いたことであろう。波止場には月山丸が横付けになって我々を待っている。楊木《ようぼく》訓練所の義勇軍で羅津《らしん》へ出張しているというのが、私達を送ってくれた。

三時、埠頭待合室に安着。休憩、スタンプ等を押す。四時、乗船。土砂降りの中を一同ずぶぬれになって乗船する。六時まで二時間にわたって席を決める。我等満洲建設勤労奉仕隊第五中隊は、日満日本海連絡船・月山丸にて八月二十六日午後六時三十分、羅津港を出帆。一路、新潟港に向かった。

はがきに押した羅津開拓館宿泊記念スタンプ
（昭和16年8月25日）

雨の後見送り人なく、二龍山[注1]奉仕隊の見送り人一人あったのみ。「蛍の光」の吹奏楽もなければ何もない。船は一人淋しく出帆する。甲板に立ちてうすれ行く羅津の街を眺める。

雨にけむる付近の山々、羅津の街…。カモメが何を思ってか、我々の船をしたってどこまでも、どこまでも付いてくる。何ともいえぬ涙ぐましい情景を呈した。はるか山の上に灯台の灯がチラチラと見える。私達奉仕隊の嬉《うれ》しい帰還の航海が始まった。

出帆後速力速く喜ばしいが、波のない割合に揺れるのには少々困った。夕食時気分が悪かったが我慢して食べ、すぐ寝た。明後日家へ帰れるかと思うと、嬉《うれ》しくて嬉しくてたまらなかった。船酔いのため、朝食、昼食の二食を取らず、中には昨日の夕食から取らぬ者もあり。我が隊中健全なる者、小林君一人いるのみ。さすがの隊長も参ってきたらしい。

午前十時、税関の調べあり。その頃一同衰弱の最高潮にあり、起きる元気は毛頭なかった。午後、割合に波静かになってきた。そのため気分も相当よくなった。五時夕食。気分よくなったため、飯がうまかった。その後大部分の人元気よくなりて、合唱等して楽しむ。自分も然《しか》り。


八月二十八日、快晴。

午前三時三十分、腕時計を六時過ぎと間違えて起床、洗顔に行く。六時というのに未だ暗いのはどういうのだろうと、もういっぺん見直したら三時半であった。また眠ろうと思ったが、甲板は気分がよいので甲板に出た。大島君と佐渡が見えるのを待った。

四時過ぎ、その方面に佐渡の山らしい影を望む。雲だか山だか不明なり。四時二十五分、待ちに待った佐渡灯台の灯を見る。「オーイ佐渡が見えたゾー」—元気よく友に話す。甲板へ出る者多くなりぬ。皆、元気よく話をしている。空いっぱいに薄黒い雲あり。この分では新潟も雨だと思う。

東天徐々に赤みを帯び、佐渡の島影もはっきりしてきた。六時過ぎ、佐渡と並行する越後の山々が見えてきた。速力ずっと落ち、何だかそわそわする。

八時頃、新潟の煙が見えたというので、皆甲板へ出て見る。気の早い連中はもう靴をはいて、ゲートルを着けている。自分はこれから一眠りした。三十分くらい眠ったであろう。丸窓から覗くと、新潟は目の前に来ていた。船は排水しつつ、汽笛を鳴らして信濃川を上る。

帰宅するのもあと幾時間でもない。自分の使命もそれと同時に達成せられるのだ。検疫官の顔色検査あり。朝の雲もどこへやら、ジリジリと照りつける日で汗だくだくだ。船上にて新聞記者と隊長殿が話をされており、その後、写真を撮った。

九時三十分、下船。約九十日ぶりで内地の土を踏みつけた。埠頭を行進中、弟の虎男からの便りを受け取った。迎えに来られた人々もおるので、埠頭前にて五分間あまり休憩し、また記者より写真を撮ってもらった。その後開拓館へ行軍、暑いのには全く参った。

十時半より開拓館食堂へ各県奉仕隊集合。拓務・農林・文部各大臣の代理、県知事、新潟市長等の代理の訓示あり。その後我が横渡隊長殿、我等奉仕隊の代表として答辞を申し上げ、然る後三重県隊長（前中隊長）の音頭とりで、勤労奉仕隊の綱領をとなえて終わる。なお、ここで清和《せいわ》の梅川団長殿に面会す。厚くお礼申し上げられた。

次いで我等新潟県隊だけイタリヤ軒**へ行きて、各大臣代理、県知事、市長代理、県社会教育部の白川氏等お呼びして昼食をとり、各々感想発表をした。来賓の方々が帰られたら、隊長殿、櫻井さんの挨拶あり。皆勤者のみ賞状をいただき、ここに新潟県隊は解散す。

約一〇〇日にわたる満洲建設勤労奉仕隊の使命は、ひとまずここに一段落を告げたわけだ。その後直ちに、重大な使命が我々を待っているのである。十分自重奮闘しようと思う。

三時過ぎ、新潟駅発。阿部君よりわざわざ送っていただいた。大島君と一緒に永い一〇〇日間の思い出を語りつつ帰途に着いた。あまりめまぐるしい周囲の変転に、何が何だか夢のようである。今朝は航行中であったが、もう数時間で家へ帰られると思うと…。

帰途感じたこと、狭いこと、汽車の小さく、窮屈なこと、暑いこと、駅と駅の間があまりにも短いことでありました。

〈語句〉

*「動き回り」くらいの意。

** 新潟市内の由緒あるホテル。

〈注〉

1 二龍山《にりゅうざん》特設農場班あるいは新潟県送出第九次二龍山開拓団への勤労奉仕隊のこと。満州建設勤労奉仕隊の規模と種別に関しては第一部二の3に詳述したので、そちらを参照されたい。

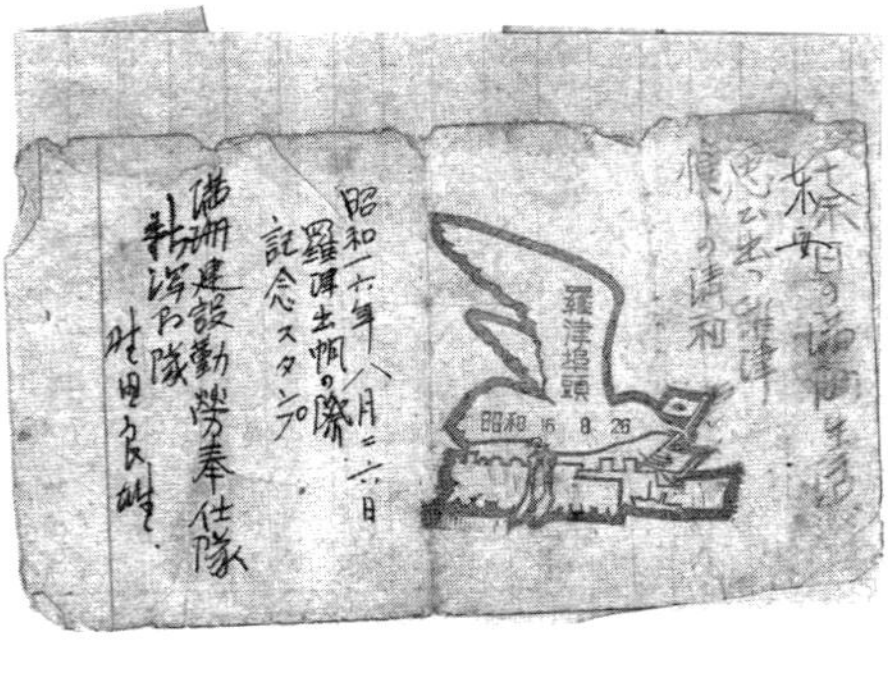

羅津出航記念スタンプ、野田良雄メモ
(昭和16年8月26日)

第三部 在満報国農場の建設と終焉

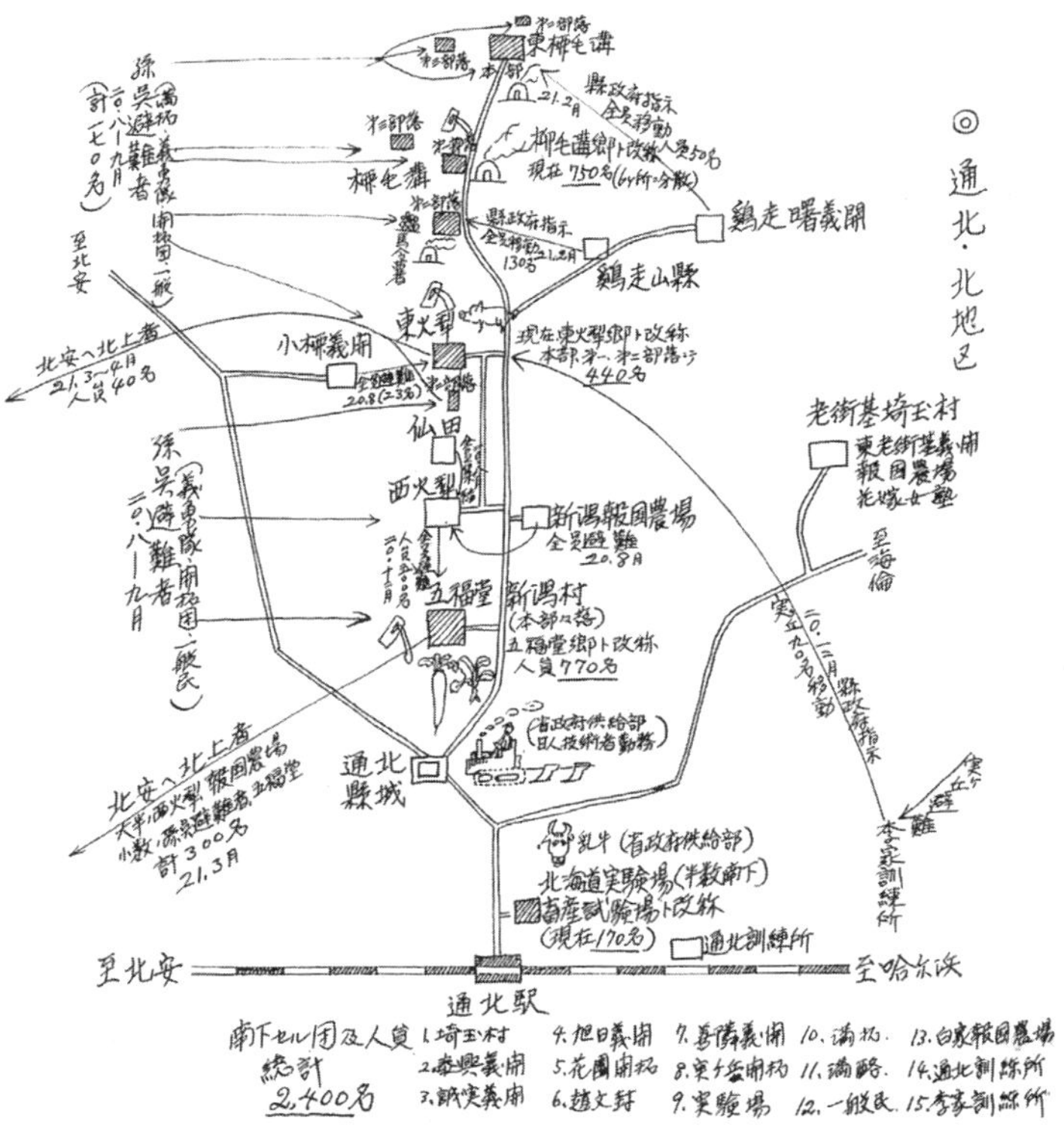

通北地区位置関係図および避難状況図
（「北安省通北県居留日本人状況報告書」より）

第三部　在満報国農場の建設と終焉

一　新潟県西火犂報国農場

1　機構と施設設備

新潟県民生部世話課がまとめた「新潟県送出満洲勤労奉仕隊（西火犂報国農場）調査資料」（昭和三七年一一月一五日付）は、勤労奉仕隊の送出から在満報国農場の設置までの経緯を次のようにまとめている。

戦時体制の国策として勤労奉仕隊が組織され各方面に活躍し、農業部門においても国家予算に基づく農業報国会の事業として農業報国食糧増産隊を結成し、主として国内を対象に活躍していたが、昭和十五年頃からこの増産隊を母隊として満洲建設勤労奉仕隊を作り、各都道府県から募集した全国単位の特設農場を満洲に設置し、昭和十八年頃から県単位に農業報国連盟新潟県支部が主体となって送出することとなり、名称も報国農場と変わったが実態には変わりがなかった。

この説明の最後に「名称も報国農場と変わったが実態には変わりがなかった」とあり、第一部二および三で制度の変遷を見てきたとおり、在満報国農場の設置は満洲建設勤労奉仕隊送出の発展上にあったことが明確である。全国拓友協議会刊『満洲開拓史』（四四二～四四三ページ）は、多種多様な形態をとった満洲建設勤労奉仕隊の派遣に関して、昭和一四年度から二〇年度までを概観して、「一般青年隊と学生生徒隊の形態で始まった満洲建設勤労奉仕隊だったが、当初は農林省の干与が少なかったが、次第に農林省（農商省）関係に重点が移行してしまい、さらに米穀増産班から漸次報国農場に重点が変わっていった」とし、「この性格、内容の変遷のため内地では満洲建設勤労奉仕隊という名称も一般には殆んど忘れられがちとなり、在満報国農場一色となってしまった」と総括している。

派遣主体は農林省で、必要経費はすべて農林省→農業報国連盟本部→同連盟支部→報国農場の経路で支給された。県議会の議決は必要なく、戦時体制による機動性を重視した方策がとられた。これらに関して調査資料が、「勤労奉仕隊の編成、送出は法令によるものでなく、当時の国策遂行のため大政翼賛会の一翼であった農業報国連盟本部の指令によったもので、絶対的のものであった」と振り返っている点は興味深い。

したがって事業の運営は、すべて農業報国連盟本部の指示に基づき同連盟新潟県支部が実施した。場長には県職員を嘱託したが、給料などは支部の支出であった。隊員募集は県報号外に掲載し、市町村を通じての募集であった。応募条件として支度金は現物で作業衣、帽子、ゲートル、地下足袋などが支給され、そのほかに旅費、食費が支給される。別に報酬として帰国時に農産物の現物を支給するとされた。

農業報国連盟は当時の農林省が拓務省および軍部などの協力を得て設立したもので、各都道府県にその支部が設置された。目的は、報国農場および満州食糧増産勤労奉仕隊の編成と運営、指導に当たらせることであった。福井県の興亜《こうあ》報国農場（龍江《りゅうこう》省甘南《かんなん》県）の寺嶋千就場長は、奉仕隊の使命を次のようにまとめている（『土と花と歌と』五五～五六ページ）。

一　農村の青少年を軍需工場等への一方的な徴用から護り、食糧生産に必要な労力を確保する。
二　集団生活を通じて規律、秩序、礼節などの公徳心を養い、教育との相互研修による農業技術的向上を図る。
三　祖国を離れて祖国を再発見するとともに、軍事訓練により開拓団の自己防衛の軍事力を養成する。
四　開拓団の生産活動に協力し食糧増産の目的を達成せしめ、兵站基地としての役割を完遂する。
五　満州開拓の指標である五族協和の実戦部隊として優秀な種苗、仔畜ならびに優秀な農業技術と日本民族の神話性を展示し、五族協和の中核としての日本民族の資質の認識を深める。

応募資格を見てみよう。送出対象者は農村の一八歳以上の男女で、身体頑健、志操堅固の者とされた。そして、将来の分村計画実施に際し先頭に立って地域農村に満州永住の思想を鼓吹して欲しいというのが主体者側の希望であったので、直ちに隊員が順次開拓団へ移行することを歓迎はしたものの、応募の条件とはされなかった。

在満報国農場における機構は場長一名、幹部四名、そして隊員が六〇～八〇名とされた。新潟県在満報国農場の初代農場長には池長右衛門（新潟市出身）が就任した。昭和一九年、当時の北蒲原《きたかんばら》郡紫雲寺《しうんじ》村・神田新次村長を団長とする開拓地視察団が記録する報国農場概要は次のとおりである（『新潟県標準農村関係者満洲開拓地視察報告』）。

報国農場の施設としては本部が一棟（七×九メートル）、夏季宿舎三棟（六×二二）、越冬宿舎一棟（六×一二）、炊事場ならびに浴場一棟（七×一五）、個人宿舎（六×一二）、倉庫一棟（六×一二）、畜舎一棟（八×一八）、穀倉三棟（直径および高さ三メートル）、野菜貯蔵庫二カ所、神社である。その配置を昭和二〇年の隊員・米持千恵（旧東頸城郡松代町出身）が図示する。

農場の耕作地は開墾七二町歩、作付け六二町歩で、大豆八町歩、菜豆一七町歩、苞米《ポーミ》三町歩、燕麦《えんばく》七町歩、蕎麦《そば》三町歩、馬鈴薯一八町歩、蔬菜《そさい》五町歩が作付けされた。農具設備は新墾プラウ五台、兼用プラウ五台、培土プラウ三台、作条機《さくじょう》五台、コールタハロー五台、方型ハロー六台、除草ハロー五台、カルチベーター三台、開墾鍬一五〇丁、スコップ一五〇丁、草刈鎌一五〇丁、木鎌一〇〇丁、ツルハシ一〇丁、平鍬《ひらぐわ》一五〇丁、脱穀機五台、唐箕《とうみ》三台が整っており、移植日本馬八頭を所有していた。

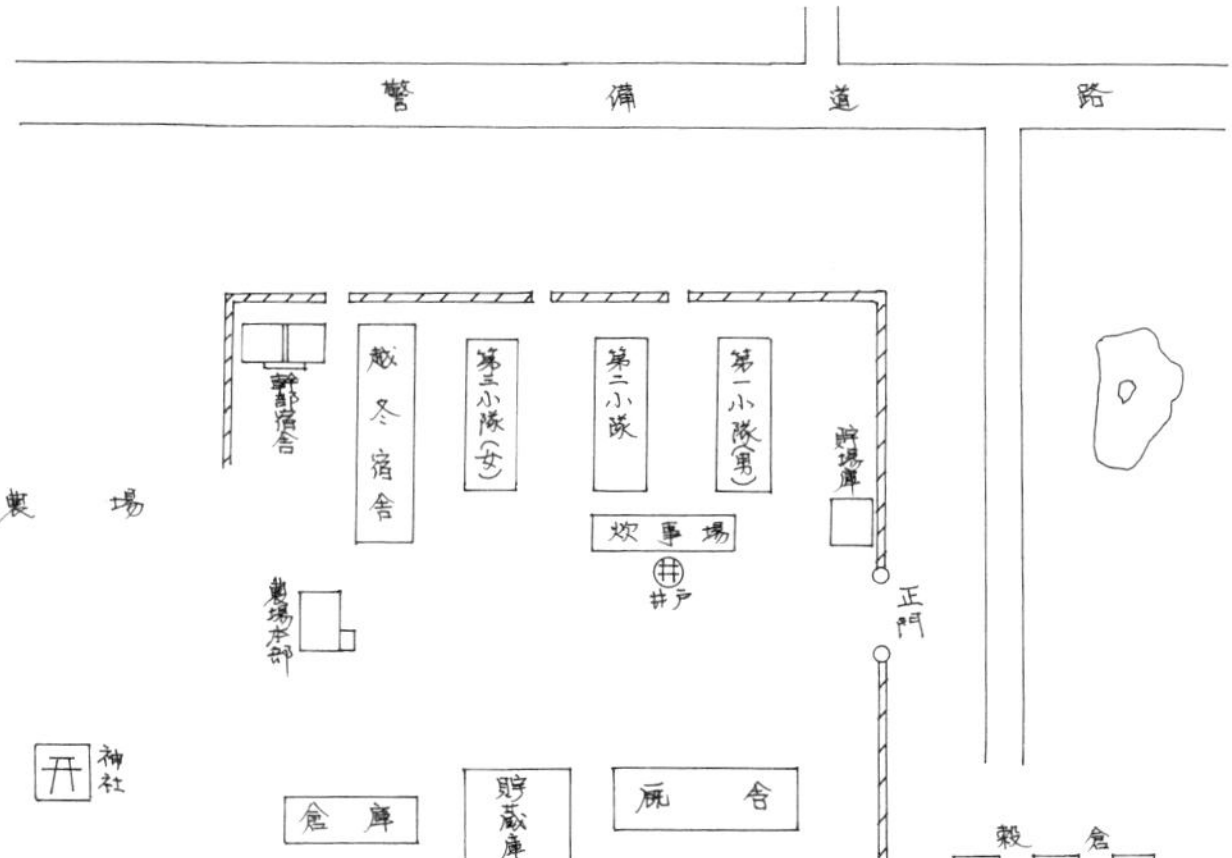

西火犂報告農場図
（「新潟県在満報国農場隊員の帰還報告書」より）

2　報国農場での生活

「新潟県在満報国農場実態調査表」によれば、昭和二〇年派遣の新潟県在満報国農場隊員は男子一九名、女子四〇名で、女性のほうが多かった。女性隊員が多かったことは、応召などのために男性の適齢者の絶対数が少なかったことに要因があると推測できる。だから、報国農場体験記には女性のものが多い。

深谷富士子（旧佐渡郡出身）は青年学校二年のとき、教師の積極的な勧めを受けて報国農場での勤労奉仕隊に加わった（『「満州」に送られた女たち』六八ページ）。勤労奉仕隊は満州移民とは異なり、春から秋までの期間満州で働くと帰れる、ということもあり簡単に了承した。心は、当時誰もが抱いていたように、「東洋平和のため」「王道楽土建設のため」という高鳴る気持ちで渡満した。報国農場勤労奉仕隊の青年たちは、何かの替え歌で次のように歌った。

　雪の新潟後にして
　初めて来たのは北満の
　新潟報国農場に
　来たのは第二の奉仕隊

新潟県在満報国農場に隣接していた新潟県送出の集団第九次西火犂《シーホーリ》開拓団員家族であった星野祐一郎（長岡市）

は、終戦時一〇歳くらいだった。一九九七（平成九）年の西火犂友の会『会報第三十七号』で、「彼女たちが食糧増産、国家の奉仕隊という美名のもとに、北満州極寒の地に送出されたのは、敗戦の色濃くなった昭和十九年頃だったと思う」と書く。「西火犂開拓団ではその年の秋に農業祭が開催され、舞台の上では演芸会が開かれた。副県長、同じく新潟県送出の仙田《せんだ》開拓団長等来賓の隠し芸も披露されて、なかなか盛大であった」と記す。この農業祭に年上の報国農場青年男女が参加していたから、その記憶からの思い出の記である。

高橋トク（十日町市）は終戦直前の昭和二〇年四月、西火犂報国農場への勤労奉仕で渡満した。当時は青少年男女の多くが国内の軍需工場などに勤労動員させられていた時で、二〇歳になろうとしていた高橋トクは、「満州の勤労奉仕に行こう」と県の勤労奉仕隊募集に応募した。近所に満州開拓や青少年義勇軍で渡満している人があり、満州への憧れも加わっていた。

彼女らは勤労奉仕の半ばにして終戦を迎えたわけだが、昭和二〇年八月九日のソ連軍の満州侵攻後は、近隣の新潟県送出の各開拓団の人たちとともに避難生活を送らなければならなかった。後になってのことであるが、高橋トクは「なぜ終戦まぎわに…」と他から言われたことがある。しかし渡満時、誰も日本が戦争に負けるとは思っていなかった。

報国農場に応募した人たちは、満州建設勤労奉仕隊の場合と異なり、渡満前の諸訓練は何もなかった。高橋トクは直接新潟市に出向き、日満航路で渡満した。朝鮮半島近辺に機雷があり、渡満する船が被害に遭ったこともある当時であったが、彼女は「船には海軍兵士たちも一緒で、危険に感じたことも不安に思ったことも何もなかった」と語る。

開拓地では本部、男子用、女子用の三棟の宿舎があり、他に馬小屋等の畜舎があった。周りは広々とした畑地が続いていた。その畑地の東南には樹木が生い茂った小高い丘があった。五福堂《ごふくどう》、西火犂、東火犂《トンホーリ》の開拓団地あるいはその周辺には高い樹木はまったくなく、湿地を含む大平原であったが、この樹木の林は日本から渡って広野の中に身を置かれた報国農場隊員には、何かしら心的安定感を与えた。山裾《すそ》でのワラビ取りは、故郷十日町でも毎年の春に行っていたことだったが、これは高橋トクの楽しみのひとつでもあった。

しかし、そこには狼《おおかみ》が生息し、夜になると狼の遠吠えに身震いするような恐ろしさを感じた。昼の農耕時に山裾近辺で作業していた隊員が狼の姿を見たこともあったという。

高橋トクらが渡満したのは四月も末のことだった。五月初めの北満の畑の土はまだ完全に融《と》けきらず、鍬《くわ》を入れると跳ね返るほどであった。表土の下はまだ凍土のままであった。しばらくして、耕した畝に野菜の種を蒔《ま》く。長い畝を二〇～三〇メートルずつに分けて分担し、それだけの長さの部分を次の畝、次の畝と渡って種を蒔いた。草取りも同様の分担だった。

二　昭和二〇年の報国農場

1　報国農場隊員の送出と犠牲

昭和二〇年度に入ってからの一般開拓民や満蒙開拓青少年義勇軍の送出は、戦局の変化に伴ってにぶっていた。満蒙開拓青少年義勇軍の内原訓練所での最後の渡満壮行式は昭和二〇年五月一日で、一〇個中隊が五月中旬までに送出された。一般開拓民の送出は各県によって異なるが、第一四次の開拓団やそれ以前の開拓団への後続開拓団員の送出は、記録を見る限り多くはない。しかしそんな中、同年五月～六月にかけて在満報国農場への青年男女の送出は各県とも実施されたようである。

昭和二〇年六月二八日、大東亜省満州事務局は「現戦局下ニ於ケル満洲開拓政策緊急措置要綱（案）」を関係機関に通達した。これにより、それ以降の開拓民、義勇軍の渡満は中止する措置がとられた。要綱にいわく、「内地ニ於ケル緊急要員充足ノ要請並ニ内地大陸間航路遮断乃至至難ノ情勢ニ鑑ミ、満洲開拓民（青少年義勇軍ヲ含ム、以下同ジ）ノ送出ハ原則トシテ一時中止ス。但シ満洲開拓事業ノ恒久的性質ニ鑑ミ将来輸送再開後ニ於ケル開拓民ノ送出ニ備フル為、必要ナル基礎工作ヲ為スモノトス」（『満州開拓と青少年義勇軍』三七五～三七六ページ）。

昭和二〇年の在満報国農場数は、三〇都府県団体および農業大学、中央食糧営団、農業報国本部が設置した五八場あり、その隊員として四、五九一名が渡満し、内訳は男性二、六四九名、女性一、九四二名であった。米穀増産班は長野県一県のみの送出で、三五〇名が派遣された。これらはすべて農林省関係の派遣で、文部省の特設農場隊や大東亜省の開拓増産促進隊などの派遣は見送られていた（『満洲開拓史』四四三ページ。なお、長野県の報国農場隊派遣に関しては第一部二の4の（3）参照）。

新京《しんきょう》の開拓総局総務課から内地の農林省に移り、在満報国農場関係の業務を担当していた粟根主夫は、昭和二〇年の勤労奉仕隊員・報国農場隊員の送出を取り巻く状況を、あるとき次のように振り返った（「在満報国農場と米穀増産隊の最後」、『あゝ満洲』八四三ページ）。

終戦の年の五月頃より日本海の船舶運航が不如意となりましたので、海軍省に照会しましたところ、残念ながら、日本近海の航海保証を約束することは困難であるとの意向を漏らされましたし、陸軍省においても同じ意見でありました。農林省としては、奉仕隊の派遣期間が約半年であり、万一にも帰還不能という最悪の事態に立ち至った場合、女学生とか大学生、または農家の経営主体の人達に対してどう申し開きができるかという問題に打ち当たりました。その上、一方においては戦争日に日に苛烈を加える日本の農村をどうするかの問題も浮かび上がりましたので、増産隊は当初の計画通り八月には是が非でも帰還させるという立場をとるに至りました。

非常時の予測は重々あったものの、勤労奉仕隊員・報国農場隊員は送り出された。日本敗戦以後の彼らに関しては粟根主夫事務官自身の別の報告があるので、詳細は第三部三の1に譲る。

新潟県の場合、北安《ほくあん》省通北《つうほく》県に設置されていた西火犁《シーホーリ》報国農場の昭和二〇年在籍隊員数は、「報国農場実態調査表」や「報国農場隊員名簿」によれば、村松亀治場長以下六三名であった。そのうち四名は召集されており、残り五九名の内訳は男性一九名、女性四〇名で、隊員のほとんどは二〇歳前後の年齢であった。

また、開拓団への米穀増産隊は旧南蒲原《みなみかんばら》郡下田《しただ》村（現・三条市）が龍江《りゅうこう》省甘南《かんなん》県に入植していた同郷三村送出の第一三次下田郷開拓団へ一二名の派遣を計画したが、実際の派遣はなかった。同郷作成の「満洲建設勤労奉仕隊派遣要領並出発準備ニ関スル件」（第五部二の４参照）によれば、奉仕期間は同年四月一日から一一月末日までの八カ月間と計画され、出発日は未定ながら四月上旬に東三条駅出発、新潟港出帆と予定されていた。一二名はそれぞれ同郷三村において、「人格、識見、活動力等、当該村ニ於ケル指導者タルノ条件ヲ具備シ、専念熱意ヲ以テ開拓事業ニ当ルモノ又ハ将来渡満ノ熱意ヲ有スルモノヲ条件トシテ選定シ、所在村長ノ推薦ヲ得タルモノ」であった。

昭和二〇年の報国農場隊員および米穀増産班員は、予期しなかった日本敗戦を異国の地で経験し、犠牲も多かった。満州建設勤労奉仕隊派遣から在満報国農場の設置・経営までの変遷をまとめた『農事訓練と隊組織による食糧増産』（四四四ページ）は、在満報国農場の終焉《しゅうえん》ならびに犠牲者について次のようにまとめる。

然るに昭和二十年八月十五日終戦となり、ソ聯軍の急速なる進駐、土民の襲撃掠奪、国府軍中共軍の攻防等々の影響下に、開拓団も報国農場も一朝にして支離滅裂となり、飢えと寒さと悪疫のため苦難の限りを嘗めつくし、報国農場隊、米穀増産班は、この年渡満隊員に昨年からの越冬残留隊員を合算すれば六千名に垂んとする者が在満したのであるが、その内、昭和二十三年五月までに判明したところによると、死亡者は九四〇名、未帰還者は六五〇名以上を算し、内地帰還者は四千名に足らざる状況である。斯くて数ケ年に亘るこの施設は終戦と共に最悪の事態をもって終焉を告げたのである。

在満報国農場隊員も開拓団や青少年義勇軍同様、ソ連軍の満州侵攻と急速な進駐、暴徒化した現地民の襲撃と掠奪等に遭い、その結果として飢餓による栄養失調、酷寒期の越冬を余儀なくされた。在満報国農場での勤労奉仕隊員の死亡・行方不明者率は、実に二六・五％に上る。

2 全満報国農場長会議の結論

前述の「現戦局下ニ於ケル満洲開拓政策緊急措置要綱（案）」（昭和二〇年六月二八日付通達）に基づき、昭和二〇年七月一〇日、農林省要員局が「在満報国農場緊急措置ニ関スル件」の通達を発した。その内容は、「戦局の重大化に伴い日満間の交通いよいよ困難のおそれある状況に鑑み、左の要領により在満報国農場を整備せん」とするもので、具体的内容が次のように示された（『ソ満国境15歳の夏』四三ページ）。

一、在満報国農場の経営は、これを持続するものとす。

二、本年度隊員の帰還については例年通り十月にこれを実施する予定なるも、将来の輸送難を顧慮し、やむを得ざる事情により必ず帰還を要する者は速急帰還の措置を講ずることとし、その他についてはあらかじめ輸送杜絶にそなえ越年をなす方針のもとに至急越冬設備に着手し、万全を期するものとす。

三、越冬に関しては、農場内にこれが施設を急速に拡充するほか、近辺の縁故開拓団等の施設利用を図るものとす。

四、諸種の事情により越年し得ざる隊員は、輸送力の現状に鑑みこれが選定を最小限に止めるごとく指導し、一般隊員の帰還に先立ち早急にとりあえず（七月末より八月の間に）帰還せしむるものとす。

五、早急に帰還せしむべき隊員は病弱者または戸主にして一家の支柱たるべき者等、家庭の事情により越年が極めて困難なる者のうちより選定するものとす。

ここに述べられている緊急措置は、通知の表題の通り緊迫した対処内容である。しかし、日本敗戦約一カ月前の渡満報国農場隊員にこのことが周知され理解されていたかは別問題である。では、その辺の状況を詳しく見てみよう。

昭和二〇年七月一八日と一九日の二日間、新京《しんきょう》の開拓総局にて全満報国農場長会議が開催された。第一日目は午前九時から午後五時まで開催され、会議次第は国民儀礼、開拓総局長訓示、農商省挨拶、協議、懇談と展開された。全満五八報国農場長は前日までに新京に到着し、当局からは田中孫平開拓総局長、日本政府農商省からは谷垣運用課長と粟根主夫事務官、満州拓植公社、各公署係官などを含め、出席者は合計七二名であった（『北満報国農場少年農兵隊長の手記』一七二ページ）。

なお、この時期は前述のように、危険と困難が伴っており、内地から派遣された当時の農商省要員局の谷垣運用課長と粟根事務官は、会議にぎりぎり間に合う渡航であった（『あゝ満洲』八四四ページ）。谷垣課長は飛行機の利用だったが、米子上空で敵機の空襲に遭うなど、苦難の旅であった。粟根事務官は鉄路で、七月一一日に東京を出発した。しかし、列車は途中停車の連続、加えて主要駅はほとんど灰塵と化していた。山口県仙崎港から船で玄界灘を渡り、朝鮮半島は蔚山《ウルサン》港に上陸、その間二晩は一睡もしない状態で、ようやく新京にたどり着いた。会議は日本からの二人を待たずに、満州国側だけで始めていたというから、新京到着は七月一八日と考えられる。

会議は開拓総局長訓示などの後、在満報国農場緊急処置についての説明があった。以下の要点メモは、三江省《さんこう》依蘭《いらん》県に設置されていた富山県太平報国農場長・根塚伊三松の記録である。根塚伊三松が箇条書き的に記録する（『北満報国農場少年農兵隊長の手記』一七四ページ、カッコ内は筆者追加）。内容は前述の緊急措置通知内容に沿うものだが、当然、より具体的な事案について多々検討されたことをうかがわせるメモである。

1　（報国農場の経営は）本年度入植なきもの、又は既存なるものでも事情あるものは廃止、又は一時中止する。

2　原則として、報国農場者は帰国しない、と考えたい。

イ　越冬隊は二十人～三十人が普通であるが、全員越冬のために宿舎は隣接する開拓団の施設を利用する。越冬宿舎についての相談は、満拓地方事務所の工務課と連絡する。修繕費は各農場の事情を後で聞いた上で決める。

ロ　（報国農場隊員は）他の生産部門に勤労奉仕させる。報酬は原則として農場収入とする。

ハ　防寒被服は「物動」の枠をとる。

ニ　食事手当、その他の経費については、日本側と相談する。日本側からは農業報国連盟の有松氏と農商省の運用課長が来られる予定である。

農商省係官の説明では昭和二〇年度の勤労奉仕隊派遣は、内地の労働力不足により計画の三分の一程度の送出となったという。派遣の一時休止は永久の中止につながることから、できるだけ現地に人員を確保しておくために今回の緊急措置をとったという。年少の報国農場員が多いことから親は心配しているが、アメリカ軍は四万人以上の都市の空襲を計画し、農村も第一線となっている。いずこにあっても、一億総決戦の覚悟が必要である。敵機が一分間たりとも上空にいないことはない現況である、といった状況の説明も加えられた。

報国農場への勤労奉仕隊員は春から秋までの勤労奉仕期間と定められているから、越冬のための施設、食糧、衣服、その他全ての準備がなされていない。宿舎については、各報国農場が出身県の開拓団の隣接地に設置されている関係上、開拓団の宿舎を借用できる。他は全て満州拓植公社など当局からの予算確保、準備・支給に頼らざるを得ない。「報国農場者は帰国しない」の緊急措置に対しては、これら具体的な措置についての説明と個々の事情に基づく相談が必要であった。

とはいえ、勤労奉仕隊員にもいろいろな事情がある。病気療養中の隊員がいるし、女性隊員も多い。最低限帰国させなければならない隊員に対しては、海上輸送を東亜交通公社満州支社が手配をすることになった。北朝鮮航路を使っての帰国となるが、出航日はあらかじめ分からない。輸送船は護送船団によらなければならない。輸送船は荷積みもあるため、旅客定員は六〇〇〜七〇〇名となり、その中には軍人の公用者も含む。そのため、帰国させる隊員については牡丹江《ぼたんこう》あるいは新京に集合し、出航日が分かった段階で直ちに清津《せいしん》または羅津《らしん》へ行くこととなる。このような手順が組まれた。

帰国者は当初、七月中に乗船させる予定が立てられていた。その場合、開拓総局から直接報国農場長と省へ電報で知らせる。帰国者には集合地までの切符代金と一週間分の宿泊料が農場長より支給される。しかし実際には、開拓総局や省公署からの連絡を心待ちにしていた帰還予定者のところに、何の知らせのないまま終戦となった。

開拓団および報国農場など、満州開拓民に関するすべてのことを統括するのが開拓総局だった。しかし、戦局の最終局面における開拓民、報国農場員、各種勤労奉仕隊員への指示・手配は、前述の通り、ままならぬものであった。その結果人々がどのような状況に陥ったのかは、次項のそれぞれの報告書によって確かめよう。

ここに、本書に何回も登場願った満州国開拓総局の五十子《いらこ》巻三総務処長の戦後の談話がある。原典が不詳で孫引きとなるのだが、元在満国民学校教師の田中コノ（岩手県送出大青森村に赴任）が、手記『死線をこえて』のあとがきに、次のように五十子処長談話を紹介する。

> 日本開拓民をしてかゝる悲惨な運命に立ち至らしめたのは、吾々開拓行政の指導者が戦局の前途に対する見通しと情勢の判断を誤り、開拓団に対する適切迅速な処置がとれなかったことにあるが、更に其の根本原因は、実に関東軍首脳部の吾々満州国当局に対する指導の誤りでもあった。
>
> 由来、満州国行政は悉く関東軍の所謂内面指導の下に実施せられたのであり、実質的には軍命令に依って行われ、吾々行政官の独断専行は一切許されなかった。
>
> 山田関東軍司令官から在満日本人処理に対する適切迅速な命令が吾々行政に下されていたなら、かゝる悲惨事は或程度に避けられたと思うし、開拓団その他の日本人男子に対する所謂根こそぎ動員を行ったことが、開拓団を悲惨な運命に見舞った最大の原因でもあった。首を垂れお詫びするのみ。

戦局の最終局面に至って、派遣されていた報国農場員に対する各種対策が検討され始めていた様子は分かるが、それが実を結ぶことはなかった。この全満報国農場長会議は二日目を各農場の営農報告や本格経営の準備など、各種の事柄についての懇談会で推移した。

三　報告書に見る在満報国農場の最後

1　農林省職員の報告「動乱ノ満洲ヨリ帰リテ」

旧農商省要員局運用課の事務官であった粟根主夫は、課長の随員として「昭和二〇年七月十一日、在満報国農場緊急措置ニ関スル用務ヲ帯ビテ満洲ニ出張」していた。そして、新京《しんきょう》（現・長春《ちょうしゅん》）滞在中に日ソ開戦となった。この動乱のため報国農場隊員らと行動を共にすることができず、「五千名ノ隊員及ビ百数十万ノ同胞ヲ後ニ、九月十日、漸ク東京ニ帰ル」ことができた。

帰国後の粟根主夫は、「在満報国農場係トシマシテ、又満洲最後ノ日マデカノ地ニ在タ日本人ノ一人トシマシテ、満洲ノ風雲急ヲ告ゲテ以来日夜憂慮セラレアル関係ノ皆様方ノタメ、状況ヲ報告シマシテ参考ニ供シタイト存ジマス」と、昭和二〇年九月一〇日付で各県に報告した。新潟県庁に残るその報告文書「動乱ノ満洲ヨリ帰リテ」から、在満報国農場係員としての当時の状況報告内容をいくつか見てみたい。

「在満報国農場緊急措置ニ関スル用務」の内容についてはすでに前項で見た。同じ内容を粟根主夫は、自らのことばで次のように報告していた。

大東亜戦争ガ急迫スルニ従イ日満間交通モ極度ニ逼迫ノ状態ニ立チ至リマシタノデ、本省トシテハ報国農場隊員ノ十月、十一月ニ於ケル帰還ハ困難ナル状況ニ相成ルヤモ知レザルヲ予想シマシテ、差当リ病弱者、女子隊員、及一家ノ戸主等ハ早期ニ帰還セシメ、他ハ輸送危険ナル場合ハ全員越年セシムル計画ノ下ニ、七月十八日新京開拓総局ニ各農場長及関係各機関ノ係官ヲ集メ、之ガ措置ニ関スル会議ヲ開イタノデアリマス。

「在満報国農場緊急措置」に対する各農場長の反応は、越冬施設さえ準備できれば大部分が越冬を希望、という意気込みであった。ただ、最悪の場合を考慮すると、早期に帰還を要する者は約六〇〇名と推定され、その人たちは八月中に帰還させることと決定した。他は越年の予定の下に農場内、あるいは隣接開拓団の施設を利用するなど、早急に着手することを決定して会議は解散となった。

谷垣運用課長と粟根主夫は一応四、〇〇〇名分の越冬資材の手当てを講じたほか、満州国政府には予算措置の了解を取り付けた。ただ、在満報国農場隊員約六、〇〇〇名のうち二、〇〇〇余名が女性で、早期帰還者とともに彼女らも帰還させる輸送計画を立案した。しかし、関東軍との折衝では、船舶の利用は困難と拒否された。八方手を尽くしたところ、運良く朝鮮半島の羅津《らしん》船舶部隊の協力を得ることができた。

朝鮮半島北東部の街・咸鏡北道《かんきょうほくどう》羅津は、日本植民地支配下にあった朝鮮において日本海に面した重要な港湾都市であった。新潟―羅津の日満航路は、満州移民や物流の要路だった。そこには「暁部隊」と呼ばれた陸軍船舶司令部が統括する船舶部隊があったのである。羅津発敦賀、伏木、新潟着の航路で軍事輸送として一回二〇〇名宛を運び、八月下旬までに完了できるようようやく手配が終了した。ところが、これが八月八日のことであったという。

事態は、即時の各報国農場への連絡など望むべくもない状況に陥った。それぞれの報国農場がどんな状況下にあるのかの情報さえ得ることができない。全満五八報国農場の中でも東寧《とうねい》の報国農場が一番国境に近接し、日頃から電信電話により状況を照会していた。八月一一日、ようやく牡丹江《ぼたんこう》より新京に達した人から、「東寧街の婦女子は開戦と同時に牡丹江まで引き揚げた」との情報を得たが、「農場隊員もあるいは事前に後退し得ただろう」と希望的観測をしてみるものの、この報告書を書いた九月一〇日時点で粟根主夫は、「未ダ判明セズ、大イニ憂慮シテイル次第デアリマス」と報告している。

八月一一日、関東軍より政府に与えられた避難命令に従い、粟根主夫はまず新京郊外にある新京東京報国農場におもむき隊員と行動を共にする決心で、農場より新京に来るという大車《ダーチョ》を待った。しかし、あいにくの降雨で連絡もつかず、新京での状況も刻々と変化して、新京東京報国農場隊員と行動を共にすることはついにできなかった。粟根主夫は開拓総局職員の家族たち約三〇〇名と行動を共にし、その世話役として新京を脱出することになったのである。

八月一五日、安東《あんとう》（現・丹東《たんとう》）に到着、天皇の終戦の詔勅《しょうちょく》を聞く。その後、なんとか新義州《しんぎしゅう》に渡り、貨物列車で一路釜山《プサン》に向かった。二三日、関釜連絡の軍用船に便乗して帰国したのであった。

新京における各農場長との会議、その後の関東軍や満州国政府との折衝など、「在満報国農場緊急措置」の実行準備は整えたものの、その実行は不能となり、「在満報国農場緊急措置」は皆無と帰した。

2　「新潟県在満報国農場長の帰還報告」

村松亀治西火犂《シーホーリ》報国農場長（旧岩船《いわふね》郡山辺里《さべり》村出身、当時四〇歳）は、帰国後の昭和二一年と思われるが、「新潟県在満報国農場実態調査表」を県に提出した。それは規定の項目に従った記入で、概要程度の簡単なものであった。

その後、翌二三年と思われるが、「本年四月以降の動静」と「私が帰国するまでの模様」を「新潟県在満報国農場長の帰還報告」文書にして再提出している。以下にまず「新潟県在満報国農場実態調査表」の「終戦後の移動状況について」に記載された隊員移動状況を掲げ、次にそれぞれの状況に関連した農場長報告を加えることとする（□は非公開部分）。


現地残留。二、三回匪襲を受け、けが人が出る。

昭和二十年九月二十七日、西火犂開拓団本部部落に移動。二十六日夜匪襲により隊員□□□□胸部貫通即死。

昭和二十年十月三十日、西火犂本部部落匪襲、隊員□□□□腹部貫通死亡。

十二月、五福堂開拓団本部に移動。

昭和二十一年一月二十五日、五福堂本部部落に於いて□□□□死亡。

昭和二十一年三月、現地日本人がいる北安に移動するを可とする組と五福堂に留まるを可とする組に分かれた時、大部分のものが北安組と行を共にし、現地残留は場長以下十五名。北安組はその後隊員三名が発疹チブスにて死亡。

昭和二十一年九月十五日、現地出発、病人、病弱のみ。北安組は二十一年八月出発。

九月十八日、新京着。二週間滞留。他の一部は残留組と帰国。

十月二日、新京出発。十月五日、錦州着、二週間滞留。

十月二十日、出港、十月二十三日、博多上陸。

この概要報告でまず気づくことは、ソ連軍の満州侵攻から約一カ月半、報国農場員は現地にとどまって過ごしていることである。現地暴民の襲撃を受けること数回であったが、多大な被害を受けることなく過ごせたらしい。しかし、昭和二〇年九月二六日の匪賊《ひぞく》襲撃を受けたあとは、鉄道に一番近い新潟県送出第六次五福堂《ごふくどう》開拓団に移動した。北安《ほくあん》省通北《つうほく》県のこの入植地には新潟県送出の四開拓団が隣接して入植しており、第九次の東火犂《トンホーリ》開拓団と西火犂《シーホーリ》開拓団、第一三次仙田《せんだ》開拓団のすべての避難民が、一番大きな開拓団集落である五福堂開拓団に集結したのである。報国農場は西火犂開拓団に隣接していたので、移動はまず西火犂開拓団に避難し、その後、西火犂開拓団員とともに五福堂開拓団本部部落に避難した。

五福堂開拓団跡地（旧本部付近）

五福堂郷としてまとまっていたこれら避難民は烏合《うごう》の衆のままで過ごすこともできず、村松場長報告によれば、「県政府にお願い致し即時南下・南下待機・北安行と、現地に留まる者との各人の希望を取りまとめて、夫々の責任者を定め県の許可を待ちましたところ、第一の即時南下及び南下待機は許可にならず、北安行のみが許可になり」、その結果越冬後の昭和二一年三月になって一部は北安街の都市部に避難した。

日本敗戦から元の開拓団地にとどまり越冬した例は、全満開拓団の中では多くない。四開拓団がひとつの開拓団地に集結して過ごさなければならなかったが、各開拓団長などのリーダーがソ連軍駐留部隊や現地政府と折衝し、元の開拓地の土地利用、昭和二〇年の収穫の一部の確保などの許可を得ることができたのは幸いであった。至急の避難行動により後に多くの栄養失調などの衰弱死者を続出させるという悲劇は最少限に止《とど》められた。

一部南下強行組が出て、当時進駐していた八路軍の県政府から責任者が処罰される不幸があったが、五福堂に約八〇〇名、北安に約三〇〇名というように分散して、昭和二一年の春の農耕にも入ることができた。「八路軍の県政府の確立により治安が相当良好となり、私共も安心して農耕に従事し得るようになっていました」、「私共は最後まで五福堂に居って農業を営みつつ帰国の時期を待つということにしたのです」と、村松場長は報告している。

とはいうものの、残留自体もそう簡単なことではない。頑張って生活した様子を村松場長は次のように報告する。

五福堂に残留した者は何時内地に還れるかということは当時全然予想がつきませんでしたので、食糧の確保を図ることは最も重大なことでありました。

牛馬、その他の農耕用具は全部掠奪され何もありませんでしたので、各部落とも夫々創意工夫をする一方、郷本部でも出来る限りの努力を払い、鍬と鋤頭を製作配給し、一人当たり三反歩を目標に耕作に入りました。

然し昨年一ケ年荒らした畑のため作業は至って困難でしたが、食う食わぬの問題でしたので皆が一生懸命でした。

天候と努力の御蔭で作物は何れも上出来で、来年（筆者注、昭和二二年のこと）の五、六月頃までは楽に暮らせる見通しがつき、一同大悦びで七月頃から馬鈴薯、苞米（トウモロコシ）、南瓜等を収穫して主食としました結果、栄養も高まり見違えるほど元気になりました。

現地残留がなった北安・通北地区の避難民は、都市部に移動して難民収容所に入った人たち、あるいは荒野や密林の逃避行を強いられた人たちとは異なり、生死をさまよう悲惨な状況に陥ることなく昭和二一年九月に帰国のための移動に入ることができた。本「新潟県在満報国農場長の帰還報告」には開拓団避難民の苦境・悲惨事の体験はあまり出てこない。代わって、帰国間際に北安・通北地区避難民の一部に降りかかった特異な事態の詳細が記されている。それは、避難集団が中共政府から、北安・通北地区避難民一、七〇〇名の中の壮年・青年男女の「留用《りゅうよう》」を強いられたことである。報告書は次のようにつづる（傍線は筆者）。

八月中旬に日本人帰還の連絡を受けて二週間くらい経った時のことである。

突然県政府から大勢が出張され財産の接収が始まり、各自内地に持ち帰るもの以外は全部供出せしめられ、この接収が三日間かかり、九月三日全員通北の駅前に出て乗車を待つことになりました。

その間、一方では帰国に関する名簿の作成や隊の編成その他諸般の手続きをひとまず整理できました時、重大発表があるから幹部及び部落の代表者は集合せよとの県政府からの命令があり、係官より今回の内地送還上における種々の障害について例を挙げて説明の後、かかる情勢を承知の上諸君を敵に渡すことは民主聯軍として絶対に出来ないから十七、八歳以上四十歳迄の男女にして独身者或いは扶養家族の少ない人は政府の命令として残留せしめよということになりました。然し残留といっても、「来年三月には最も安全な方法をもって内地に送還するから安心して現地に残留せよ」ということになり、この命令により大部分の隊員は残留を命ぜられました。

しかし、私は立場上これを放任することはできませんので、政府に対し再三再四、報国農場隊員は一般開拓団員と異なる旨を縷々述べて帰還方を願ったのですが、聞き入れられず、遂に極少数の病弱者と共に帰ることとなりました。

残留されました人達は、最初は五福堂で農業をする予定でありましたが、急に命令が出て、私共が出発する前日、汽車に乗せられて綏化より鶴崗炭鉱に向かわれたことと存じます。今年の燃料不足を克服するため炭鉱に採炭夫として使役せらるるものと思われます。

戦後の中国国内における日本人「留用」に関しては、兵士、医師・看護婦、あるいは鉄道・重工業などの技術者の「留用」については少しは知られているが、単純労働者としてのこのような「留用」は特異と思われるのでここに記録しておく。北安・通北滞在者の中には、前述のとおり、新潟県送出の四開拓団員がいた。したがって、鶴崗《つるおか》炭鉱に留用された新潟県人は多くいる。筆者が体験聴取した留用された人たちは、「北安・通北滞在者の中から少なくとも五〇〇人は〝連行された〟」と語る。〝騙されて〟、あるいは〝犠牲になって〟鶴崗炭鉱に送り込まれたと語る。彼らはその後、一九五三（昭和二八）年まで鶴崗で働くことになる。

鶴崗（ホーカン）は古くからの炭鉱の町である。現在、中心部の街並みは近代的であるが、市街地を少し離れると至る所に労働者住居が軒を連ねるように並ぶ。郊外にはボタ山がいくつも見られるし、大きな石炭処理施設や巨大な火力発電所も見える。

鶴崗は佳木斯《ジャムス》から北に伸びる鉄道の終点駅周辺に位置し、車では佳木斯から一時間半強である。炭鉱は良質の石炭を産出し、満州国建国当時から関東軍などが採掘してきていた。中国内戦時には八路軍の石炭供給基地として重要な役割を担った。送り込まれた日本人は、その意味では新生中国建設に一役買ったことにもなる。

鶴崗市街中心部

村松場長は引用部分の中で、「私共が出発する前日、汽車に乗せられて綏化《すいか》より鶴崗炭鉱に」と記す。しかし、事実は違う面があったらしい。留用された人たち数人が語るには、引き揚げの南下列車が綏化の駅に着きハルビンに向かう時、彼らが乗った車両が後方に機関車を連結して向きを変えて走り出した、というのだ。綏化の位置を確かめてみよう。綏化の駅は、そのままハルビンに通じる鉄道と東方の佳木斯《ジャムス》に向かう鉄道の分岐点の駅である。同一列車で通北から移動したとしたら、まさに〝騙された〟ことになる。

一方では、県政府の命令が避難民全員に正確に伝わっていないこともあったのかもしれない。しかしいずれにせよ、そのまま帰国できた人と、強制労働とまではいかないがその後七年間も中国に留め置かれた人たちとでは、事態の感じ方が相違してしまったとしても無理からぬことである。村松場長記録では「残留されました人達は、最初は五福堂で農業をする予定」との文言が見えるが、こう伝えられていた人が現実に鶴崗送りとなったとしたら、まさに〝騙された〟ことになる。五福堂開拓団誌『榾火《ほだび》』は鶴崗炭鉱の集落配置図などを掲載して、炭鉱送りになった人たちの帰国までを記録している。

一般に「留用」に関する中共軍の要請は、①三五歳以下の人は中共建設に協力せよ、②技術者は協力せよ、③各自の希望は尊重する、④医療・食糧は保証するというものであった。

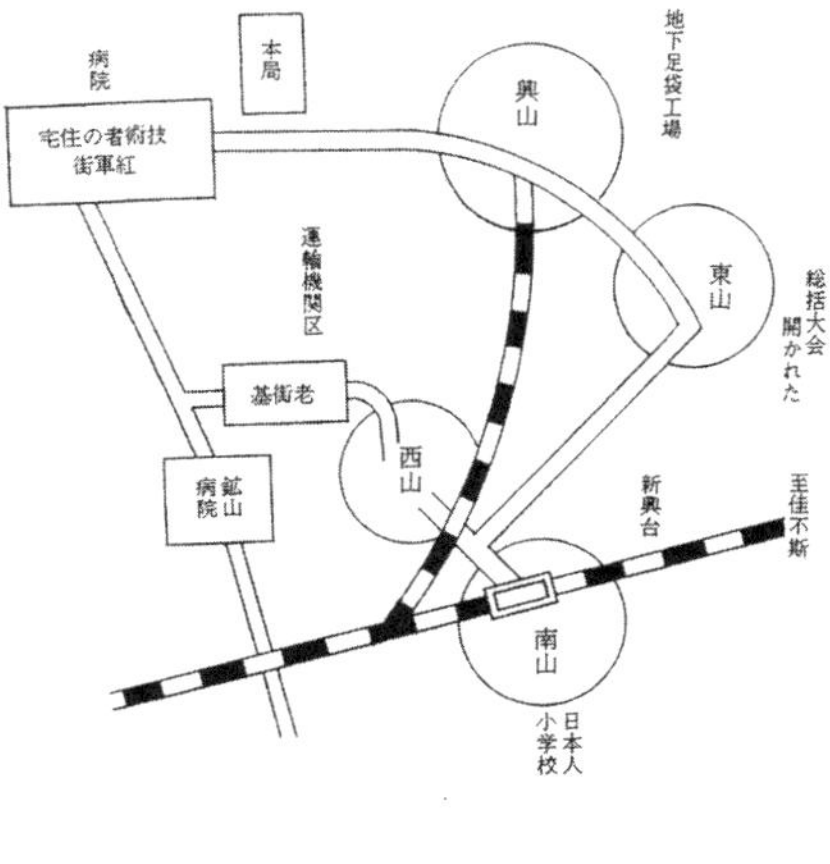

鶴崗炭鉱概略図
（五福堂開拓団誌『榾火』より）

3 「新潟県在満報国農場隊員の帰還報告」

村松亀治場長報告では触れられていなかった内容が、報国農場隊員の報告書の中にある。隊員・米持千恵(旧東頸城《くびき》郡松代《まつだい》町出身、当時一九歳)や石塚孝一(旧佐渡郡金井町出身、当時一八歳)など、引き揚げ行動が異なる集団や個人の避難状況が「新潟県在満報国農場隊員の帰還報告」で報告されている。そしてさらには、元隊員の高橋トク(十日町市、当時二一歳)からは、当時の状況を直接聞き取ることができた。これらの記憶や記録は指導者としての場長の立場からのものではなく、報国農場隊員であった青年男女の立場からのものである。

報国農場で日本の敗戦が分かったのは、八月一六日になってからであった。青壮年男性は根こそぎ動員で次々と応召していたのだが、一六日からひとり二人と農場に帰って来て終戦を知らされた。終戦直後は一部の者から、「どうせ敵軍に殺されることなら、潔く自決しようではないか」との話が出た。

しかし、村松場長は「死ぬのはいつでも死ねるから、何とかして生き抜き、祖国の土を踏むことにしよう。ここの農場は何も満人に恨まれるようなことはしていないし、心配はあるまい。幹部も隊員も一致結束して農場は一体となって行動しよう」と諭した。意気がっていた青年たちを含め皆がそれに賛成して、いつでも農場を後に帰国できるように用意をし、農場の周囲には警戒員を配備して平常のように作業に当たった。

八月二五日頃になると「帰国のために南下することになる」といったウワサが伝わってきたという。この辺の状況は全国拓友協議会刊『満洲開拓史』(五九二ページ)によると次のようだった。日本敗戦後まもなく、この地区の中心地である通北《つうほく》には治安維持会が結成された。八月下旬には通北県日本人会が結成され、本田正春元副県長が会長に就任していた。本田会長は進駐していたソ連軍司令官と折衝し、動きのとれない避難民をハルビンなどの都市に南下できるよう行動していたのだった。しかし、一〇月下旬には南下中止命令が出されて、それまでの間に南下に成功したのは、通北街居住邦人と少しの開拓団員のみであった。

南下のウワサはあったが、報国農場や近隣開拓団にその動きの気配は一向にない。逆に、秋まき野菜の播種《はしゅ》や冬の準備などもしなければならなくなった九月末、第一回目の匪賊《ひぞく》襲撃を受けた。村松場長が貫通銃創の重傷となり、隊員一人が胸部貫通で即死する事件となったその時のことを、米持千恵は次のように記録する。

九月二十三日の祭日の代休日休暇を二十五日に実施しました。その日は農場から約一里の西火犂開拓団本部で演芸会が催されたので、場長さん以下大分大勢の隊員が見物に行ったりしました。夕食後、隊員が当日の演芸会の面白かったこと等を話し合ってまだ就寝しないでいた午後九時頃のことでありますが、宿舎の裏方でパンパンという銃声が突然しましたので、これはいよいよ匪賊の襲撃だなと思いました。

その時、私共女子隊員は全部一棟の女子宿舎に居り、場長さんは岐阜県の開拓団の人が七人ほど食糧蒐集に来ていたので、その人達と今一棟の女子宿舎だった所で話をしておりました。

匪賊は場長さんのいる所を目標に銃撃しましたので、場長さんはその場で右の膝と股に三発銃創を受けました。この襲撃は、後から聞くところによると、農場の建設に従事した付近の満人が匪賊となり、二、三十人が一団となってきたものだとのことであります。彼らは農場の勝手をよく知って居りますので、直ちに農場所有の日本馬十八頭、満馬六頭、乳牛十一頭を略奪し、約三、四十分で引き揚げて行きました。

匪賊の襲撃は翌日夜も続き、隠しておいた貴重品類も探し出されて奪われた。匪賊は小銃や拳銃を撃ちまくり、麦殻に火をつけてこれを松明《たいまつ》にし、農場のあちこちに火をつけたりした。そうこうしているうちに別の匪賊集団も現れ、「女を出せ!」などと怒鳴り散らす事態となった。各家の布団類はほとんど全部を焼かれ、隊員の所持品も大部分が掠奪《りゃくだつ》された。そこで、場長以下幹部の判断で農場に自ら火を放ち、焼却してから農場を後にした。翌日、西火犂《シーホーリ》開拓団本部部落に避難した。

先の「新潟県在満報国農場長の帰還報告」では、匪襲による隊員の死亡は西火犂開拓団に移動する前日の夜のことであったと記されていた。しかし、場長自身の銃創に関しては、まったく記述されていなかった。米持隊員の報告により、場長の災難が明らかになっている。後述する石塚隊員の報告にも、場長の傷の治癒状況が触れられている。どこにいても同じような危険が迫り、西火犂開拓団においても危険を感じながらも、その後一カ月強は西火犂開拓団本部部落に留まった。そして一二月に入ってから五福堂《ごふくどう》開拓団本部部落に移動した。そこは、近隣開拓団から避難した人たちでいっぱいであった。それらの人たちは近隣で職を得たり生きるための何らかの方策を得たりして、その地で越冬した。この地区全体の様子については、昭和二一年四月にハルビン居留民会農民部に提出されたという、通北居留民会会長の任にあった堀忠雄元五福堂開拓団長の「北安省通北県在留日本人情況報告書」に詳しい(第三部扉ページの説明図参照)。

報国農場隊員たちの実情を見てみよう。傷ついた村松場長のこと、五福堂でのそれぞれの隊員のことを、石塚孝一が次のように記録する。それは村松場長が報国農場の解散を宣言せざるを得なくなる諸々《もろもろ》の状況についてである(□は文字不鮮明で不明の部分)。

当時、村松場長さんは前に襲撃を受けたときの銃創は癒えたとはいえ、まだ跛行している状況であり、労働は出来ぬ上、動揺している隊員を取り纏めて行くことについては非常に苦心をされました。何とかして隊員を無事に帰国させ、場長としての責任を果たさなければならないということについては、血涙を絞って苦労されていました。

然し、五福堂に残っていたところで何時になったら帰国出来るかわからぬと□□□心細い状態でありますので、開拓団の人達や他の地方から来て身を寄せていて躰に自信のある者は、続々と北安街を目指して脱出を図る者が出るようになりました。

当時、西火犂開拓団長の丸山さん（筆者注、旧古志《こし》郡出身の丸山政雄）及び丸山さんの奥さんは数回北安街の様子を見に行っており、北安に行けば五福堂に居るよりは帰国する機会は早かろうし、食事なども良いという見通しを持たれ、□□に大勢の者を五福堂に留め置くことは決して策を得たものではないという意見を持っておられ、又それとは全然反対の意見を持っている団長さんもありました。

そこで村松場長さんは種々思い悩まれた結果、多数の女子隊員を集団的に通北に長く置いても良い結果にならぬと考えられ、一月十七日に「報国農場は解散するから、隊員は夫々の同志とともに南下の為に適当の行動をとってもよろしい」ということになりました。

南下の行動をとれと言っても、それはとりあえず北安街に行くことでありますが、北安に行ってももしその日の暮らしに困るようなことがあったら、また五福堂に戻って来た方が良いという話でありました。かくて二月五日頃より男子隊員はぼつぼつ北安目指して出て行く者があり、女子隊員の一部は五福堂に当時身を寄せていた他県の義勇軍の人達などと一緒に北安に行きました。

このようにして報国農場として一致団結、集団行動をとってきた態勢が崩壊した。ただ、ここに石塚孝一が書いているように、避難集団の誰もが動揺しており、先の見通しのつかない中にあった。大きく集団行動が崩れる前にも各個々人の様々な行動があり、たとえば米持千恵は、昭和二〇年一一月一一日に有志とともに哈爾浜《ハルビン》に出ている。彼女は自身の報告書を、「私は十一月十一日までしか隊員と一緒に居りませんでしたので、その後のことはわかりません」と結んでいる。帰国時は「私よりも先に帰っている隊員もあるのではないか」と思っていたのだが、結果的には米持千恵が隊員の中で一番早く帰国したらしい。

さて、昭和二一年三月、現地からの〝南下〟の動きが始まる。正確に言えば直接の〝南下〟行動ではなく、実は生活地を移動するだけのことであった。当時の避難民にとっては、哈爾浜に近づくことができることはすべて〝南下〟、そして帰国につながる移動と認識されていた。だから報告書には、位置的には少し北方に移動する北安《ペーアン》行きも〝南下〟と記されている。

現在の避難地からどう動くかの話し合いの結果は、北安市街に移動する組と五福堂に留まる組とに意見が分かれた。高橋トクは一番早い北安への移動の組の中にいた。北安では駅前の建物に収容された。近くに新聞社があり、高橋トクはそこに何カ月か勤めた。他の若い者たちも方々に仕事を見つけ、働いて多少の収入を得、そして収容所で子持ちの人たちとの共同生活の糧とした。

北安に移動した組は八月から九月、新京に向かった。その後奉天《ほうてん》（現・瀋陽《しんよう》）、錦州《きんしゅう》へと移動し、葫蘆島《ころとう》から博多

現在の北安駅

に一〇月二三日上陸した。

北安の現地に留まった人たちのうち戦後しばらくは帰国できなかった隊員は、少なくとも七名いた。深谷富士子（佐渡出身）はそのうちのひとりで、一九五八（昭和三三）年の帰国であった（『「満州」に送られた女たち』六八ページ）。開拓団婦女子の残留婦人・残留孤児が話題となるが、このように短期間の予定で渡満した人たちの中にも同様の人生を送らなければならなかった人たちがいたことはあまり知られていない。

4 「北安省通北県在留日本人情況報告書」

北海道在住のノンフィクション作家・合田一道が『北満農民救済記録』なる文書を所持していることを満州開拓団に関する連作著書で知った。著書で紹介されている文書一覧の中には、哈爾浜《ハルビン》近辺やそれ以北に入植していた新潟県関係の開拓団の報告書がいくつもあった。いくつかは著作の中で全文が紹介されているのだが、通北《つうほく》居留民会からの「北安省通北県在留日本人情況報告書」は、連作のいずれにも紹介がない。ぜひ拝見したいとお願いしたところ、二〇〇九年に原本のコピーを送っていただいた。

満州からの引揚者が引き揚げに際して一切の記録類の所持を禁じられた中、旧満州開拓団の終戦後の状況が分かる書類である「北満農民救済記録」が日本にもたらされたのには多少の事情がある。

一九七七（昭和五二）年夏のこと、日中友好帰国者援護会と日中友好手をつなぐ会北海道支部主催の「満州開拓団・義勇軍終戦時犠牲者三三回忌法要」が札幌市で開催された。その折、市内在住だというある老人が主催者・柴田正雄に古びた七冊のノートを託した。柴田正雄は当時北海道新聞の記者であった合田一道に、「ノートをもとに開拓団の〝最期〟をまとめてほしい」と依頼し、記録ノートを託した。合田一道は緻密な取材を重ねて『満州開拓団27万人　死の逃避行』（一九七八）をはじめとする四部作を物し、記録の報告書や開拓団の避難・難民状況の実際を詳細に私たちに提供した。

ノートに記録されている報告書は、一九四五（昭和二〇）年初冬から翌年夏にかけて、哈爾浜市難民収容所および哈爾浜市周辺の各所の収容所に避難した各開拓団の代表者、あるいはそれぞれの難民収容所の代表者が哈爾浜日本人居留民会農民部に提出した、避難状況や難民生活状況の報告書ならびに嘆願書である。それを誰かがノートに書き写し、誰かによって混乱の満州から日本に持ち帰られたものらしい。

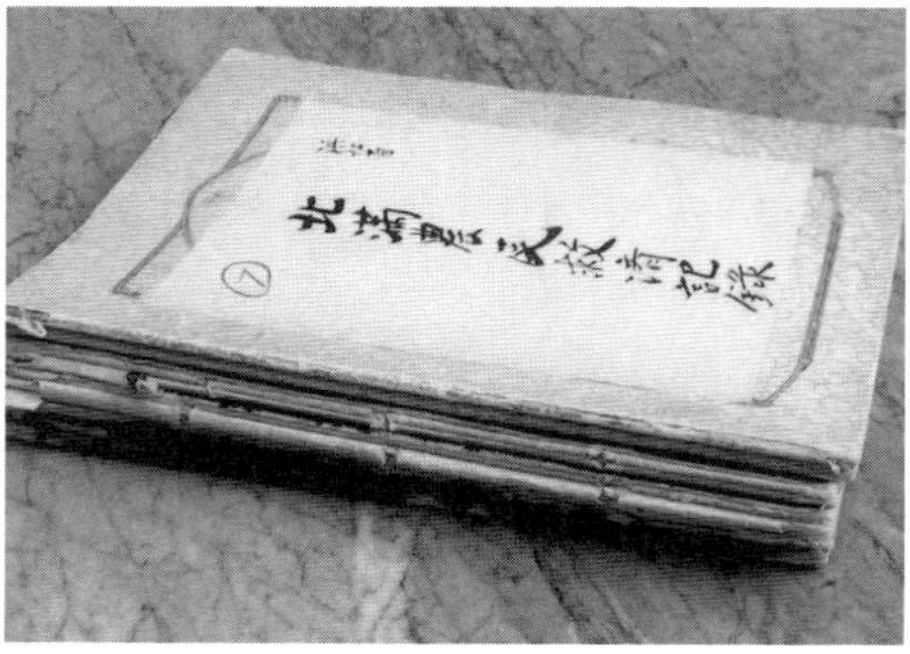
「北満農民救済記録」ノート

その詳細が二〇一三年に判明した。合田一道が二〇一三（平成二五）年八月九日付の北海道新聞（夕刊）に、判明した経緯を「『北満農民救済記録』―札幌の慰霊祭に供えられた謎／教師に託した逃避行の足跡」として明らかにした。それによれば、ノートは哈爾浜日本人居留民会の大塚譲三朗農民部長の指示で、住田勝彦ら数人が開拓団からの報告書を集めて記録したものである。一九四六（昭和二一）年春、大塚譲三朗はノートを携えて満州から北朝鮮へ脱した。ノートは誰かに預けたが、その後は不明。その後、朝鮮半島で教師をしていた〝ある老人〟（昭和四一年生まれ、帰国後山形と北海道で教職を続けた）の手に託された。一九七七年（昭和五二）年、老人（当時六九歳）はそれを慰霊祭に届けた。「持ち帰ると約束して預かりながらどこへ持っていけばよいかわからないまま時が移り、申し訳ない気持ちでいっぱいで」届けたようだ。届けた事実は本人の日記に記録されており、家人が偶然それを見つけて合田一道に連絡、幻だった部分が判明したという。

今ここに参照する「北安省通北県在留日本人情況報告書」は昭和二一年四月二五日付の文書で、通北地区居留民会から哈爾浜居留民会農民部に提出されたものである。当時のことであるから多種多様な事情があったのだろう、報告書は「通北居留民会ハ民国三十四（昭和二十年）十二月二十五日設立。通北居留民会ヨリ連絡困難ノタメ、通興居留民会ヲ設立準備中ナリ」と始まっている。

ここに加わっていた集団は、報告書にある「農民避難経過調査書」の中で次のように掲げられている（注、括弧内の出身県表示は筆者による追加。全国拓友協議会刊『満洲開拓史』によったが、不明のものもある）。

通北北地区　五福堂新潟村（新潟県）、老街基埼玉村（埼玉県）、西火犂開拓団（新潟県）、東火犂開拓団（同）、仙田開拓団（同）、鶏走山県開拓団（岐阜県）、鶏走河曙開拓団（長野・岐阜県出身者による義勇隊開拓団）、柳毛溝開拓団（岐阜県）、東柳毛溝開拓団（同）、通北訓練所、新潟報国農場（新潟県）、埼玉報国農場（埼玉県）、開拓女塾

通北南地区　九道溝（群馬県）、十道溝（岐阜・三重・長崎県）、十一道溝（東京府）、平安土岐開拓団（岐阜県）、天ヶ原（山形県）、天乙千葉（埼玉県）、趙木廠（同）、李家訓練所（山梨県三井中隊）

通北中地区　泰興、旭日、誠実、善隣（義勇隊開拓団、山梨県）、実ヶ丘

行政区外　白家報国農場（岐阜県）、小柳（義勇隊開拓団、宮崎県）、花園（克東県入植、栃木県）、張文村（同）

通北地区居留民会の組織は次のようだった。会長は元五福堂《ごふくどう》新潟村村長の堀忠雄、副会長兼農務部長に伊藤輝三元鶏走河曙経理指導員、労務部長に萩原暉章元東火犂《トンホーリ》畜産指導員、教育部長に川島武夫元五福堂新潟村国民学校長、保健部長に渡辺一夫元五福堂新潟村保健指導員がそれぞれの任に当たった。避難集団約七、七〇〇名は通北県政府の指示により各開拓団を改編して、居住地区別であろうか、五福堂郷、東火犂郷、柳毛溝郷の三集団に再編成された。

西火犂《シーホーリ》報国農場避難民が所属したのは五福堂郷で、人員七七〇名、川島武夫元五福堂新潟村国民学校長が郷長を務めた。これらの人たちは五福堂開拓団本部部落に収容された。報国農場隊員と一緒だったのは五福堂開拓団各部落員、西火犂開拓団員、仙田《せんだ》開拓団員の人たちであった。総員七七〇名がこの地で越冬したが、昭和二一年三月から四月初旬にかけて、この中から三〇〇名が北安《ペーアン》街に北上避難した。

東火犂郷の人員数は四四〇名で、佐藤増章元東火犂開拓団長が郷長を務めた。柳毛溝郷は総員七五〇名で郷長は元東柳毛溝開拓団長の今井好夫が務めた。

「北安省通北県在留日本人情況報告書」は、「終戦後における現在の状況」でそれぞれの移動状況を次のように記録している。前掲の新潟県西火犂報国農場関係の報告書内容と比較参照されたい。なお、西火犂報国農場を含む通北北地区の開拓団避難民の各種状況は、第三部扉ページに掲げる堀忠雄手書きの説明図に詳しい。

終戦前ニ決定セル各団集結ハ「終戦後日本人ノ指揮ハ副県長トルトス」トノ指示副県長ヨリ出テ、終戦前ノ集結位置ニ集合ヲ命ゼラレタルモ、水害ソノ他ニヨリ各団共ソノ位置ヲ離レルコト不可能ニシテ、各団共本部或イハ二、三部落ニ集合セリ。

次イデ十月下旬、前副県長ヲ中心トスル南下運動起コリ、十月二十六日付ケヲ以テ南下開始ノ為メ、所定ノ集結ヲ至急完了スベキ命令各団ニ伝達サル。
本田副県長ハ通北蘇軍司令官ト密接ナル連絡ヲトリ、全通北開拓民ヲ約一ケ月ヲ以テ南下完了ノ計画ナリシモ、各団夫々ノ事情ト哈爾浜方面ノ情況ヲ察シ、南下セズ現地ニ留マルヲ可トスル団多ク、其ノ後輸送困難ノ事情ト相俟チ、老街基ノ大半、実験農場ノ一部、白家報国農場全部、及ビ李家訓練所ニ避難集結中ノ各団ガ南下セルノミニテ、別紙図（筆者注、第三部扉ページ参照）ノ如ク通北、通興地区約三千ノ農民ハ、現地ニ残留スルコトトナッタ。

「通北地区ハ現地ニトドマリ、営農ヲナス」と報告書はつづる。元の開拓団地で収穫や耕作をまがりなりにも許された開拓団避難集団は珍しい。営農は五福堂、東西柳毛溝、平安、九道溝、趙木廠の土地を貸し与えられた。その事情・理由は次のように報告されている。

多数ノ婦女子ヲ擁シ、カツ男子モ老人、コドモ多キタメ、都市生活ハ困難ト認メラレル。牛、馬等、奥地ヨリ運搬ノ便ナシ。乗車賃並ニ途次資金皆無。県政府ハ非常ニ日本人ノタメ援助ノ手ヲ惜シマズ。食糧、種子、農具ノ斡旋等、マコトニタエザル点多ク、土地ハ地区ソノママ無償貸借ニシテ、農業ヲナスニハ好条件ナリ。原住民マタ、ヨク日本人ノ困難ニ同情シ、団ノ知人ハ食糧ノ運搬、其ノ他二十分ノ協力ヲナシツツアリ。

第四部
帰ってきたニッコウキスゲ

清和開拓団本部前の開拓団幹部（押田真所蔵）

第四部　帰ってきたニッコウキスゲ

一　勤労奉仕先、新潟県集団第七次清和開拓団

1　清和開拓団の編成と入植

新潟県の満州開拓民は第一次の弥栄村《いやさか》をはじめとして、試験移民期の各開拓団にある程度まとまった戸数が参加した。そして一九三七（昭和一二）年四月、北安省《ほくあん》通北県《つうほく》に入植した集団第六次五福堂《ごふくどう》開拓団が、県単独編成の最初の開拓団である。その翌年、一九三八（昭和一三）年二月、新潟県全域からの人たちで編成された集団第七次清和《せいわ》開拓団が、新潟県の満州建設勤労奉仕隊の青年たちが勤労奉仕に入った開拓団である。

なお、新潟県学務部長発の昭和一五年四月一四日付文書（第五部一資料1）によれば、新潟県の満州建設勤労奉仕

隊の配属先として五福堂開拓団と第八次阿倫河《あろんほ》開拓団（龍江《りゅうこう》省甘南《かんなん》県入植）の二つの開拓団が示されている。しかし実際は、昭和一五年の勤労奉仕隊も清和開拓団への配属となっている。五福堂開拓団の団史『榾火《ほだび》』でも、満州建設勤労奉仕隊の青年たちに関する記述を発見できない。何らかの事由があったからの変更と思われるが、この辺の事情は文書等の発見がなく不詳である。

　五福堂開拓団への勤労奉仕隊派遣に関しては、『新満洲』昭和一四年一〇月号に次のような記事を見出す（同九九ページ）。この時の奉仕隊は兵庫県中隊で、床屋、大工、僧侶、役場書記などの職業の人たちで構成されており、それぞれの特技を生かした奉仕活動を行ったと報告されている。開拓団と満軍部隊共催の運動会も開催されたという。「この五福堂村は見渡す限りの草原の中にあり、女郎花《おみなえし》、桔梗《ききょう》、かるかやと八月の花は咲き、隊員は内地でハイキングをしているようだと辺境の地の風景を満喫しながら、我等は汗の使節だと張り切っている」――が特派員の印象記である。新潟県人に関する記述は見出せない。

　清和開拓団の入植地、東安《とうあん》省虎林《こりん》県清和村は満州の最東部、ソ満国境の烏蘇里《ウスリー》江より二八キロほど西方の所で、天気のよいときにはソ連の山々がよく見えた。虎林駅東北約一六キロの地点、虎林からさらに北の虎頭《ことう》まで伸びる鉄道の清和信号所を挟んだ形での開拓地だった。清和信号所とは正規の駅ではなく列車交換場であったが、開拓民は清和村専用の臨時停車場として利用していた。入植地の西には完達《かんだつ》山脈があり、東南は穆稜《ムーリン》河を境としていた。

　その地に先遣隊が一九三八（昭和一三）年二月に入植、本隊は翌昭和一四年一月と二月に分かれて入植した。第二部で紹介した勤労奉仕隊の詳細な記録を残した野田良雄（上越市柿崎《かきざき》区）が勤労奉仕に入った一九四一（昭和一六）年春には、開拓団規模が七部落一八九戸、八八三名となっていた。なお、終戦時の開拓団の構成を新潟県庁所蔵の「清和開拓団実態調査表」で見ると、本部（本部＋学校）には五戸九名がおり、警察署（一戸三名）もあった。開拓団員は七部落に分かれ、第一部落から順に、昭和一五年七月一日現在と記録された戸主名だけの団員名簿では五三戸、三五戸、一七戸、二一戸、二九戸、二五戸、二〇戸となっている。

先遣隊が入植したのは、入植地全体が氷に覆われた二月であった。先遣隊員の苦労は並みの骨折りではなかった。入植第一日の体験は次のようだった（新潟日日新聞、昭和一七年一〇月一三日付）。これは現地訪問した新聞記者に団員が当時を思い起こして語ったものである。

見渡す限り平原で家も道路もない。駅の建物だけがポツンと建っていた。それでその晩は国境守備隊へ泊めてもらって、翌朝出発する予定にしていたら、次の朝八時頃起きてみると物凄い吹雪だ。吹き溜まりのところは軒端まで雪が積もっている。とても表へは出られない。それで虎林に三泊したが、何時までもそうしていられないので断然出発した。一里半の道のりのところを数時間かかってようやく旧本部のところへ着いた。

翌朝二時頃鉄砲の音で目を醒ましてみると、匪賊だという。匪賊が我々を〝歓迎〟して礼砲を打っているんだということですが、実に悲壮な気持ちでした。それが二月二十日です。その日から早速準備に取りかかったが、警備に四名ずつ二班、駅へ連絡に二名出して、残りの十名で作業、燃料集めをやりました。

現・虎林駅（構内より）

すべて苦労の連続であったが、先遣隊員は理想郷建設の心に満ちていた。副団長の高野菊一（旧三島《さんとう》郡来迎寺《らいこうじ》村出身）は、「先遣隊の第一歩、本来の使命に則り開拓の意欲に燃えています」と、先遣隊入植三、四カ月後の報告を寄せた（新潟新聞、昭和一三年五月二四日付）。高野菊一は、「大自然の悠久無限のふところに抱かれれば、苦などは消滅」、「故郷で狭い土地をあくせく耕すことは小さい人間のあがき」、「満洲に来て初めて大百姓らしい農業ができるという安堵」を持ったと報告する。「思い切り飛び込んでみれば楽しみが湧く」し、自分たちには「昭和の第一線に立つ使命は重く、またやらねばならぬ責務」があり、開拓地において「出発点を違えず所期の目的に第一歩を邁進する覚悟である」と心意気を報告していた。入植当初はどの開拓団においても似たりよったりの状況であった。

梅川勝衛団長（旧中蒲原《なかかんばら》郡荻川村長、避難途中で死亡）は入植一年を経た団の営農状況などを、入植年の八月、早速地元新聞に報告している。また、昭和一四年一月七日には帰国して、「当地区はなんら被害はなく、今のところ豊作である」と、多くの入植者のいる旧刈羽《かりわ》郡高柳町役場で講演した（『年表高柳町昭和史』七三一〜七三三ページ）。

梅川団長によれば入植地は、「五千町歩以上の未墾地にして、密虎沿線の清和駅を中心として円を描き、最終点虎林駅を十里近くに置き、国境特別地帯にして国境烏蘇里江までは地区尖端より五里前後を離さざるところにある地区、北西部は山また丘という波状地形で、東南部は一望千里という広漠たる原野である。東南方地区境界に穆稜河という大きな川を境として、それより将来大水田一千町歩を開墾せんとただ今計画中」と報告している。

団経営のスタートの様子として「治安を見るになんらの不安もなく」、「内地の人の想像も及ばぬ名も知らざる草花の充満」に目を休め、「不自由を感ぜぬ」生活が伝わる。その清和開拓団が悲惨な終焉《しゅうえん》を迎えようとは、入植者の誰ひとり思い及ばなかったのではないか。

たとえば昭和一四年、本隊入植年の監谷要作団員の現地報告では次のようにある（『新満洲』、昭和一四年六月号）。

「一口にソ連といえば直ちに戦争を思わせますが、当開拓団はソ連の灯火が紅々と見えるくらいですから、内地の皆様がこんな記事を読まれましたら、さぞ全神経をふるわせることでしょう。しかし国境線とはいいながら、娑婆の月はどこを吹くといったような静けさです。何も婦女子といえども決して恐ることはありません」と、後続団員の渡満を勧めていた。生活については「広い沃野と人々の稀薄と相俟って、発展性は充分にあります。農耕も大農具と牛馬等を使役して、毎日何も屈託のない明朗な日をすごしています」と報告している。

第二部落の建設係長だった高野政一（旧岩船《いわふね》郡金屋村出身、当時三五歳）も、家族招致に帰郷した折、初期の現地の様子を次のように語った（新潟新聞、昭和一四年一一月一一日付）。

私たちの清和は確かに働くものにとって楽土です。将来二十町歩からの地主になることを約束されています。今では農産加工所もでき、さらに小学校、訓練所、鍛工場、製油所等も完成、素晴らしい躍進ぶりです。トラクターも使用、大体中農経営です。現在一九七戸、うち妻帯者は四十三名だけで家族招致に努めているから、本年中には妻帯者も百名くらいになるでしょう。水田も三十町歩、大豆、小麦が主で、本年は素晴らしい成績でした。

清和開拓団の避難、殉難については本章3に詳述する。

2　勤労奉仕隊員が見た清和開拓団

新潟県の満州建設勤労奉仕隊開拓団班は、勤労奉仕隊を第六次開拓団以降の建設途上の開拓団に派遣するという方針に則って、東満州の虎林《こりん》県に入植していた第七次清和《せいわ》開拓団へ派遣された。新潟県から派遣された満州建設勤労奉仕隊開拓団班は、現在残っている記録・資料から判断すると、すべてこの清和開拓団への派遣であった。なお、満州建設勤労奉仕隊派遣の最初の年であった昭和一四年度は、二〇名前後で編成された各県隊の混成団であったことが阪本牙城『満洲建設勤労奉仕隊漫画現地報告』で分かるが、この混成団に新潟県隊が加わっていたという記述は見いだせない。また、昭和一四年度の新潟県隊に関する資料の発見も今のところない。

一九四〇（昭和一五）年は田巻甲《こう》隊長（当時燕青年学校教諭、三四歳）率いる田巻隊（指導者・隊員総勢三〇名）が、一九四一（昭和一六）年は横渡冬樹隊長（当時西越青年学校教諭、三〇歳）率いる横渡隊（同三八名）がそれぞれ三カ月の勤労奉仕に入った。田巻隊は昭和一五年五月二三日に新潟駅を出発して翌二四日、茨城県に設置されている内原訓練所河和田分所に入所した。昭和一五年度勤労奉仕隊のその後の移動月日などを阿部正雄手記『鎮魂』ははっきりと記録していないので、詳細は不明である。昭和一六年派遣の横渡隊については、前出の富井源蔵と野田良雄の記録によって明白である。詳しくは第一部四の2～3を参照されたい。

清和開拓団への初めての勤労奉仕隊であった田巻隊の隊員・阿部正雄は、地元の柏崎新聞社に逐次寄せていた報告の第五報で、清和開拓団の当時の経営状況や将来について次のように記している（『鎮魂』一八ページ）。

　入植初年度は先遣隊全員を以って共同作業に依り道路、本部、各部落の足場平均二町五反歩の開拓建設を終わり、昨一四年は部落を充実すると共に個人家屋、水田の開拓に全力を注ぎ、昨年を以って団中心の開拓作業を終了す。本年は部落を単位とする共同作業に依り、部落内の開拓水田、畑の耕作、枝線道路の建設中である。現在家屋約一〇〇軒、日本馬九〇、満馬一五〇、鮮牛一二〇、豚一〇〇の有畜農業経営をとりつつある。

昭和一六年度派遣の野田良雄や富井源蔵らは、清和開拓団のこのような建設・経営が続くときに勤労奉仕に赴いたことになる。その頃は、「団長を中心として警備、農事、畜産、保健の各指導員、各部落長の合議制に依り、和を第一とし和気の内に建設作業に従事」していた。野田良雄が見た当時の清和開拓団は次のようだった。まず、昭和一六年六月九日、現地到着日のこと。野田良雄はその時の現地の様子や開拓団の人たちの歓迎ぶり、いよいよ勤労奉仕に入るという意気込みを込めた記録を、手記『満洲建設勤労奉仕隊點描記』に次のようにつづる。

起床五時三〇分。湿地帯を驀進《ばくしん》中。当地も至る所キンポウゲらしき花咲き乱れていた。林口《りんこう》をいつ過ぎたかわからないが、「特別地帯」[注1]らしき感はさらにせず。見渡す限りの大草原にて、その中に煉瓦《れんが》造りの家がきれいに並んでいる。ちょうど積み木のようだ。低い丘が続く大草原を進む。

満洲国建国前は密山《みつざん》といった所である東安《とうあん》[注2]にて東京府隊を送り、私達も下車して町の歓迎会に臨み、湯茶の接待を受けて、今度は私達のみでさらに進む。草原は未だ芽を出したばかりのようで元気がなく、そして草の中に昨年の枯れ草も見えた。その弱々しい草原を力づけるようにスズランの咲いている所も見えた。

東京隊が出て汽車が大変すいたので、一眠りした。十一時五十分頃、虎林駅着。この次の次というので、そろそろ下車の準備をする。清和より開拓団の人が迎えに来てくだされた。車窓より望む一望千里の未墾[注3]の大原野、何となく気持の広々するを感ずる。湿地は、起床時より鉄道に沿って続いている。十二時三十分、清和着。

こちらは駅ではなく信号所である。先遣隊の人四名、迎えに来ておられた。まず驚いたるは内原時代、「清和は日用品等豊富にあり、大変よい町で夜店が出るほどだ」と言われた拓務省の役人の言葉を思い出して見渡したが、街らしい姿は全然見えず、大原野にてその中に開拓団の人の家が点在しているのみ。指導的立場にある拓務省の役人等、もっとしっかりとことを教えてもらわなくてはならぬ。

こちらも、草原の中にキンポウゲのような花が咲いていた。清和信号所より直線にて開拓団本部へ向かう。その直線一、三〇〇メートルとか。

一時、本部着。そこで団当局のいわば歓迎会に臨む。その後、汽車中にて昼食をとったにもかかわらず、団本部食堂にて昼食をいただく。味噌《みそ》汁、新京《しんきょう》で吸ったとき以来の久しぶりの味噌汁をいただく。実にうまかった。私達日本人に味噌を除けばおそらく生活していけぬであろう。

昼食後、団長・梅川勝衛氏（新津在の人）より当開拓団の実情を承《うけたまわ》る（別項）[注4]。その後、本部より約三千メートル離れた私達の宿舎へ向かう。すぐそこに見えていても、なかなか遠い。先遣隊の櫻井[注5]先生引率の下に私達は共に語り合いながら歩いた。リュックの重いのもすっかり忘れたように…。

見渡す限りの大草原、その中に点在する積み木のような開拓団の個人家屋、煉瓦造りの学校、白壁の本部食堂等、ここが私達の七五日間奉仕すべきところかと想うと、何となく情けない気がした。

二時、宿舎へ着き旅装を解く。まだ大工さんが宿舎の細工をしている。先遣隊の人々が苦労して作ってくだされた炊事場、便所等、立派に建てられていた。宿舎は歌にあるように壁も天井（屋根）も野草《ヤンソウ》（葦《よし》のような草）で葺《ふ》いてある、到ってお粗末な家であった。三間に十間くらいの宿舎で、床の高さは約二尺で、土間は外より若干低いのが気にくわぬ。

清和信号所跡
（写真中央あたりのコンクリート）

四時頃、トラックが荷物を持って来てくれた。即ち寝具、農具、医療器具及び薬品、炊事道具、フマキラー、蚊取り粉、ランプ等の所帯道具一揃《そろ》い来た。全部開拓総局からである。

先遣隊の人々の炊事当番で夕食を食べ、そして約一週間ぶりの風呂に入る。九時頃、隊長及び櫻井氏よりご注意あり。即《すなわ》ち、「当開拓団は現在建設中にて何事も不自由であるから、諸君の中からはいろいろ不平が出るだろうが、なるべく不平は言わぬように、もし言う場合は我々に言ってくれ、そして我慢して立派な成績を上げてください」と。

十時頃漸《ようや》く消灯となり、安らかに眠りに入る。近くの湿地にて蛙《かえる》が鳴き、郷愁に似たものを感ずる。

北満東安省虎林県、拓務省第七次清和開拓団気付、満洲建設勤労奉仕隊新潟県隊第一班、野田良雄、本日（六月九日）を期し、先遣隊の名を解消し本隊と合体せしむ。奉仕隊新潟県隊、総員三八名、内隊長一名、隊付一名、隊員三六名。

〈注〉

1 「特別地帯」に関しては第二部八の記述参照。

2 虎林線湖北《こほく》駅北方二キロメートルの地点、東安省密山県に第六次の開拓団である西二道崗《にどうこう》開拓団があった。この開拓団は昭和一九年四月に隣接の完達《かんだつ》村と合併して東光《とうこう》村と称した。ここには東京都出身者が数戸入植していた関係で、東京都の勤労奉仕隊の派遣先になったと推定できる（拙著『渡満とは何だったのか―東京都満州開

開拓北大荒記念碑と記念館

拓民の記録―』参照)。清和開拓団班は輸送列車の最終駅での下車で、東京の勤労奉仕隊はその手前の駅での下車であった。

3　開拓団が送出されていたころ、旧三江《さんこう》省には三江原野、旧東安省には興凱《こうがい》大平原と呼ばれた大湿原地帯があった。ソ連側のシホテアリン山脈、現北朝鮮側の白頭山山系、そして完達山脈に囲まれた巨大な三角地帯である。この地帯にはソ満国境のウスリー河に流れ込む穆稜《ムーリン》河や七虎力《チーフリ》河があるものの、山嶺から流れ出る大量の水量を受け止めきれず、広大な湿地を形成していた。

興凱の大平原は「北大荒」とも呼ばれ、戦後中国人民解放軍によって大々的に開墾され、沃野と変わった。それを指揮した将軍をたたえ興凱湖の近くに「開拓北大荒記念碑」ならびに記念館が建つ。清和開拓団跡付近では地番がいまだ人民解放軍の番号で示されている。

4　次に掲載する部分。

5　「隊付」として参加している副隊長の櫻井虎雄（旧北魚沼《きたうおぬま》郡須原《すはら》国民学校教諭、当時四〇歳）のこと。

以上のとおり現地での第一日を過ごした野田良雄は、到着の日に梅川勝衛団長よりうかがった開拓団についての話と自分自身で見たり感じたりした清和開拓団の昭和一六年時点の実情を、項を改めて『満洲建設勤労奉仕隊點描記』内に次のようにまとめている。

昭和十三年二月、先遣隊入植。猛吹雪を冒して宿舎の建設、燃料収集に血の出るような苦心を続けられ、翌昭和十四年、本隊の入植を見るに至る。団民は全部新潟県人にて戸数約二〇〇、人口約六〇〇、所有土地面積約

四、三〇〇町歩といわれているが、一万町歩以上ある如し。ちょっと想像できない。
部落は七部落に分かれており、第一部落、第二部落、第三部落というようになっており、大体において一部落三十軒になっていて、部落の中には昔の五人組のように五軒一組になって相互扶助をモットーとしてやっている。我が中頚城《なかくびき》郡からは四軒行っており、下黒川の近くからは吉川村入河沢の高野長一郎[注1]という人が一家揃《そろ》って行っていた。

我々の宿舎も第五部落に造られている。設備としては、現在学校は建築中にて八月上旬には完成すると思う。医者は昨年までいたのだが、今内地へ帰ったきり戻って来ていないのだから、一同健康[注2]に注意しなければならない。購買部[注3]もあり、大体の日用品は不自由を欠かない。ないものは約三里半離れた虎林街へ汽車又は自動車、或いはテクシーで出張して買い求めてこなければならぬ。

植林は、可能性があるが今のところ植林のほうまで手出しできぬので、植林はしていない。木がせっかく大きくなっても悪者が出て来て焼いてしまうので、大きい木は全然ない。小高い丘に行けば高さ五尺くらいの柏らしき木は生えているから、可能性は十分ある。適当な木は楊《やなぎ》、ドロの木等である。

水田は全部で一五〇町歩くらいあるが、今のところ作ってある面積は五十町歩くらいある。穆稜《ムーリン》河という大きい河よりヂーゼル五十馬力二台にて揚水《ようすい》をして、その灌漑《かんがい》に努めており、一五〇町歩作付けできる暁は素晴らしいものであろう。揚水された水は河幅約十メートルの河をもって直線

現在も残る清和開拓団旧購買部

二キロくらいの水路にて運搬される。北満第一の水田管理といわれる大規模の栽培方法も間近いころであろう。

昨年の水稲栽培成績は天候順調にて管理も良好なるため、生育は良好であったが、九月に入り早々に霜害のため収穫皆無となったとか。本年はまた解氷期が例年より遅く、その上種籾《たねもみ》が悪いため、昨年に劣らぬほどの成績だろうと、団の人々は力を落としている。当開拓団は付近に湿地多く水田を作るには絶好の場所にして、その上前述のような水田に対しての設備を施し、水田収穫皆無という状態になっては、当開拓団はつぶれるより他ないので、団民は一所懸命とやっている。品種は北海道早生が多く作られている。

薪炭《しんたん》は、約十里離れた完達山脈の山へ行かなければ取ることができない。採取は冬で、馬に橇《そり》を引かして取りに行くのだそうだ。冬は夏よりは仕事しやすいとのこと。

農業方法は昨年まで共同経営でやってきていたが、本年より個人経営に移ったばかりだという。一戸平均畑三町歩当たり付いているとのこと。作物は主として馬鈴薯で、その他内地で作るすべてのものが栽培されている。高粱《こうりゃん》等は割合に少なく、煙草《たばこ》は大変作られている。

耕作方法は現在まで満洲式農法といって牛馬を使って管理をしていた。これは一人最高三町歩くらいであったが、本年より北海道式農法、いわゆるプラウ農法が使用されることに決定し、目下機械がどんどん入って来ており、技師も来ているとのこと。この方法にて行えば一人最高十町歩はやっていかれる。なるほどトラクターやハローという砕土機、除草、中耕、土寄せという種類のことを兼用した機械も来ていた。

なお、水質良好にてアメーバ赤痢等ほとんど之なし。団民は生水を飲用している。信号所付近は都市計画が立てられており、開墾は許されないとのことなり。一番大切なのは水田にして、当開拓団の興廃は水田の成績の良否に正比例するものである。

遥か東方ソ連の山々を望み、夜は彼の国の灯りを望む。草原には大陸の雑草咲き乱れ、珍しきものスズランなり。やさしい香りを放って、郷愁にふける私達を慰めてくれる。誰かが仕事の帰りにスズランを取ってきてビンに挿しておいた。感受性の強い私共のいる室は一段と情緒が増した。

こんな大陸にもツバメが来てさえずっている。蛙もいる。猫のような泣き声を出すカモメのような鳥もいる。なお穆稜河には魚類多く、鮒《ふな》や鯰《なまず》の一尺三寸くらいのは珍しくなく、中でも鯰の長さは一五〇センチ、即ち満人が担いで尾を引きずるくらいの、重量七貫という化け物のようなのがいる。

遥かに開墾に従事するトラクターの爆音聞こゆ。（六月十九日記）

〈注〉

1　勤労奉仕期間中何回か家を訪問したりして、野田良雄は高野家に随分世話になった。

2　隊員の健康管理のために「勤労奉仕隊員衛生心得」が配布されている。第五部一の7に資料を掲載。

3　掲載の写真は、かつての開拓団購買部施設をそのまま利用している現・清和村の「清和供銷部《きょうしょう》」の全景。二〇〇七年の時点では健在だったこの建物は、八年後の二〇一五年夏には跡形もなくなり、一帯は広大な畑地に変わっていた。戦後七〇年企画で旧開拓団入植地を訪問取材した新潟日報記者が、そのことを確認した。

4　「勤労奉仕隊員衛生心得」は生もの、生水の摂取については厳しく禁止している。清和開拓団では井戸水をそのまま使用できたということで、満州開拓団の中では特殊であろう。関連内容は第二部八、横渡隊長の隊長会議報告を参照されたい。

以上の野田良雄隊員の開拓団見聞に加え、隊付・櫻井虎雄の見聞報告を見て見よう。櫻井虎雄は帰国前の七月末から八月初め、三回にわたる現地報告を地元紙に寄せていた。その報告の中に記されているのだが、清和開拓団へは昭和一五年の田巻隊だけでなく、昭和一四年度には静岡県隊が派遣されていたということである。つまり、清和開拓団は入植の二年目、本隊入植の年から三年続けて勤労奉仕隊の労働援助を受けていたことが分かる。

さて、櫻井虎雄の見聞した清和開拓団の状況とは次のようだった（新潟県中央新聞、昭和一六年八月一日付）。

一四年に家族招致、本隊入植となった清和開拓団は二百戸、第一部落より第七部落に分けてある。全部新潟県人の部落で、大体出身郡別にしてある。中には二、三の郡が混ざっている部落もある。一部落三十戸より五十戸位。

家屋の大きさは、三間に五間の総建坪十五坪。家と家との間は五十間ずつの間隔を置く。家は土台より五尺位の上まで煉瓦にて積み上げ、壁は厚く平屋建てにて、屋根は大抵洋草ぶき、屋内は土間一室、台所一室、居間・寝室が一室ずつ、寝室はオンドル式になっている。畜舎が本屋に付属してある。

現在の耕地畑一千三百町歩位、水田百五、六十町歩という。二百戸にて分耕している。その他に牧畜が盛んで、日本馬百七十頭、満馬五、六十頭、朝鮮牛百二、三十頭、そのほかに豚と鶏を飼う。わずか三年かそこらにこれだけ充実したことは驚くばかりです。

昨年までは共同経営でやっていたが本年より個人別の経営となり、野菜、豚、鶏卵など現金収入も働けばいくらでもできるようになった。野菜は近くに軍隊等の需要があり、いくらでも売れる。それに価格は内地の五、六割くらいは高いから、開拓民にはうれしい。（中略）

水田は総工費三萬円もかけ水を引き、田圃は全部一反ずつに区切り、実に蒲原平野（筆者注、新潟平野のこと）の水田も顔負けする北満一の水田計画である。
冬は五、六里ほど離れた山に薪取りに行くのが仕事で、朝早くから馬橇にて凍っている原野を走る。これほど男性的な作業はないと喜んでいる。馬橇一台にて二十円の収入になるという。

野田良雄の見聞と内容が重なる部分もあるが、指導者の目から見た開拓団経営の現状把握と理解できる。

3　清和開拓団の悲劇、殉難・帰還と慰霊

ソ連軍の満州侵攻ならびに日本敗戦時や引き揚げまでの越冬期間中の満州開拓民が体験した、言語に絶する悲惨事はいずれの開拓団においても同様で、中には集団自決や暴徒による襲撃などによって開拓団在籍者の半数以上を失った開拓団もひとつや二つではない。

新潟県送出の集団第七次清和《せいわ》開拓団の場合、宝清《ほうせい》事件と佐渡開拓団跡事件で避難集団の九割をも失い、故郷に帰り着いた時にはわずか五〇名であったと記録される。その状況は、故国に帰り着いた岩橋熊雄元在満清和国民学校長が報告した「清和開拓団実態調査表」と「戦闘状況調書」によって知ることができる。清和開拓団避難民が陥った終戦後の移動状況、ならびに清和開拓団が遭遇

宝清街の今、人民政府前より街並みを望む

した戦闘の状況について以下にその概要を見ておきたい。

昭和二〇年八月九日、目的地を牡丹江《ぼたんこう》と定めて団地を出発した避難集団であったが、虎林《こりん》にて一泊後、鉄道沿線を避けて山中に入り、五十鈴義勇隊開拓団（第三次、埼玉県・三重県出身者で編成）の団員三〇～五〇名の警護の下に、西北方向の宝清街に向かった。しかし、県公署もあった宝清城内では八月一二日、関東軍の駐屯部隊がいち早く撤退してしまっていた。

宝清城門近くまで達した避難集団は、頼りにしていた関東軍に助けてもらう望みが断たれた。その上、城内に残っていた満州国軍の反乱部隊によって突然の襲撃を受けた。八月一三日、清和開拓団避難民は宝清街郊外にて約一八〇名が死亡した。「宝清事件」と言われる。

記録によれば、清和開拓団の避難行は次のようであった。八月一四～一六日、宝清地区開拓団員も続々と避難隊列に加わる。一七日、一八日頃、西方の勃利《ぼつり》地区に入る。満蒙開拓青少年義勇軍の勃利訓練所近くの義勇隊開拓団に二泊した。二〇日、二一日は仙台出身者開拓団の青葉国民学校付近において五〇～六〇名の暴徒の襲撃を受ける。ここでも五、六名の死亡者、七、八名の負傷者を出す。

八月二四日、開拓民全員が立ち去っていて空家になっていた佐渡開拓団（新潟県送出集団第一〇次）に到着し、ここにしばらく待機・滞在する。二六日の夕刻になって清和開拓団避難民は、梅川団長以下七〇余名がここを脱出する。

八月二七日夕刻、佐渡開拓団跡にソ連軍のトラック隊が来て、

佐渡開拓団跡、トウモロコシ畑での慰霊（2006 年 7 月）

砲および手榴弾《てりゅうだん》をもって残留者を全滅させた。清和開拓団殉難者は四三四名で、いわゆる「佐渡開拓団跡事件」の悲劇である。佐渡開拓団跡事件とは、不時着したソ連機を一部の避難民が襲撃、その報復を避難民約三、〇〇〇名が受け、そのうちの約二、〇〇〇名が犠牲となったとされる開拓団避難時に起こった全満一の悲惨事件である。清和開拓団は宝清事件と佐渡開拓団跡事件などの戦闘・襲撃でそのほとんどの団員を失った。そして、無事帰国できた五〇名のうちの二〇名が帰国してまもなく病死した。新潟県送出の開拓団中、最大の犠牲者を出した開拓団だった。

全国拓友協議会刊『満洲開拓史』によれば、清和開拓団の終戦時の在籍者数は八四八名（うち応召一四六名）、死亡二九七名、未引揚二九三名、帰還一五八名とある。在団員数は資料によって差異があり、最大人数の記録と思われるものが「開拓団実態調査表」の数値である。そこには、終戦時の在団人数が九一六名、その内訳は大人四六二名（男二四七、女二一五。ただし、男一二五名が応召中）、子供四五四名（男二六四、女一九〇）とある。死亡者についても最大で「六九〇名死亡」の記録が見える。「帰国者は五〇名のみ」の記録は、応召者の復員者数を除いた数と思われる。

清和開拓団では、九〇〇名前後の人たちが集団で襲撃されたり、個々別々に分かれた集団でさらに襲撃を受けたりしたわけである。途中収容された牡丹江《ぼたんこう》近くの拉古《らこ》収容所や、新京《しんきょう》（現・長春《ちょうしゅん》）での越冬中の死者も多い。それらの殉難者の中には約六七〇名の女性と子供たちがいた。それらの人たちのための「満洲清和開拓団殉難者供養之碑」が北海道道北の上川郡下川町に立つ。満洲からの帰国後にこの地に入植した新潟県送出の清和開拓団出身者たちが、満州の地に没した殉難者たちの霊を慰めようと、三三回忌に当たる一九七七（昭和五二）年、下川町渓和《けいわ》の高台に高さ約二メートル、幅約三・五メートルの供養碑を建立した。

一九八〇（昭和五五）年八月、本州からの遺家族も招いて法要を執り行った。供養碑除幕式の様子を伝える北海道新聞道北版（昭和五五年八月二八日付）は、関係者の言葉として、「遺骨収集も現地での慰霊もできない。ここに供養碑を建て、最も大勢の仲間が死んだ八月二七日を命日として、祈り続けるのがせめてもの供養」と伝えていた。

慰霊碑は旧満州の地を遠く望むかのように西向きに建てられていた。そこは廃坑となった銅鉱山のはるか上である。銅山の関係であろう、石に備え付けられた碑版は表裏とも銅版製である。二〇〇九（平成二一）年八月に筆者が訪れた時、それはちょうど昼時の太陽を受けて黄金色に輝いていた。

裏面の「追悼の辞」は清和開拓団の殉難を次のように詳しく記していた。

清和開拓団「殉難者供養之碑」

昭和十三年、当時の我が国重要国策たる第七次集団移民として同年三月三十日、我等同志は故郷新潟県から椎躍満洲国虎林県清和地区に入植。爾来孜孜営営として開拓に従事すること七年間、昭和二十年三月には一九五戸、八一〇名（うち成年男子一四四名は応召）が着々その実を挙げていた。

然るに太平洋戦争敗色濃き昭和二十年八月九日、突如としてソ連の参戦により怒濤の如く侵攻を開始したソ連軍により、無防備無抵抗の我等は土地も家屋も或いは一切の財産も之を放棄し、只管に避難するのみ。即ち同日午後二時、全員清和地区から脱出。先ず進路を北に取り山中のみを彷徨しつつ、東横林から西転して牡丹江方面へ向かわんと八月十三日宝清に至や一八一名、続いて八月二十七日には佐渡開拓団跡地において三七一名がソ連軍の襲撃を受けて殺戮された。さらに逃避行中虐殺、暴行、掠奪を恣にされ、自ら生命を処理する者、餓死する者、或いは凍死する者、病死する者、その様相は正に此世のものとは思われず、言語想像を絶する凄惨悲愴只只死者の冥福を祈るのみ。かかる難行艱苦のすえ故国の土を踏んだ者僅かに五十名。その後さらに病死二十名を数え、生存者只の三十名となる。

嗚呼如何でか人生の残酷悲哀を歎せんや。再びかかる事態に遭遇すること断じてあるべからざることを深く祈念す。ここに奇しくも生ありて帰還したる我等十三戸二十二名、昭和二十一年十一月二十日、この地に同志を弔い、清和開拓団再建を期して入植し、乾坤一擲心を新たに鬱蒼たる森林を伐り開き、ヒ熊と斗って今日に至る。

憶うに最大死者を出したる八月二十七日を合同慰霊の日と定め、昭和二十三年を第一回として茲に三三回忌法要を行うにあたり、殉難者供養之碑を再建して肉親同僚物故者に心から追悼の意を表す。

碑文最後に碑建立に尽力した大橋庄次（旧三島《さんとう》郡大津村出身）、中山四郎（旧刈羽《かりわ》郡中通村出身）、中村鹿十郎（同小国町出身）、押田九十九（同鵜川村出身）、茂野留一（加茂市出身）、志田英夫（旧新津市出身）、溝口博（旧刈羽郡中里村出身）の七人の名が刻まれている。

二　「ここで咲けよ！」と二〇〇五年

一九四一（昭和一六）年の夏、当時一七歳だった野田良雄（上越市柿崎《かきざき》区）は、その年の満州建設勤労奉仕隊新潟県清和《せいわ》開拓団班に参加し、東満州のソ満国境近くの開拓地に九九日間の勤労奉仕を行った。野田良雄は自身の勤労奉仕体験を克明に記録していた。野田良雄のこの勤労体験記録『満洲建設勤労奉仕隊點描記』は、そのほぼ全体を第二部で紹介した。

野田良雄は三カ月間を過ごした清和開拓団を去るとき、滞在中に感動した辺り一面に咲き誇っていたニッコウキスゲの種をポケットに忍ばせて帰国した。自宅で種から苗を育て、そして二、三年後には満州の花を自宅庭先に咲かせた。その時から七五年以上を経た今は、毎年の夏、密生するほどに大量の花を咲かせる。その株は満州開拓団引揚者をはじめ、満州に関係のない人たちにも株分けし、県内外のそれぞれの地で毎年同じように花を咲かせている。

かつての第五部落に立つ野田良雄
(2007 年 8 月 1 日)

満州の広野に咲き誇る花々の印象は、日本での花々の鑑賞と異なる感動を開拓団員や勤労奉仕隊員に与えた。勤労奉仕に明け暮れる青年たちの心を和ませてくれるものであった。野田良雄の体験記にもその様子が記されていたが、野田良雄の前年に清和開拓団に勤労奉仕に入った阿部正雄も次のように花々のことを郷里への便りとして送っていた(『鎮魂』二六ページ)。

清和地方の花畑、見渡す限りの大草原は今花盛りです。満洲チュウリップ、芍薬は終わりを告げ、今ショウブ、百合の満開です。その他名も分からぬ雑草が夫々の花をつけており、なかなか見事です。内地の雑草というとあまり花はないようですが、清和地方一帯は雑草というよりも優しい野辺の花です。

赤、黄、紫、白、桃と色とりどりの中で一番黄色が目立っています。黄色は花が二町歩も三町歩も咲き、その先は緑に霞んでいるのです。近寄ってみるとちょうど百合の花に似たショウブです。どうしてこんなに沢山咲くのかと驚くばかりです。作業の帰途、特に珍しい花を隊員が採ってきて、ビール瓶やサイダー瓶にたくさん挿してあります。殺風景な宿舎にも美しい、そして優しい姿を見せております。

野田良雄にとって印象深かったのがニッコウキスゲの黄色、オレンジ色だった。清和開拓団は新潟県の開拓団の中でも最大の犠牲者を出した開拓団だった。開拓民たちがその惨事に遭う前の段階だったが彼の地で一緒に過ごした体験を持つ野田良雄は、避難行の困苦と惨憺《さんたん》たる状況の詳細を知るに及んで、このニッコウキスゲを育てることはそれら犠牲者への鎮魂だと考えるようになった。そしていつの日か自宅で育てた彼の地の花を元の清和の地に株分けしようと考えた（本書「はじめに」参照）。

二〇〇五（平成一七）年夏、新潟県満州開拓民殉難者慰霊訪中団が組まれた。その年は現・黒龍江省《こくりゅうこう》の、かつての東満州の奥地にまで足を伸ばし、清和開拓団の跡地で慰霊法要を行う計画もある。何回も満州からの引揚者を現地慰霊に添乗している旅行業者が、事前の下見で開拓団跡地をほぼ特定しているとも聞く。野田良雄はニッコウキスゲの数個の株分けをバッグに入れ、二〇〇五年の慰霊訪中団に参加した。実に六四年ぶりの現地訪問であった。

現地に立つ。空が大きい。大地が広い。見渡すかぎりの大豆畑。畑はゆるやかにうねりながら、はるか遠くまで続く。その先には樹木が一本目に入るだけ。畝の最後はなだらかに先に落ち込んでいる。どこまで続いているのか。一畝の除草を行って帰ってくると半日が終わった、と開拓民から聞かされたことを思い出す。

ニッコウキスゲやいろいろな花で埋まっていたかつての原野は、今その姿をとどめない。見渡す限り青々とした畑が続く。「すっかり変わってしまった…」、ふとつぶやく。ただ、瞼の裏には一面が黄色の花で埋め尽くされた清和の広野が蘇《よみがえ》る。

かつての清和開拓団の各集落をその畑地のどこに置けば良いのか。当時の概要地図はあるが、鉄道線路の北側に第一、第二、第三、第七の部落、南側に第四から第六の部落があった。しかし今は、かつてを思い出す基準にしたい鉄道線路がない。駅がない。添乗員や現地ガイドの話では、楊樹の並木に囲まれたまっすぐな道がかつての線路跡で、現在の省道だという。勤労奉仕の時に聞いていた「石きり山」や「鶴のくる池」も大体の位置に記入されているのだが、この広い大地の中に石ころのようなその山や池を、どう置けば良いのだろうか。途方にくれてしまう。

当時は一本も背の高い木はなかった。東の方向には、一本の木もない平らな原野の向こうに旧ソ連の明かりが見えた。そんなとてつもなく広い旧開拓地のある所で、清和開拓団殉難者の慰霊法要を行った。読経が流れる中、野田良雄は大豆畑脇の道路の電信柱の根元にしゃがんだ。ニッコウキスゲの苗を植えて供養するのだ。

新潟の地で育ち、年々花を咲かせてくれたニッコウキスゲが今、故郷の大地に帰ってきた。殉難者を慈しむように全員で丁寧に、株を土で覆う。持ってきたミネラルウォーターの残りを、みんなで苗に注いだ。水はすぐ、乾いた大地に浸み込んでいった。きっとここで再び花を咲かせ続けるだろう。

ただ、野田良雄には心残りがあった。自分たちが過ごした清和開拓団第五部落の場所の特定ができなかったからだ。「この辺だろう」と見当をつけた場所で慰霊をし、そしてニッコウキスゲの苗を植えたのだった。

三　旧入植現地の特定

二〇〇七（平成一九）年、この年の新潟県満州開拓民殉難者慰霊訪中団は、二年前とほぼ同じ所を回る計画だった。筆者は新潟県が送り出した満州開拓団や青年義勇隊の調査を進める中で、前年までに野田良雄と知り合っていた。同じように慰霊訪中団の団長で、新潟県開拓民自興会（一九九五年に解散）の最後の会長であった長田末作（旧岩船《いわふね》郡荒川町、昭和一三年、一五歳で青少年義勇軍に参加）からは、新潟県の満州開拓団送出の全体について何回となく話をうかがってきていた。清和《せいわ》開拓団の元団員も紹介していただき、体験聴取もしてきていた。そんな関係でこの慰霊訪中団に参加することにした。

実は、もっと積極的な参加理由があった。第二部で紹介した野田良雄手記の活字化を計画し、筆者は野田良雄と一緒にその作業に取りかかっていた。記載内容に関して何回となく自宅を訪問し話を聞く中で、「二年前は現地の集落位置などの確認が出来なくて残念だった」ということに話題が及んだ。偶然も偶然、この自宅訪問の直前、筆者は岡山県に住む元清和開拓団員家族であった須田まさ枝（旧刈羽《かりわ》郡横澤村出身、渡満時一〇歳）から、「二カ月前に清和の自

清和供銷部の皆さんにお世話になる

宅跡に行ってきた」「学校や昔の購買部の建物も残っていた」という話を聞いていた。須田まさ枝からは、今夏清和開拓団跡地に行くという筆者に概略地図や数枚の現地写真を提供いただいた。

何回かの手紙のやり取りにより、本部の建物跡や須田まさ枝の元の家の跡地（本部近くの第一部落内）、そのまま残っている清和国民学校の建物（野田良雄が腹踊りの出し物をした演芸会場、第二部八参照）、生活用品などを調達した開拓団購買部の建物などの存在や位置関係が分かった。鉄道跡である省道の脇には開拓団員が臨時駅として使っていた清和信号所の礎石コンクリートも残っているという。これらの情報を総合すると、各種記録や体験聴取から清和開拓団の七つの集落の位置関係、清和開拓団跡地の全体がほぼ鮮明に描けるまでになっていた（後掲「清和開拓団開拓村概略図」参照）。

須田まさ枝からは、今は畑地と変わっている元の自宅の脇に現在住む王さん一家を教えてもらっていた。王さんのおばあさんに訪問時に撮影した写真を渡して欲しい、と筆者は頼まれていた。そして、王さんの家までは現・東風供銷《きょうしょう》社清和供銷部の青年が車で連れて行ってくれたという。その青年のことも紹介してもらっていた。この青年を訪ね、写真を見せて案内をお願いすれば、野田良雄が滞在した第五部落も難なく行き着けるのではないか。私たちの事前の期待は大きく膨らんでいた。

野田良雄は、今度こそ昔の自分がいた場所に立つことができると意気込んだ。筆者もさらに情報を集めて現地確認がスムーズにできるよう事前調査を進めた。こうして私たちは二〇〇七（平成一九）年八月一日、現地特定をした新潟県送出集団第七次清和開拓団の跡地で慰霊をすることができた。

第五部落は野田良雄が、「そこが分かれば周りの様子は思い出せる」という、集落脇にあったという井戸を探すことから位置確定作業に入った。現・東風供銷社清和供銷部の青年が「昔日本人が掘ったという井戸がある」と、畑の中に私たちを導いた。申し訳ないが畑の中にずんずん分け入る。井戸枠も何もない、直径二メートルちょっとの水溜りがあった。それが井戸だという。筆者は「誰も落ちないのか」などといらぬことを考えていたが、その時、野田良雄はしばらくその場に立ちつくしていた。

声は発しない。一方をじっと見続けていたかと思うと、今度は逆の方向を見続ける。何かを思い出したのか、動き回る。当時のものかどうかの特定はできないが、かつての井戸だという水溜りのところに立ったのだ。その先に広がる畑地を見た野田良雄は、「似ているなあ…」、「この辺りが宿舎かな…」と、当時の風景と頭の中で見比べていた。「あの畑の先が落ち込んでいるところが穆稜河《ムーリン》かな?」、「とすると、こっちがイマンの方向か?」——しかし今は樹木が高く茂っていて、東方に見えたという旧ソ連の地は望めない。

この時のことを野田良雄は後日、次のように記した(『満洲建設勤労奉仕隊點描記』一五五ページ)。

購買部の兄ちゃんが案内してくれました。昔の開拓民の家らしいのがたくさん見えます。道路は砂利が入っているため、ぬかるむこともなく進むことができました。昔の第五部落の井戸の跡という水溜りがあり、そこに塩ビのパイプが見え、以前にポンプとして使っていた感じでした。四周を見渡してみると、南のほうにムーリン河が流れて水田のあった方向が、おぼろげながら昔の面影を浮かび上がらせ、「側のトウモロコシ畑の中に我々の宿舎があったのかな—」と想像をしながら眺めてきました。

しばらく立ち尽くしていた野田良雄に確信が湧いた。旧清和開拓団購買部からの方向や距離で、ここが昔の第五部落の位置であると確信したのである。そうすると、あの井戸の東側二〇〇メートルくらいのところに自分たちの宿舎があったと考えられる。開拓民住居からは少し離れていた。では、この辺が第五部落だったはずである。一行六名はその場で、清和開拓団本部部落の方向を向いて慰霊法要を行うことにした。六名の中に長田末作団長の自宅近くの東岸寺の住職・野田尚道方丈が同行していた。私たちは直接読経をいただきながら焼香、礼拝で、清和開拓団殉難者の慰霊をすることができた。

元新潟県開拓民自興会会長、現・新潟県満州開拓民殉難者慰霊祭世話人代表の長田末作を団長とする慰霊訪中団では、ありがたいことが二つある。ひとつは新潟県の開拓団や青少年義勇軍の全体に詳しい、元義勇隊員の長田末作が団長であること。旅の途中、どんな質問にも必ず詳しく説明してくれる。同行の私たちを当時の世界に引き込んでくれる。当の長田末作は第三次義勇隊開拓団・勤農《きんのう》新潟村の隊員で、一九四〇（昭和一五）年に現・茨城県水戸市にあった内原訓練所へ入所、同年六月渡満して勃利《ぼつり》義勇隊現地訓練所に入所した。訓練所在所中、清和開拓団避難集団が多大な犠牲者を出した佐渡開拓団入植地が隣接地にあり、同じ新潟県人ということで休日を利用して佐渡開拓団を訪問していた。

勃利での三年間の訓練の後、長田末作らは旧ソ満国境の東安《とうあん》省密山《みつざん》県興凱湖《こうがいこ》の近くに義勇隊開拓団となって入植した。長田末作は終戦後、シベリア抑留を経て、昭和二二年七月に帰国。その後は引揚開拓民の組織である県開拓民自興会の会長などの要職を長く務め、慰霊訪中・友好交流は二〇〇七年が八回目である。清和開拓団跡には二〇〇五年、野田良雄らと訪問している。今回は自身の義勇隊開拓団入植地の勤農村の村長らや勤農小学校の教師・児童・保護者らとの交流のために清和訪問団班六名とは別行動であった。

清和開拓団第五部落跡での慰霊

長田末作団長率いる慰霊訪中団にはいつも近所の住職から同行していただけるのがこの慰霊訪中団の特色で、参加者にとってはこの上なくありがたいことである。旧岩船郡荒川町荒島（現・村上市）の東岸寺の住職である野田尚道方丈は、檀家ではないが近所ということで長田末作との付き合いが長い。地域で教育・文化面、あるいはいのちの電話で活躍されている野田方丈は、長田末作の殉難者慰霊、平和希求、友好交流の良き理解者である。今回が、長田末作の慰霊訪中に同行すること五回目である。慰霊訪中では訪問現地できちんとした法要を執り行っていただける。清和開拓団跡地での今回の慰霊も、小さな祭壇ではあるが立派な供養法要をしていただいた。

帰国後の写真交換の便りの中で、今回の慰霊の旅を思い起こされての作か、「哀しくて　されどおもろき人生よ生きるも出会い　死ぬるも出会い」の歌が添えられていた。

二年前に野田良雄はある電信柱のたもとにニッコウキスゲを植えたのだったが、今回は残念ながら、ついにその電柱を見つけ出すことはできなかった。

四　帰ってきたニッコウキスゲ

二〇〇七（平成一九）年八月一日、私たち一行六名は虎林《こりん》街のホテルから小型マイクロバスで清和《せいわ》開拓団旧入植地に向けて出発した。目覚めた時は相当な雨模様だった。皆で清和行きを中止しなければならないかと心配した。私たちは旧満州の黒土が雨を含むとどういう状態になるかを経験していた。雨の中で土道を歩いたり畑地に分け入ったりすれば、靴底には一〇センチもの土がつき、ズボンは雨と泥にたっぷり浸る覚悟が必要なことを知っていた。

しかし、心配しても現地に行くのは今日しかない。一〇～二〇キロ離れたところだから、運が良ければ雨も止《や》んでいるかもしれない。希望的観測で出かけたが、本当に運良く、慰霊をする頃には雨はあがっていた。

第五部落に行き着く前は、雨の中での現地確認だった。旧購買部、現・東風供銷《きょうしょう》社清和供銷部の青年が案内してくれなかったら、マイクロバスはすぐにでも立ち往生してしまったのではないか。青年の案内で昔の清和国民学校の建物、食料加工場だったという建物、日本人が住んでいた家など、要領よく回ることができた。野田良雄は、「私たちがあの校舎の中の教室二つをとり払って慰安演芸会をした」（第二部八参照）と、そのまま残る旧清和国民学校校舎を感慨深く眺めていた。

昭和一六年、私たちがお盆の一六日に清和小学校で行った慰安演芸会にヤンヤヤンヤの大喝采《かっさい》をしてくれた幼い子供や小学生が、四年後には敗戦・逃避行となったわけで、何人の人が祖国へ帰ることができただろうか。

清和開拓団勤労奉仕の務めが終わって帰国の途についた八月二三日午前一時の真夜中、どこからともなく「ごくろうさまでした」と声をかけてくださった開拓団の若いお母さんらしい人の声、この声の主も四年後の逃避行の犠牲になられたのではと思うと、胸がいっぱいになります。

現地確認作業、井戸の近く

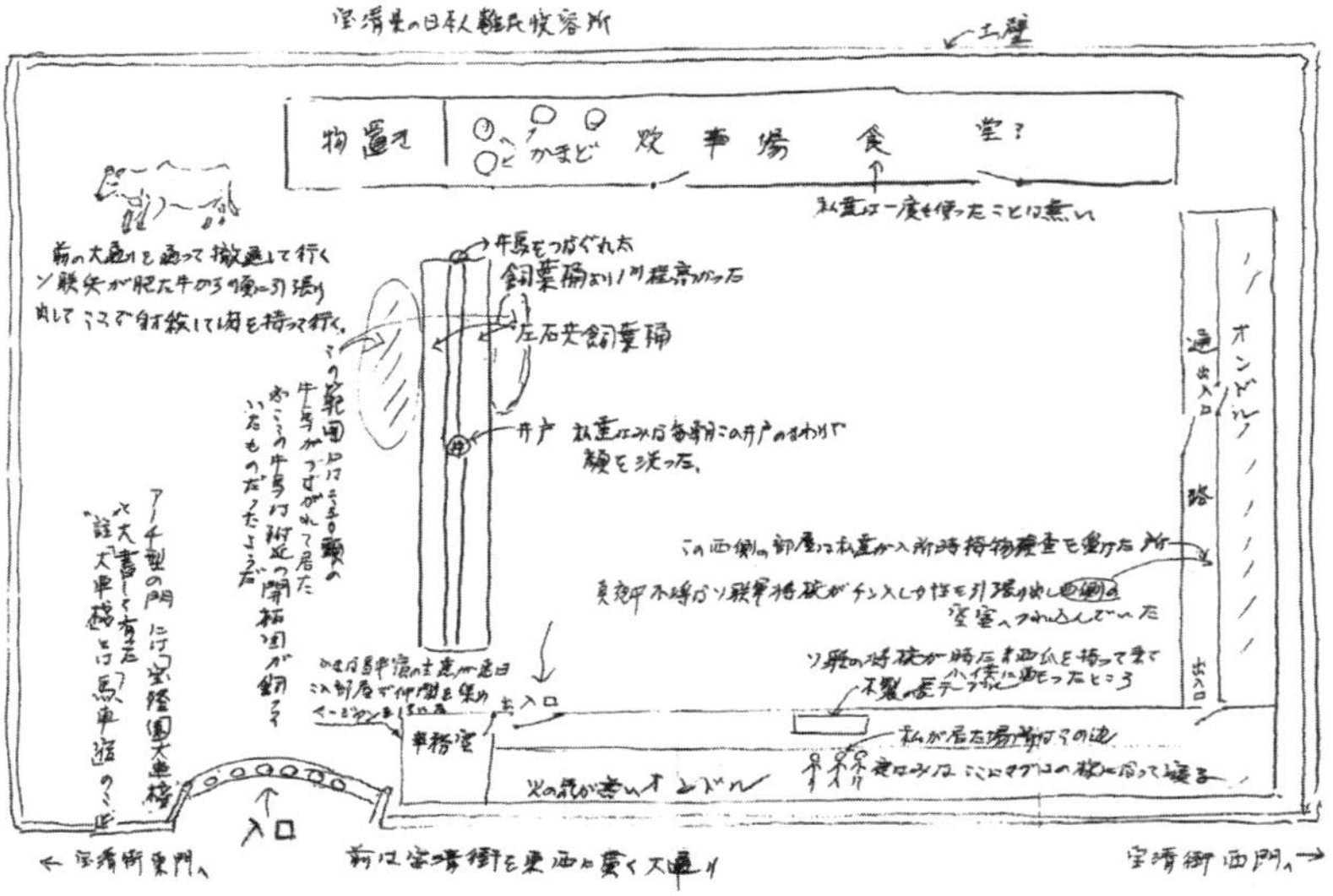

宝清難民収容所概略図（長谷川忠雄手記より）

帰国後の親睦会で野田良雄はこう話した。そして戦後三〇年余り経った頃、清和国民学校の岩橋熊雄元校長のことが新聞に載ったという。旧水原町《すいばらまち》（現・阿賀野市）のお宅を訪ね、清和開拓団員のその後のことをうかがったこともあるという。

実は今回の清和慰霊団班六名の中に、避難先の宝清街《ほうせいがい》の難民収容所での清和開拓団の子供たちのことを知る人が一緒だった。今は北海道に住む、山形県庄内の開拓団家族であった富樫昭治である。一九四三（昭和一八）年三月、団長であった父・直太郎に伴われて集団第一〇次楊栄《やんえい》庄内開拓団家族として渡満した。帰国した後の一九五一（昭和二六）年五月、戦後開拓者として北海道天塩郡幌延町に入植した酪農家である。牧場は、残念ながら、後継の関係で二〇一二（平成二四）年に閉鎖し、他に任せることになった。

富樫昭治は終戦当時一二歳。清和開拓団が満州国軍の反乱兵士たちや満人警察隊などに襲撃を受け、約一八〇名の犠牲者を出した宝清の近く、涼水《りょうすい》という地で、庄内開拓団は同じく満州警察隊に襲撃され、二五〇名の徒歩集団のうち約五〇名の犠牲者を出した。富樫昭治はそこで母と弟を失い、孤児となって近くの中国人の世話になった。宝清での夜、富樫昭治は孤児となった自分を救ってくれた一家の子孫六名をホテルに招いて、報恩の宴を開いた。

富樫昭治らは清和開拓団の避難集団が宝清事件で多大な犠牲者を出す一両日前に、宝清城内の収容所に収容されていた。収容所内で惨劇を生き延びた清和開拓団の子供たちを迎えていた。帰国後すぐに書き記し一九七九年に出版した手記『故国を指して幾百里―ある満州開拓孤児の記録―』で、そのときのことを次のように記録する。

その日の夕方、四、五人の満人が来て、東門外で今朝早く日本人の開拓団・義勇隊が宝清に入ろうとしてきたのを、警戒の満軍に一斉射撃を浴びせられて三〇〇人くらいが殺され、その中からまだ生きておる乳呑み児、五、六人（皆、死んだ母に抱かれて泣き叫んでいたもの）を拾ってきて、「同じ日本人なんだから育ててやってくれ」といって連れてきた。

可哀想に、二つ三つのいまだ未知の幼子。一番大きい子で五つになる女の子であった。「お母さんはどうしたの」と尋ねると、「お母ちゃん、あたしたち三人を残して死んじゃったの」と、幼い目に涙をいっぱいためて答えるのでした。その女の子の下には男の子三つと一つの兄弟がいるのです。

殉難地での慰霊、中央が富樫昭治

富樫昭治自身もこのとき困苦の収容所生活に入ったところであったが、これら幼子を見て、「可哀想に、この幼子たちを残してお母さんは安心して死んでゆかれたことでしょうか?」と、母をおもんぱかる。「私たちなら少々物判りもするが、この子たちは未だ何も知らない無垢《むく》な子供たちなのだ」と、幼子たちをおもんぱかる。富樫昭治のその後の孤児生活はまさにどん底の、生きるがための生活であったが、温かく世話してくれたのが、私たちが滞在したホテルに集った中国人たちだった。

前述のとおり私たちの慰霊訪中団にはいつも東岸寺の野田尚道方丈が同行している。宝清訪問時には、郊外にある宝光寺《ほうこうじ》訪問を常とする。宝光寺は宝清街唯一の尼寺で、ある開拓団殉難者の遺骨を預かり、戦後ずっと供養し続けてきた寺だと聞く。尼僧の話では、「いつか日本人が慰霊・供養に来ていた」というが、納骨・位牌安置の場所や日本人の氏名などの記憶ははっきりしない。

それでも私たちは、ともすると清和開拓団殉難者のものではないかと考え、一、〇〇〇個以上あると思われる納骨・位牌安置所―ちょうど学校の下足入れのように、小さな私書箱風に一戸ごとの収納棚が並ぶ―を手分けして探した。残念ながら日本人の名前を見つけ出すことはできなかったが、本堂にて現地の様式で供養の読経を上げてもらって慰霊した。

二〇〇五年、二〇〇七年の宝清訪問から一〇年近くを経た二〇一四年、九州は福岡市の知人から一冊の手記が送られてきた。そこには宝光寺の遺骨のことが書かれていて、詳細が明確になった。手記の主は、ソ満国境、松花江岸《しょうかこう》の冨錦《ふうきん》に軍属として移り住んでいた長谷川忠雄という人だった。一九三三(昭和八年)年生まれの当時一二歳、偶然にも富樫昭治と同年であった。一家して冨錦から宝清まで避難する途中、現地民等の襲撃で両親兄弟姉妹を失い、弟と二人きりとなった少年であった。長谷川忠雄は宝清難民収容所でしばらくすごくことになった。その後、自分たちは現地の中国人の世話になって生き延びた。宝光寺には長谷川一家と馬場一家の殉難者の遺骨を預けたという。後年、長谷川忠雄は八路軍に加わるなど波乱万丈の生活を続け、日本に帰り着いたのは一九五三（昭和二八）年であった。

遺骨は宝光寺に合祀され、中国人の二人の戦友が毎年、参詣料を払って供養してくれていた。長谷川忠雄は二〇〇九（平成二一）年八月の訪問と慰霊を最後とし、「位牌をお寺に預けておくのも戦友たちの重荷になると思い、訪中慰霊一〇年目にして日本に持ち帰る」ことにした。私家版手記『一粒の麦　地に落ちて』により、宝光寺の遺骨の詳細が明確となった。

遺骨は清和開拓団殉難者のものではなかったが、宝清事件によりこの地で多くの開拓団が殉難者を出したのは事実である。そして、二家族の遺骨だけとはいえ、戦後ずっと日本人殉難者の供養を続けてきた中国人の友、中国のお寺があった事実は記録されてしかるべきと考え、ここに追記した。

宝光寺訪問記念写真、
寺正面前にて

私たちの清和開拓団訪問の二カ月前に昔の自宅を訪問し、私たちに多くの現地情報を提供してくれた岡山県在住の須田まさ枝は、清和開拓団避難民四三四名が犠牲となった佐渡開拓団跡事件を知る人である。宝清事件のあと、清和開拓団避難民は勃利《ぼつり》を目指して完達《かんだつ》山系の山道を避難した。すでに兄二人の所在は不明だった。須田まさ枝と父は開拓団避難民の惨状を祖国や兄たちに伝えるため、事件発生の前夜、暗闇に紛れて佐渡開拓団跡を脱出したのだった。その地に残った祖母、母、妹二人は、燃え盛る家屋の中へ身を投じて死亡した。

その須田まさ枝に教えてもらった王さんの家を訪ねた。降りしきる雨の中、皆さんで歓待してもらい、ありがたい限りであった。家族はおばあさんと長男夫婦、そして孫二人の五人家族だった。私は須田まさ枝から託された、おばあさんや孫が映る写真数枚を手渡した。通訳の現地人ガイドから説明を加えてもらった。孫の女の子は自分が映る写真を少しはにかみながら眺めていた。

王さん宅の隣がかつての須田家だったという。おばあさんは記憶の中で日本人のことを覚えていた。自宅もかつての開拓団家屋を使っている。須田家跡は野菜畑となっていた。訪問時は雨が降り続いていたので、外の確認を早々に済ませて中に入れてもらった。野田良雄は出発前に筆者から須田まさ枝宅のことを聞いていたので、持参したニッコウキスゲの株分けは隣の家の王さんに育ててもらおうと心に決めていた。王さん宅は清和開拓団の旧本部近くである。そこで育てて、六六年ぶりに〝帰ってきたニッコウキスゲ〟が咲き続けてくれることが、清和開拓団殉難者への何よりの供養であると考えたからである。

野田良雄はそのことを説明する中国語の手紙を持参していた。「これは一九四一年、この地で咲いていた野草の子孫です。種子を持ち帰り日本で育てていました。今日、ふる里のこの地へ還って来ました。育ててくだされば大変ありがたいことです」――このような文章を自宅近くの中国語を分かる人から書いてもらっていたのだ。中国語の手紙を見せながら、そしてニッコウキスゲ

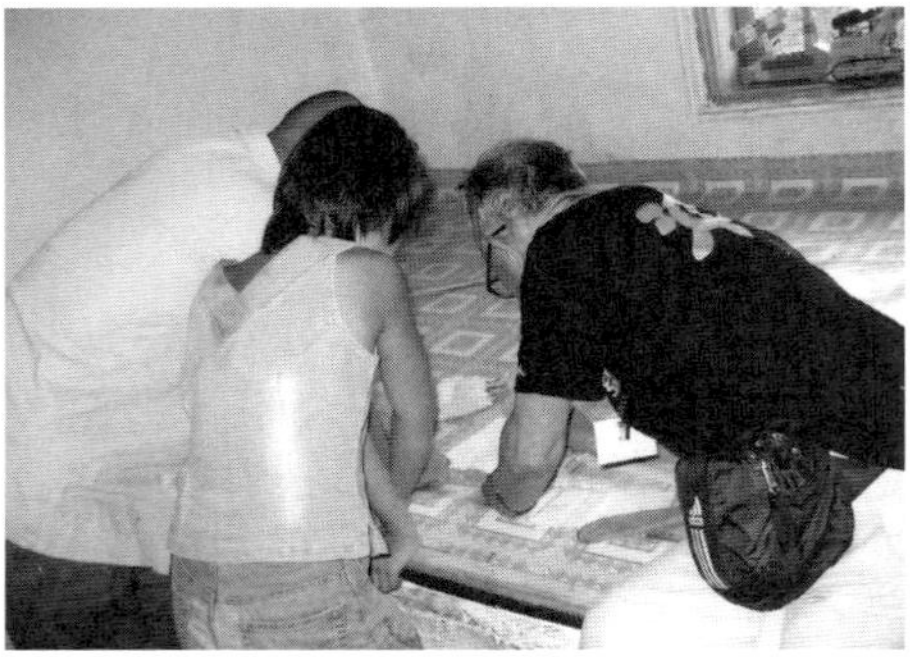

手紙を見る王銀国親子と野田良雄

の数株を見せながら、野田良雄は興奮気味に日本語でどんどん話しかける。手紙の内容と野田良雄の熱意は、この家の主人・王銀国に届いたようである。王銀国も真剣な顔で手紙を読み、深く頷《うなず》いた。この時のことを野田良雄は後に次のように語っている。

　持参の数株を受け取ってもらい、感謝の気持ちでいっぱいになりました。これまでにいたる大勢の皆さんの力添えの賜物《たまもの》です。ほんとうにありがたいことでした。同行者は家族の皆さんともいっぱい写真を撮られたようでした。

ご本人は写真など撮っている暇はなかった。同行の私たちが撮った写真が帰国後にたくさん野田良雄のもとに寄せられ、その中の数枚は後日王銀国宛に送られた。野田良雄が持参したニッコウキスゲの株のいわれは、おばあさんと息子に理解され、庭で育てると快諾してくれた。六六年ぶりの里帰りで、次の年からは元清和開拓団の本部跡近くで美しい花を咲かせたことだろう。そして一〇年近くあとの今も、その地で咲き続けていることを願う。

清和開拓団跡訪問から帰国して半月、二〇〇七（平成一九）年のお盆八月一五日、八三歳になった野田良雄は同行の私たちに感謝の手紙を送った。

　時代が過ぎ、満州開拓民殉難者慰霊の組織があることを知り、一昨年六月、長田末作団長のもとに参加。方正《ほうまさ》日本人公墓を参拝、そして清和を訪れたが皆目見当がつかず、ある一隅で法要をし、昔清和から数個の種子を持ち帰り育ててきたキスゲの子孫の一株を植えてきたのが、一つの慰めでありました。

しかし、運命の神は見捨てはしませんでした。高橋健男さんより岡山県に住んでおられる清和開拓団生存者の須田まさ枝さんのことを聞かされたのです。連絡をとって昔のことを語り合うことができました。そんなことがあり、今年はおそらく最後の訪問になるだろうという慰霊の旅に、清和を再び訪ねる決心をしました。

王さんのお宅を辞して我々が昔暮らした宿舎の跡を訪ねようと移動すると、雨は次第に止んでくれました。時間もかなり過ぎたようですが、旅行社の稲垣さんのはからいである一角をお借りして小さな祭壇をしつらえて、同行の野田尚道方丈様のお経をいただき、同行の富樫、斉藤、高橋、稲垣、私の一行六名がそれぞれお焼香、礼拝をしてまいりました。

今から六六年前、昭和一六年の夏、この清和に滞在し、勤労奉仕とは名ばかり、ほとんど遊んできてしまった一夏だったけれども、あのころの国策で誰もが悪いことをしているという感じは持っていなかった。八紘一宇とか東洋平和のためとかの美名のもとに、私たちは批判や意見を言うことのできない社会に育てられていたのです。

王さん親子とともに

戦争は繰り返してはいけない。日中両国は戦ってはいけない。隣国は仲良くつきあっていかねばならない。戦後六二年の八月一五日、これをしたためながら満州大陸に眠る幾十万の御霊、特に開拓民の皆様の御霊安らかにと願うばかりです。

関係の皆さん、ありがとうございました。

〝帰ってきたニッコウキスゲ〟は、野田良雄のこの想いを香りに乗せて、日中両国の市民の庭先で咲き続けるであろう。

清和開拓団旧入植地に関して一言添える。

戦後五〇年、六〇年ともなると、かつての日本人開拓団入植地の様相は一変し、各開拓団の現地訪問で昔の姿を確認できることはまれである。そんな状況のなかで、ここに掲げる現地概略図の建物や位置関係を私たちが確認できたことは、望外の幸せであった。

ただし、淋しい事実が昨年判明した。戦後七〇年企画で清和開拓団および引き揚げ後の戦後開拓を闘い抜いた元清和開拓民を特集した新潟日報紙は、二〇一五（平成二七）年五月、記者を現地に派遣した。現・清和村の住民に聞き取りを行った結果、建物で残っていたのはかつての食糧加工場の煙突（概略図中央部右端）だけだった。私たちにとって清和開拓団を感じ取ることのできるかつての清和開拓団購買部や清和国民学校の校舎も壊されていて、跡地は広大な畑地の一部と化していたという。二〇〇七年から二〇一五年の間に、清和開拓団跡地も変貌してしまっていた。

なお、唯一残った食品加工場の煙突は、「かつての日本人入植地を示す歴史物として保存する」と説明を受けた記者は、煙突足下に「侵華日軍開拓団遺物」の石柱を目にした。

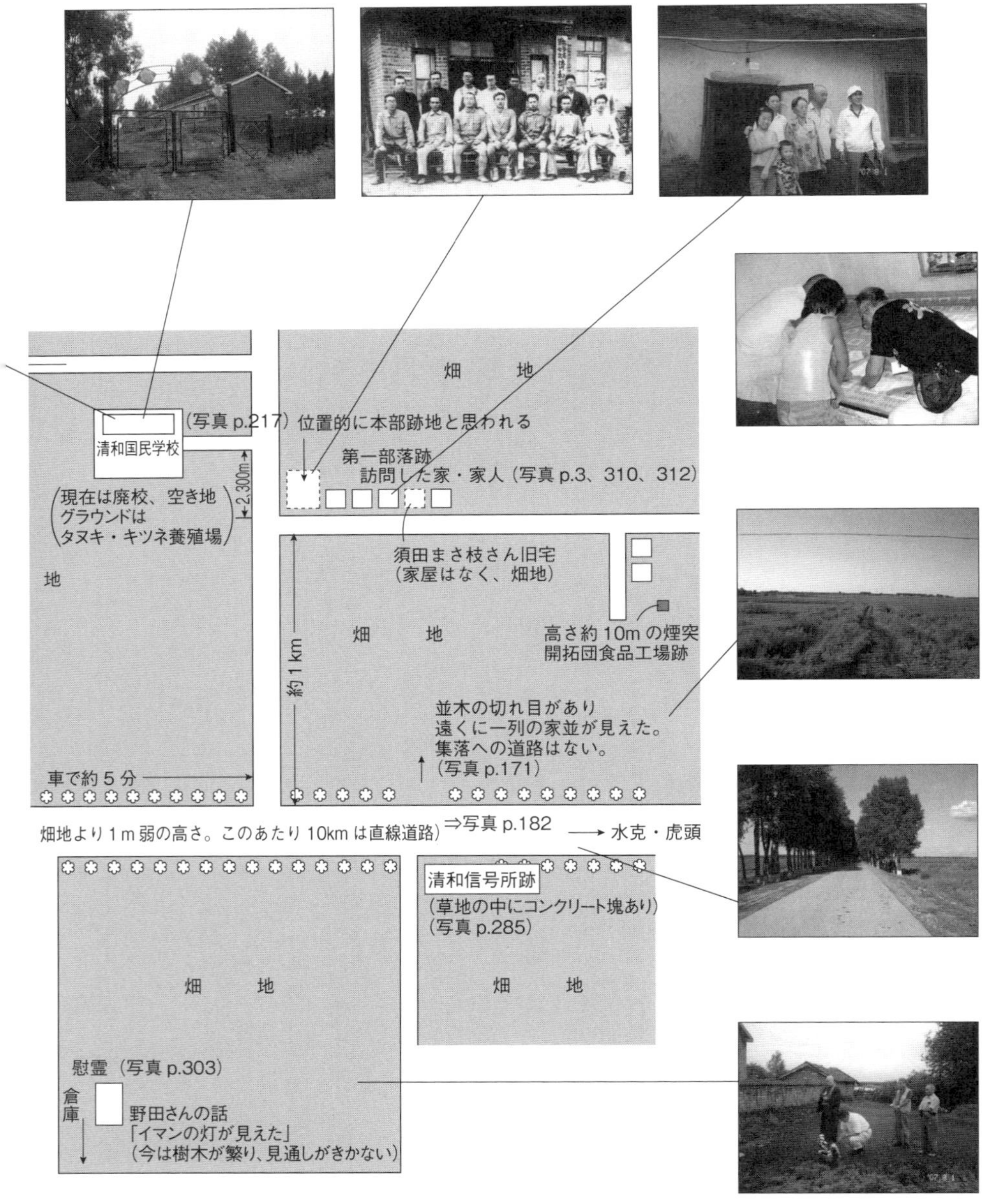
畑　　地
（写真 p.217）位置的に本部跡地と思われる
清和国民学校
第一部落跡
訪問した家・家人（写真 p.3、310、312）
2,300m
（現在は廃校、空き地
グラウンドは
タヌキ・キツネ養殖場）
地
須田まさ枝さん旧宅
（家屋はなく、畑地）
畑　　地
高さ約 10m の煙突
開拓団食品工場跡
約 1 km
並木の切れ目があり
遠くに一列の家並が見えた。
集落への道路はない。
（写真 p.171）
車で約 5 分
畑地より 1 m 弱の高さ。このあたり 10km は直線道路）⇒写真 p.182
→ 水克・虎頭
清和信号所跡
（草地の中にコンクリート塊あり）
（写真 p.285）
畑　　地
畑　　地
慰霊（写真 p.303）
倉庫
野田さんの話
「イマンの灯が見えた」
（今は樹木が繁り、見通しがきかない）

および関連写真

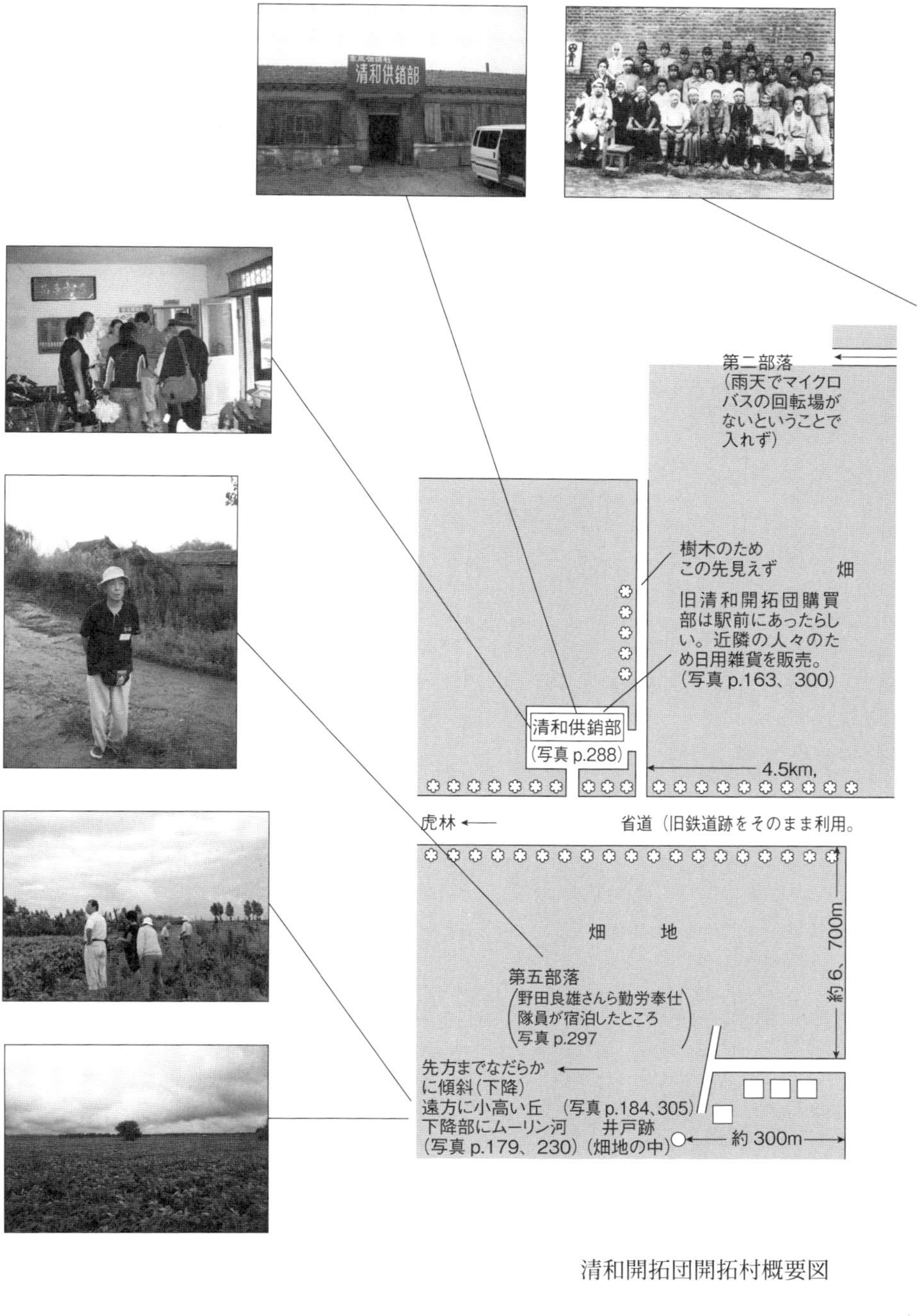

清和開拓団開拓村概要図

第五部

資料編　満州建設勤労奉仕隊関係文書

綱領
我等勤労奉仕隊ハ
皇祖ノ神勅ヲ奉シ
協心戮力身ヲ挺シテ
興亜ノ天業ニ追進シ
神明ニ誓ッテ
天皇陛下ノ大御心ニ
副ヒ奉ラムコトヲ期ス
新潟縣隊

第五部　資料編　満州建設勤労奉仕隊関係文書

一　田巻隊派遣関係文書

1　「満洲建設勤労奉仕隊ニ関スル件」（青年学校長等宛）

＊　本文書は昭和一五年四月一二日付の文部、農林、拓務の三次官連名で各地方長官に送った「満洲建設勤労奉仕隊ニ関スル件」を受けて、新潟県学務部長が昭和一五年四月一四日に、青年学校教員養成所長、郡市青年教育研究会長、郡市青年団長宛に、割当人員の推薦を依頼する文書（新潟県庁文書番号第二一六六号）である。内容的には国からの文書と同一で、「満洲建設勤労奉仕隊要綱」の通知である。県の通知としての特色は「本県配当人数」の項目と「郡市人員割当表」である。前段の部分で名称が興亜《こうあ》学生勤労報国隊から「満洲建設勤労奉仕隊」

に統一されたことが分かる。

なお、文章には句読点がほとんど付されていない。以下それぞれの文書共通で、記号を含め最少限度で加えた。

満洲建設勤労奉仕隊ニ関スル件

昨年一般青年並ニ学生生徒ヲ満洲国ニ派遣シ満洲建設事業ニ参加セシメ多大ノ効果ヲ収メタルニ鑑ミ、本年度ニ於テモ文部、農林、拓務ノ各省連絡ノ上別紙要綱ニ依リ、満洲建設勤労奉仕隊（本年度以降此ノ名称ニヨル）ヲ組織シ満洲国ニ派遣致スコトト相成候、就而関係方面ト協議ノ上指導者並ニ隊員ヲ来ル五月十日迄推薦相成度、此段及依頼候也。

追而隊員ヘ別紙各郡市割当人員（補欠トシテ外ニ二名宛）ヲ推薦相成様致度。

満洲建設勤労奉仕隊要綱

一　趣旨

満洲建設勤労奉仕隊ハ現下ノ時局ニ鑑ミ満洲国ニ於ケル開拓政策ノ促進、日満ヲ通ズル食糧飼料ノ増産ヲ目的トシ、農耕開墾並ニ開拓諸建設及技術的特務作業等ニ勤労奉仕セシメ、此等実践ヲ通ジ青年ノ訓練及大陸認識ヲ與ヘ、以テ日本青年ノ報国精神ヲ昂揚スルヲ主眼トシ、訓練勤労一体ノ實ヲ揚グルモノトス。

二　名称

満洲建設勤労奉仕隊　青年隊開拓団班

三　渡満及帰還

全隊員ハ内地（内原訓練所）ニ於ケル準備訓練ヲ修了シタル後之ヲ渡満セシメ、夫々奉仕地ニ配属ス。

奉仕期間満了後ハ全員一応内地ニ帰還セシム。

満洲ニ於ケル視察見学ハ運輸ノ許ス限リ之ヲ考慮ス。

四　経費

イ　指導者並ニ隊員ノ手当ハ一人三十五円（但シ此中ヨリ腕章・手帳ノ代金トシテ五拾銭ヲ差引ク予定）。

ロ　県庁所在地ヨリ内原迄ノ経費並ニ弁当代ハ支給ス。

ハ　内原入所後渡満及帰国迄ノ経費ハ一切不要。

ニ　隊医手当四〇〇円、支度料一〇〇円

ホ　助手手当二〇〇円、支度料五〇円

五　救恤

準備訓練・輸送・奉仕ノ各期間中ニ生ジタル事故者ニ対シテハ日本及満洲国政府デ救恤ノ措置ヲ講ズルモノトス。

六　作業

各開拓団ニ配属セシメ、概ネ農耕・土木・開墾等ノ奉仕作業ニ当タラシム。

七　新潟県小隊配属先

イ　一小隊ハ通北県五福堂（第六次新潟県移民団入植地）

ロ　一小隊ハ甘南県阿倫河（第八次新潟県移民団入植地）

八　内原訓練所入所並出発期日

イ　内原訓練所入所期日　五月十七日

ロ　仝　　出発期日　五月三十一日

ハ　敦賀出帆　　　六月一日（ハルピン丸）

九　奉仕期間

自　六月上旬　　至　八月下旬

一〇　編成

（1）隊員

イ　五〇人ヲ以テ一隊ヲ編成ス。

ロ　新潟県ハ二隊ヲ編成シ新潟県隊ト称ス。

ハ　隊員中ニ「ラッパ」手二名（ラッパ携行）ヲ置クコト。

（2）指導者

イ　一隊（五〇人）ニ付隊長一人、隊付二人。医療班、隊医一人、助手一人。

ロ　渡満及帰還ニ際シテノ輸送指揮ハ、隊長中ヨリ適当ナル者ヲ選定シテ之ニ当ラシム。

（3）先遣隊

各隊（五〇名）毎ニ五名（小隊付一、隊員四）ヲ約十日間先発セシメ、本隊入団ニ必要ナル準備ニ従事セシム。

一一　本県人員配当
二小隊　一〇〇名（指導者、医療班ヲ除ク）
一二　青年隊資格
（1）身体強健、思想堅実ニシテ満洲建設勤労奉仕作業ニ対スル熱意ヲ有スル者
（2）年齢概ネ十八以上二十五歳迄ノ者
（3）公私立青年学校青年団員及青年学校教員養成所生徒
青年隊指導者資格
（1）身体強健、思想堅実ニシテ満洲建設勤労奉仕作業ニ対スル熱意ヲ有シ、団体ノ指導能力アル者
（2）成ル可ク年齢四十五歳未満ノ者
（3）隊医ハ医務ノ免状ヲ有スル者
（4）隊医付ハ医療救護ニ経験アル者（衛生兵ノ経験アル者等）
一三　指導監督
奉仕隊在満中ノ指導監督ハ満洲実践本部（新京）之ニ当タルモノトス。指導者ハ実践本部嘱託トス。
一四　採用手続
イ　郡市青年団長又ハ郡市青年教育研究会長ノ推薦ヲ要ス。
ロ　志願制度トシ、父兄（父兄ナキトキハ後見人又ハ市町村長）ノ連署アル願書ヲ提出スルコト。
ハ　健康診断
厳重ナル身体検査ヲ施シ、既往症（呼吸器病、神経系病、心臓病、脚気、花柳病等）、遺伝等無キ者ニシ

テ、医師ノ健康診断書ヲ添付ノコト。

二　推薦様式

（左記ニ依リ五月十日迄必着ヲ以テ推薦相成度）

（1）指導者推薦様式

資格	官公職名	氏名	年齢	職業	現住所	兵役関係

（2）隊員推薦様式

氏名	年齢	現住所	職業	学校並ニ団体関係	兵役関係	父兄氏名

備考　①先遣隊引率者及先遣隊員ハ氏名ノ上ニ○印ヲ附シ推薦ノ事
②隊員中「ラッパ」手ノ経験アル者ハ其ノ旨附記セラレ度

一五　注意

（1）兵役ニ関係アル者ハ予メ手続ニ遺憾ナキヲ期スルコト。

（2）官公吏ハ外国出張ニ関スル手続ヲ完了シ置クコト。

（3）公私立青年学校生徒及青年学校教員養成所生徒ニシテ奉仕隊ニ参加セル者ハ、奉仕期間配当シメル教授及訓練時数ハ之ヲ受ケタルモノト見倣ス。

満洲建設勤労奉仕隊郡市人員割当表

郡市名	割当人員
北蒲原郡	10
中蒲原郡	10
西蒲原郡	8
南蒲原郡	6
東蒲原郡	2
三島郡	4
古志郡	4
北魚沼郡	4
中魚沼郡	4
刈羽郡	6
東頸城郡	2
中頸城郡	4
岩船郡	4
佐渡郡	4
新潟市	4
長岡市	4
高田市	2
三条市	2
青年学校・教員養成所	6
計	100

2　「満洲建設勤労奉仕隊ニ関スル件」（参加隊員宛）

＊　本文書は前掲の資料1文書によって応募・推薦された参加者に対し諸連絡を通知する文書である。前文書で応募は五月一〇日までとなっているので、本文書は昭和一五年五月一一日付で新潟県学務部長から参加応募隊員宛に出された。新潟市に集合してからの日程、経費や服装・携行品に関して細かく連絡されている。

満洲建設勤労奉仕隊ニ関スル件

豫テ標記ノ件ニ関シ貴郡市青年団長並貴郡市青年学校研究会長ヨリ推薦有之候處、指導者決定候條左記要項了知ノ上萬遺憾ナク夫々準備相成度。

追而豫防注射実施可致候條御了承相成度。

記

一　集合出発

1　五月十六日午後一時マデ新潟市白山小学校集合
2　〃　一時半ヨリ三時半　編成、訓練
3　〃　三時半ヨリ四時　訓示、注意
4　〃　四時ヨリ五時半　注射
5　〃　五時半ヨリ六時　夕食
6　〃　六時半ヨリ七時半　打合
7　〃　七時半　出発
8　〃　八時三十五分　新潟駅出発（上越線経由）
9　五月十七日午前六時十九分　日暮里駅出発
10　〃　八時四十分　内原着

二　経費

1　隊員ノ手当ハ一人三十五円（但シ此中ヨリ腕章・手帳ノ代金トシテ五拾銭ヲ差引ク予定）

2　県庁所在地ヨリ内原迄ノ旅費並ニ弁当代ハ支給ス。

3　内原入所後渡満及帰国迄ノ旅費ハ一切不要。

4　隊員ハ各所カラ新潟マデノ乗車券ヲ買フコト。新潟―内原間ハ県ニ於テ団体切符ヲ用意シ置クモノトス。

三　服装及携行品

戦闘帽、青年団服（又ハ之ニ準ズルモノ）、巻ゲートル、軍手2、靴下2、雑嚢（ルックサック成ルベク大）、作業服、地下足袋（又ハズック靴）、飯盒、水筒、冬シャツ2、夏肌着2、腹巻（金時腹巻）、寝巻、認印、クレオソート丸、その他。

日用品外ニ成ルベク有合セノ毛布一枚及雨具（例へバ外被合羽、茣蓙等）、懐中電燈ヲ携行セバ便利ナルベシ。

但シ、以上ノ品ノ成ル可ク現ニ使用セルモノ持参スベシ。不足ノ品ハ支度料ニテ求ムルコト。

四　其ノ他ノ注意

1　兵役ニ関係アル者ハ予メ手続ニ遺憾ナキヲ期スルコト。

2　手荷物ヲ鉄道便ニ托スル場合ハ常磐線内原駅留トシ、満洲建設勤労奉仕隊何県何某ト記シタル荷札ヲ附スルコト。

3　内原ニ於ケル訓練終了後編成ヲ行ヒ、直チニ渡満スルモノトス。

4　望遠鏡及写真機ハ携行セザルコト。

3 「満州建設勤労奉仕隊輸送計画表」

＊これは昭和一五年五月二九日付文書である。

輸送回数	出発月日	赤堀駅発時刻	上野駅着時刻	東京・上野駅発時刻	乗船港着時刻	出帆時刻	備考
一	五・三一	後 一:〇四	後 三:三二	東京駅 A後一一:〇〇 B後一一:四〇	敦賀 前一一:〇〇 後 一:三四	はるびん丸 後 四:〇〇	六月一日朝食ハAB共豊橋ニテ。昼食ハA敦賀旅館ニテ、B米原ニテ。
二	六・一	後 一:〇四	後 三:三二	上野駅 後一一:三〇	新潟 前 九:二二	さいべりあ丸 後 三:〇〇	六月二日朝食ハ石打ニテ 昼食ハ新潟満蒙開拓館
三	六・二	後 一:三〇	後 四:〇五	東京駅 後 八:五五	神戸・三ノ宮 前 八:一三	さんとす丸 正午	六月三日朝食ハ米原ニテ
四	六・五	後 一:〇四	後 三:三二	上野駅 A後一一:三〇	新潟 前 九:二二	天草丸 後 三:〇〇	六月六日朝食ハ石打ニテ 昼食は新潟満蒙開拓館
五	六・九	後 一:〇四	同右	同右	同右	さいべりあ丸 後 三:〇〇	六月十日同右 昼食ハ同右

六	六・一〇	同右	同右	東京駅 A後一一：二五 B後一一：四〇	敦賀 前一一：〇〇 後　一：三四	はるびん丸 後　四：〇〇	六月一一日朝食ハAB共豊橋ニテ。昼食ハA敦賀旅館、B米原ニテ。
七	六・一一	後 一：三〇	後 四：〇五	東京駅（臨） 後　八：五五	神戸・三ノ宮 前　八：一三	らぷらた丸 正午	六月一二日朝食ハ米原ニテ
八	六・一三	後 一：〇四	後 三：三二	上野駅 後　一一：三〇	新潟 前　九：二二	天草丸 後　三：〇〇	六月一四日朝食ハ石打ニテ昼食は新潟満蒙開拓館ニテ
九	六・一五	同右	同右	上野駅 A後一一：二五 B後一一：四〇	新潟 前一〇：二六 後　一：一三	月山丸 後　三：〇〇	六月一六日朝食はAB共郡山ニテ。昼食ハA新潟満蒙開拓館ニテ、B会津若松ニテ

東京ニ於ケル休憩場所並夕食

敦賀班ハ芝区芝公園十二号地　女子会館

新潟班ハ四谷区霞ケ丘　大日本青年館

神戸班ハ日比谷公園内　新音楽堂（雨天ノ場合ハ東京駅待合室）

4「輸送準備日課表」

十日前　輸送指揮官ニ対シ輸送期日、経路、到着地点、輸送部隊ヲ告知ス。特技者中残留セシムベキモノハ主任者ヨリ所属中隊長ト協定ス。（総務部、関係主任者、中隊長）

八日前　入院患者中明日マデニ退院ノ見込ナキモノハ医師ノ判定ニ基キ次回ノ輸送部隊ニ編入ス。（医師、所属中隊長、総務部）

七日前　一、生徒ニ対シ出発期日、経路、着地点ヲ告グ。
　　　　二、輸送部隊ノ当番ヲ引上グ。
　　　　三、渡満者ニ対スル被服ヲ支給ス。
　　　　四、本日以降天候ヲ顧慮シ洗濯ヲ始ム。（所属中隊長、被服倉庫係）

六日前　一、ラッパノ支給ヲ受ク。
　　　　二、渡満者必要物品ヲ集計シテ消費組合ニ通知ス。（輸送隊幹部、中隊長）

五日前　一、渡満部隊幹部ニ対スル旅費ノ支給。
　　　　二、鍬ノ支給。
　　　　三、梱包材料ノ支給。（会計係、渡満幹部、中隊長）

四日前　一、荷造リ始メ、本日中ニ完了ニ努ム。
　　　　二、中隊ヨリ返納スベキ備品ノ検査。

三、生徒貯金ノ払戻ノ通報（中隊長保管スルカ郵送ス）。
三日前　救急鞄、医療品、国旗及ビ日用品ノ支給、宮城遥拝ノ予行、午後荷物運搬完了（駅マデ）。
二日前　一、今明日ニ亘リ天候ヲ顧慮シテ舎内外ノ大掃除ヲ行フ。
二、内原駅員ト人員搭載ノ打合セ。
三、荷物ノ積込ミ（午後）。
一日前　一、弥栄神社参拝。
二、幹部、乗車券ノ一括購入。
三、残留者（入院患者モ）貯金ヲ本人ノ新所属中隊長ニ交付ス。
四、必要品ノ一括購入。
五、本夜不寝番勤務ヲ免ズ（明日出発者）。

5 「輸送間ニ於ケル一般服膺スベキ事項」

1　鉄道輸送間
イ　集合解散共ニ迅速機敏ニ、且ツ時間厳守、自粛ニ行動スルコト。
ロ　行進休憩共ニ雑談喧噪ニ亘リ、若クハ不潔ニ亘ラザルコト。
ハ　列車乗下車ハ命令或ハ信号ニヨリ秩序正シク敏速ニ行フコト。
ニ　乗下車ノ場合ハ列車ニ面シ二歩ノ位置ニ四列横隊ニ整列、各中隊人員点呼及乗下車完了ヲ輸送指揮官ニ速報スルコト。

ホ　乗車ノ場合ハ各自座席ヲ離レズ、送迎者ニ対シテハ車窓ヲ閉メタママ挙手ノ答礼ヲ行フコト。

ヘ　列車中ハ一般鉄道規則ヲ厳守シ危険ノ行動若クハ車窓外ニ手腕ヲ振リ、或ハ赤布赤旗等ヲ出シ、列車ノ運行ニ誤認ヲ與ヘ支障迷惑ヲ與ヘザルコト。

ト　各自荷物ハ必ズ車内棚ニ中央部ヨリ順次空間ヲ置カザル様、整理置クコト。

チ　運行中窓ヨリ帽子其他吹キ飛ハサレ又ハ物品ヲ落サザル様注意スルコト。

リ　便所ヲ汚シ又ハ洗面場ヲ独占シ、若クハ多量ノ水ノ使用或ハ出入口ノ停立等注意スルコト。

ヌ　輸送中ノ事故発生若クハ病人ノ発生ノ場合、沈着ニシテ指揮ヲ待ツコト。

ル　夜間ハ窓ヲ閉メ、且ツ安眠スルコト。

ヲ　下車駅近ヅケバ服装ヲ正シ下車ノ準備ヲナシ、下車通知ヲ待ツコト。

ワ　輸送指揮及医療関係ハ列車中央部車輛ヲ以テ之ニアツ。

カ　車中食事ハ各中隊配給係ヨリ各小隊ニ分ツニヨリ、常ニ人員ハ正確ヲ期セラレ度。

ヨ　停車駅ニ於テミダリニ食物ノ購入乱食ヲセザルコト。

タ　写真機携帯者ハ禁撮影地帯ノ通過ノ関係及税関検査ノ都合上、各中隊長ノ承認ヲ得ラレ度シ。

2　船舶輸送間

イ　火災予防ニ注意スルコト、特ニ喫煙者ハ吸殻ニ注意スルコト。

ロ　清水ノ使用節約、船内汚損ニ注意スルコト。

ハ　船橋船首、楼、船尾、操舵室、機関室、庵厨其ノ他危険ナル場所ニ立入リ又ハ通路階段ニ立チフサガラザルコト。

ニ　其ノ他列車輸送間注意ニ準ズ。

6　「昭和十五年度満洲建設勤労奉仕隊心得」

＊　本文書は文部省と拓務省作成の全一二ページ、活版印刷のB６版小冊子である。大項目は四項目で最初に「満洲建設勤労奉仕隊趣旨」、続いて「満洲建設勤労奉仕隊綱領」が掲載されている。ここではこの二項目を省略し、「心得」のみ掲載する。

三　指導者心得

１　指導者ハ時局ト本事業ノ重要性ニ鑑ミ、其ノ綱領ノ大精神ヲ体認シ、至誠一貫隊員ノ統率指導ニ任ジ、以テ目的ノ完遂ヲ期スベシ。

２　指導者ハ其ノ職責ヲ確認シ自重垂範隊員ヲシテ信義禮節ヲ守ラシメ、終始大日本青年タルノ品位ヲ保持セシムルベシ。

３　指導者ハ関係機関トノ連絡提携ヲ緊密ニシ上局ノ指揮命令ヲ恪守シ、克クコレヲ隊員ニ徹底セシムルベシ。在満中ノ輔導ハ指導系統ニヨリ勤労奉仕隊實践本部、省及縣實践本部ノ指示ヲ受クベシ。

４　指導者ハ常ニ旺盛ナル志気ト不抜ノ信念トヲ以テ隊ノ指導統制ニ當リ、威厳ト温情トニヨリ克ク隊全員ノ掌握ニ努ムベシ。

5　指導者ハ農場長又ハ開拓団長ト常時密接ナル連絡ヲ保持シ、日常各般ノ事項ニ付豫メ綿密ナル計画ヲ樹立シ、緩急其ノ宜シキヲ制シ、作業並ニ生活訓練ノ万全ヲ期シ、而モ臨機ノ処置ヲ怠ラザルコトヲ要ス。

6　現地ノ衛生施設等ニ基キ医療班ト協議ノ上、豫メ防疫其ノ他保健対策ヲ講ジ、健康保持ニ意ヲ注グト共ニ、事故発生ニ當リテハ迅速適正ナル措置ヲ講ズベシ。

7　常ニ災害事故ノ予防ニ努メ、万一不慮ノ事態ニ際シテハ沈着冷静、以テ応変ノ処置ニ出ズルト共ニ、直チニ関係方面トノ連絡ヲ図リ、万遺憾ナキヲ期スベシ。

8　居常不抜不屈ノ精神ヲ以テ克ク困苦欠乏ニ堪エシムルト共ニ、適当ナル休養・慰安ノ施設ヲ講ジ、親和協力、明朗闊達ノ気風ヲ振起スルニ努ムベシ。

9　隊医、隊医付ハ省、縣実践本部及現地医療機関ト連携ヲ密ニシ、隊ノ医療ニ従事スルト共ニ、隊員ノ健康保持ニ付指導者ト一心同体トナリテ之ガ万全ヲ期スベシ。

10　隊ノ輸送ニ當リテハ輸送指揮官ノ命ヲ承ケ隊員ノ統制ニ任ズルト共ニ、船車内ニ於ケル規律節制ニ留意シ、隊員ヲシテ齊々確実ナラシムベシ。

11　在満中ノ経理ニ関シテハ別紙勤労奉仕隊経理要領ニヨルベシ。

12　隊員ニシテ服務中負傷シ又ハ疾病等ニ罹リタル場合ニ於テハ別紙勤労奉仕隊員救恤ノ処置ヲ講ズルヲ以テ、之ガ必要ヲ生ジタルトキハ直チニ満洲国省、縣実践本部、中央実践本部並ニ文部省満洲建設勤労奉仕隊事務総長ニ連絡シ、其ノ指示ヲ受ク可シ。

四　隊員心得

一　一般注意

イ　自由外出ヲ許サズ。
ロ　舎外行進ノ場合ハ必ズ整列シ、雑談セザルコト。
ハ　服装ハ正シク、帽子、ゲートルヲ着用スルコト。
ニ　オ互イニ敬礼スルコト。
ホ　起居動作ハ敏活ニ而モ静粛ニ、言語ハ明瞭ニ。
ヘ　濫リニ放歌高吟セザルコト。
ト　清潔ニハ特ニ注意スルコト。
チ　消灯後ハ喫煙或ハ雑談ヲセザルコト。
リ　屋外ニテ喫煙セザルコト。
ヌ　貴重品ハ各自注意保管スルコト。

二　食事ニ就テ

イ　食事ノ際ハ静粛ニ、礼儀ヲ重ンズルコト。
ロ　食器洗滌ハ各自所定ノ場所ニオイテナスコト。
ハ　残飯及残菜ハ所定ノ場所ニ別々ニ処理スルコト。
ニ　洗滌用水ハ最少量ヲ用フルヨウ努ムルコト。
ホ　食器ハ大切ニ取扱ヒ、破損ナキヤウ注意スルコト。

三　洗面及入浴ニ就テ

イ　洗面ハ風呂場ニテ。

ロ　洗面所ハ常ニ静粛ニ。
ハ　入浴ハ静粛ヲ旨トシ、放歌高声等ヲ慎ムコト。
ニ　手拭ハ浴槽内ニ入レザルコト。
ホ　入浴時間ヲ厳守スルコト。

四　衛生ニ就テ

イ　外部ヨリ食物ヲ持込マザルコト。
ロ　生水ヲ絶対ニ飲マザルコト。「現地デ生水ヲ飲ムト必ズ伝染病トナル」
ハ　寝冷エセザルヤウ注意スルコト。
ニ　痰唾ハ痰壷以外ニ吐カザルコト。
ホ　便所ハ殊ニ清潔ニスルコト。
ヘ　病気ノ場合ハ速カニ隊長ニ申出ルコト。

五　火ニ対スル注意

イ　舎前、風呂場、炊事場ニハ必ズ水ヲ汲ミ置クコト。
ロ　喫煙ハ舎内ノ所定ノ場所ニ於テナスコト。
ハ　焚火ハ絶対ニナサザルコト。
ニ　火災ヲ起シタル隊ハ速カニ隊本部ニ通達シ、防火班ノ到着マデ適宜ノ処置ヲトリ、防火班到着ノ後ハ防火班ノ指示ニ従フコト。他ノ隊ノ舎内当番若クハ不寝番ハ舎内外ヲ警戒シ、一般隊員ハ隊長ノ指示ニ従フコト。

六　郵便物ノ取扱ニ就テ

イ　書翰ニハ必ズ所属隊名ヲ明記スルコト。

ロ　出発後訓練所ニ到着ノ郵便物ハ差出人ニ返送ス。

ハ　郵便物ハ各隊内ニテ舎内当番之ヲ取纏メ、本部ニ於テ一括シテ送ルモノトス。受信ノ場合マタ之ニ準ズ。

ニ　現地ニ於テハ内容ヲ点検スルコトモアリ。

ホ　現地到着後ノ郵便物ニハ必ズ、省、県、開拓団ノ所属隊名ヲ明記スルコト。

七　作業ニ就テ

イ　作業ハ真剣ニ行ヒ、作業中ハ決シテ無駄話ヲセザルコト。

ロ　作業中事故ヲ起サザルヤウ各自注意スルコト。

ハ　作業用ノ器具ハ丁寧ニ取扱フコト。

〈当番守則〉

一　本部当番（二名、毎朝交替）

イ　起床直ニ本部ニ詰メルコト

ロ　本部内ノ事務ノ手伝ヒ

ハ　舎内外ノ清掃

ニ　各中・小隊トノ連絡

ホ　買物及郵便ノ取扱

ヘ　集合ソノ他ノ合図
ト　本部食事ノ始末
二　舎内当番（各隊）（特設農場班ニ在リテハ各小隊、以下同断）（二名、毎朝交替）
イ　舎内ノ清潔整頓ニ注意スルコト
ロ　火気ノ注意ヲ怠ラザルコト、防火水ノ用意
ハ　盗難ノ取締ヲナスコト、一名ハ必ズ舎内ニ居ルコト
ニ　郵便舎内備品ノ破損紛失ナキヤウ注意スルコト
ホ　郵便物ノ取扱ハ当番ニ於テ一括シ、本部ト連絡ヲトリテ誤リナカラシムルコト
ヘ　食事人員ノ報告、昼食後直ニ本部ニ通達ノコト
ト　事故者ノ報告、病人等
チ　病人ノ看護
リ　日誌ヲ記載シ、夜ノ礼拝後隊長ニ提出ノコト
ヌ　ソノ他本部トノ連絡
ル　巡察ハ厳正ナル態度ニテ行ヒ、明確ニ報告スルコト
三　不寝番（各隊）（二名、午後九時ヨリ翌朝五時マデ一時間交替）
イ　火災、盗難、衛生ニ注意シ、絶エズ舎内外、風呂場、炊事場等ヲ見廻リ警戒スルコト
ロ　脱衾者ニハ静カニ布団ヲ掛クルコト
ハ　異常アラバ直ニ隊長ニ報告スルコト

ニ　巡察ハ厳正ニ行ヒ、明瞭ニ報告スルコト
ホ　上番及下番ハ定位置ニ於テ確実ニ申送ヲナスコト
四　食事当番（各隊）（四名、毎朝交替）
イ　食事時ノ合図ニヨリ炊事場ヨリ食物ヲ受取ルコト
ロ　分配ニハ細心ノ注意ヲ払ヒ、全員ニ亘リ過不及ナキヤウ心掛クルコト
ハ　不在者殊ニ勤務番ニ対スル食事準備ニ遺漏ナキコト
ニ　食事終了後ハ食卓ヲ清潔ニスルコト
ホ　食物容器（櫃、汁桶、菜器等）ハ清潔ニ洗滌シ、定位置ニ返還スルコト
ヘ　絶エズ湯茶ノ補給ニ留意スルコト
ト　湯茶ハ炊事場ニ於テ支給ヲ受ケ、絶対ニ水ノ飲用ヲ避ケシムルコト
五　清掃当番（各隊）（四名、毎朝交替）
イ　当番ハ食後残飯菜ヲ処理場へ運搬シ、夫々所定ノ場所ニ整理シ、周囲ヲ清掃スルコト
ロ　各隊所属便所ノ糞尿ヲ汲取リ、所定ノタンクニ運搬スルコト
ハ　常ニ不潔ニ亘ラザルヤウ注意スルコト
ニ　肥桶肥杓ハ使用後丁寧ニ洗滌シ、定位置ニ返還スルコト
ホ　掃除用具ハ所定ノ場所ニ置クコト
ヘ　手洗水ヲ切ラザルコト
六　風呂当番（各隊）（四名、毎朝交替）

イ　火災ヲ起コサザルヤウ注意スルコト
ロ　焚口ノ始末ヲ特ニ厳重ニスルコト
ハ　風呂場ハ清潔ニスルコト
ニ　諸道具ハ常ニ整頓スルコト
ホ　タンクノ水ハ常ニ満タシ置クコト
ヘ　午後六時ニ入浴シ得ルヤウ準備スルコト
ト　湯加減ニ注意シ、最後迄温度容量ヲ保ツヤウ努ムルコト
チ　燃料ノ節約ハ常ニ念頭ニ置クコト
リ　風呂場及炊事場ノ燃料ノ準備ヲナスコト

7　「勤労奉仕隊員衛生心得」

＊　これは康徳七（昭和一五）年五月発行の満洲建設勤労奉仕隊中央実践本部発文書である。地文にひらがなが使用され、柔らかな表現が用いられている。青年たちが理解しやすいように作成されていることが分かるし、重要なところは太字で強調されている。

全体は縦一八センチ、横四〇センチの横長の用紙に印刷されているが、それを四つ折りにして手帳にはさんだりして所持できるようになっている。表紙には大きく「勤労奉仕隊員衛生心得」とあり、二折目のところには「国に国防！　病に豫防！」の標語がある。伝染病、生水等に関して注意を喚起するためであろう、三カ所太字

になっている。

満洲の夏は日本内地に比べて涼しく凌ぎ易い。又恐ろしい**ペスト**も勤労地には決して発生しないし、満人間に多い地方病にも短期間の勤労奉仕中には罹る虞はないから安心せられたい。只赤痢やチフスには**予防の心得を欠いていると罹患することが多い**ので、左記の注意事項中特にこの点はよく守って、この尊い勤労奉仕を常に溌剌たる元気を以て終始して頂きたい。

一　**生物、生水、又は蠅のついたものは摂らぬこと**

腸チフス、パラチフス、赤痢の微菌は口から入るから、特に衛生係員の許可のない限り生物、生水は摂らぬようにし、又蠅のついたものは更に煮焼して食べる位の注意が肝要である。そして食前には必ず手を洗うこと。

二　暴飲暴食を慎み、規則正しい生活をすること

胃腸を損ねると腸チフス、パラチフス、赤痢その他の病気に罹り易いから食物は腹八分によく噛んで愉快に食べ、間食を慎み、殊に寝る前には澤山水を飲んではならない。

三　用便時の心得

用便後は備付の石灰を便所に投入し、又忘れないように蓋をして蠅の出入を防ぎ、手指を消毒すること。

四　下痢する者は必ず次のことを守ること

イ　少しでも下痢する者は直ぐ申出ること

ロ　定められた便所を使うこと

ハ　用便後は必ず手指を消毒すること
ニ　炊事に携わらぬこと
ホ　赤痢患者又はその疑いあるものは進んで病舎又は所定の宿舎に移ること
ヘ　下痢止めの薬を濫用せぬこと

五　宿舎の内外を清掃整頓すること
　宿舎の内外を掃除すると共に各自のものはよく整頓し、肌着は努めて洗濯し衣服や寝具は時々日光消毒すること。満洲チフスや発疹チフスは蚤や虱が媒介して伝染するから之等の吸血昆虫をわかさないように清潔にしなくてはならない。

六　熱のある者や其の他体具合の悪い者は直ぐ衛生係員の診察を受けること。若し作業中暑苦しくて頭が痛み気分が悪くなったような時、其の場で衛生係員の手当てを受けることができなければ、先ず日蔭に行って衣服を広げ、横になって頭を冷やすこと。

七　風邪と寝冷えに注意せよ
　満洲では前日は暑くても翌日は急に涼しくなる様なことがよくあるから、そんな時には肌着を厚くし、又夜は冷えるから寝具をよく着て特に腹を冷やさぬ様にすること。

八　冷水摩擦を励行せよ
　汗と埃に汚れた皮膚を清潔にすると共に皮膚を丈夫にして風邪を引かぬ為に、努めて冷水摩擦を行い、又入浴を怠らぬようにすること。

九　外傷時の注意

怪我をした時は傷に不潔な手や布を触れないようにし、出血の多い時は上部を堅く縛り、又骨折のあるような時は木片を当てて固定して直ぐ衛生係員に見て貰うこと。

十　よく働きよく眠れ

勤労奉仕の意義を体して快活によく働き、夜は早く寝て昼間の疲れをすっかり癒し、明日への新たな活動力を養うこと。

8「満拓映画上映、慰安会」

＊　本文書は昭和一五年度の東満州方面への慰安映画上映計画書である。日程表中の日時表示は項目四に、「確定日ハ映画班ヨリ其ノ都度電報ニテ連絡」とある。最初の二日間しか日が確定していない。宿泊に関しても同様である。

満州国有鉄道全線が満鉄（南満州鉄道株式会社）にゆだねられた一九三三（昭和八）年、娯楽、施療、廉売のための「慰安列車」が創設された。鉄道の通っていない辺境では、哈爾浜《ハルビン》から松花江《しょうかこう》を下って烏蘇里江《ウスリーこう》、黒龍江《こくりゅうこう》を巡航し、三江の沿岸の住民にも同様の慰問をする「厚生船」が創設された（『満鉄厚生船の最期』三二〜三三ページ）。

完全装備の慰安列車は乗務員約一〇〇名、販売車、医療車、食堂車、娯楽車、警備員および倉庫専用車、事務室用車、乗務員用寝台車、装甲車などで編成された。列車は小駅においては一日二駅ないし四駅に各二時間半ずつ滞留し、大駅では一日間それぞれの業務に時間を費やした。夜間は映画上映に充てて居留民を慰安したが、本資料はこれらの事業のうち、開拓団向けの上映・慰安関係の計画書である。巡回趣旨の冒頭の記述から、勤労奉仕隊も慰安対象となっていることが分かる。

また、関東軍には戦地への慰問あるいは慰問物を取り扱う恤兵部《じゅっぺい》があった。女優・赤木春恵は、関東軍恤兵部から派遣されて満州全土の戦地や開拓地を回った経験を話す。その体験談の中には彼女らの慰問演芸団が開拓団を慰問して回った話も語られるが、本文書の満拓慰安とは別組織のものである。

慰安列車・慰安訪問団に関して一九三八（昭和一三）年出版の長與善郎『少年満洲読本』の復刻版を解説した四方田犬彦の解説がある。内容に少しの違いがあるので引用する（『復刻版　少年満洲読本』三〇三ページ）。

慰安列車は娯楽車、販売車、食堂車、施療車等から組み立てられ、昼は内地から招いた芸人の演芸、夜はポータブルトーキーの映画を見せる。全満田舎々の各駅で、あるいは二、三時間、あるいは一泊と停車してすっかり一巡するのに二箇列車で半年かかる。その物品売上総額は一〇〇万円に達するが、それでも総局はなお三〇万円位ずつ持ち出しになるという。慰安船も同じようにして松花江の各村を廻るのである。

一　巡回趣旨

開拓民及勤労奉仕隊慰安ノ為政府ヨリ満映ニ対シテ補助金ヲ交付シ、開拓関係箇所（開拓総局、満拓、訓練本部）協力ノモトニ之ヲ運営巡回セシム

二　主催者　満洲映画協会（満拓映画班ト混同ナキ様留意）

三　後援会　開拓団及開拓関係各機関

四　期　日　別紙日程表参照、但確定日ハ映画班ヨリ其ノ都度電報ニテ連絡

五　地　域　別紙日程表参照、但附近開拓団ノ場合ハ適宜連絡ノ上観覧セシメラレ度

六　派遣者　満洲映画協会ヨリ二名

七　機　器　十六粍発声映画機発電装置

八　プログラム　日程表添付参照

九　開催箇所ニテノ準備事項

1　映写器具類運搬用トラック又ハ荷車

2　発電機運搬用油（二種）

ガソリン五升、モビール油五合、但一回映写所要量ナリ

3　会場及班員宿舎、食事

十　其ノ他注意事項

1　第一回巡回映写実施ニ際シテ一般ニ終了後ノ援助悪シキ為、特ニ留意ノ上協力相成度

2　第一回開催ノ結果報告ニ依レバ某開拓組合ニ於テ会場整理ヲ名トシテ料金ヲ徴収シタル由聴キ及ブモ、巡回趣旨ニ鑑ミ爾今斯ル行為ノナキ様特ニ留意方相成度

別紙　第二回開拓地並勤労奉仕隊慰安満映巡映班派遣日程

日時	出発地	到着地	開催地	併合開催地	備考
七月一日	新京	仙洞	仙洞		
	仙洞	竜爪	竜爪		
	竜爪	清和			一泊
七月二日	清和	虎林	黒咀子		
	虎林	湖北	東二道崗		
			西二道崗		
	湖北	楊崗	第一広島		
	楊崗		斐徳	北五道崗、南五道崗	
			東安		
	東安		黒台	黒台、信濃、朝陽屯	
				永安屯、哈達河	
	東海		鶏西	城子河	
	鶏西		古城鎮	古城鎮	
	古城鎮		闇家	七虎力	
			公心集	中川村	
	闇家		千振	柞木台、八富里	
				第二千振	
	千振		弥栄	大八州、西弥栄	
	弥栄		佳木斯		
	佳木斯		望口	熊本	
	望口		蓮江口	福島、宮城	
	蓮江口		鶴立	茨城、四合屯	
				東海、東北、静岡	

	鶴　立	蓮江口		
	松花江	依蘭	馬太屯	
			大古洞、小古洞	
			北靠山屯、南靠山屯	
	大羅勒密	佳木斯	大羅勒密	
	佳木斯	新　京		

別紙　プログラム

第一班上映プログラム

1　ニュース　2　日満一如　3　ロッパのガラマサドン

第二班上映プログラム

1　ニュース　2　冬の移民地　3　エノケンの風来坊

第三班上映プログラム

1　ニュース　2　ホロンバイル　3　水戸黄門漫遊記

第四班上映プログラム

1　ニュース　2　拓け満蒙　3　エノケンのチャッキリ金太

9　「奉仕隊員ノ帰還ニ際シテノ注意事項」

＊　これは康徳七（昭和一五）年八月一日付で満洲建設勤労奉仕隊中央実践本部事務局から出された文書である。

一　各種別奉仕隊員ハ左記事項ヲ充分諒知ノ上輸送其ノ他ニ関シ支障ヲ来サシメザル様各自注意セラレ度。

二　両換ニ関スル件

1　隊員ノ全所持金ハ日本兌換券ニ両換ノ必要アルヲ以テ出帆港到着迄ニ取纏又、金種別（例ヘバ拾円何枚、五円何枚ノ如シ）明細票ヲ作製、出帆港ニ到着セバ其ノ取扱者ハ当該実践本部員ト共ニ所定銀行ニ到リ、両換ヲナスコト。

但シ、両換時間ハ午前九時ヨリ午後三時迄トス。

2　周水子ヨリ乗換旅順ニ向フ部隊ハ其ノ取扱者ハ旅順行ヲ中止、大連ヘ直行シ直ニ実践本部ト連絡ノコト（大連市敷島町五品ビル内満拓出張所内ニアリ）

三　隊員名簿ノ件

乗船切符購入ニ際シ隊員名簿ハ八通ヲ要スルニ付、出帆港到着迄ニ準備シ携行ノコト。

四　通関ニ関スル件

1　課税ノ取扱ヒヲナスモノ

写真機、毛皮類、麻雀、手織物類、其ノ他贅沢品ニ類スルモノ

2　免税ノ取扱ヒヲナスモノ

品　名	数　量	備　考
トランプ	一個（一人ニ付）	一人ニテトランプ花札ヲ携行スルコトハ不可。
花札	一個	何レカ一個ノミ
ロシアアメ	三罐	
満洲産帯止、同カフスボタン、パイプ	三個	各一個ニ付壹円内外ノモノ
支那焼酒	二本	各一本四合入以内ノモノ

前項ニ掲記セル物品ニシテ消費税、物品税に関係ナキモノニ付テ各種取合合計金額弐拾円以内ナレバ免税ス。

3　自用ニ供スル煙草ノ許可数

一人概ネ五拾本（鮮内入境ノ場合）

但シ、朝鮮ヨリ内地へ出港ノ場合ハ朝鮮煙草ヲ合セ概ネ一〇〇本迄ヲ認メラル。

喫煙セザルモノ未成年者ハ携行不可ナリ。

五　解隊式ニ関スル件

1　解隊式日時場所等ハ別表ニ依ル

2　解隊式後ニ於ケル中隊長、中隊付及医療班ハ出身道府県ニ合シ、県庁所在地迄団体行動ヲナスモノトス。

10　「満洲建設勤労奉仕隊解隊式ニ関スル件」

1　主　催　　拓務、文部、農林省　三省協同主催トス

2　開催地　各上陸地ニテ開催ス

3　開催時刻

開催地	開式時刻	備考
神戸市	午前十時	神戸港着午前七時～八時
門司市	午後一時	門司港着午前十一時三十分
新潟市	午前十時	新潟港着午前七時
敦賀市	午前十時	敦賀港着午前七時頃

解隊式式次第

1　開式ノ辞

2　宮城遥拝

3　国歌斉唱

4　皇軍戦将士並ニ殉職奉仕隊員ノ慰霊ノ為ノ黙禱

5　文部、拓務、農林大臣告示

6　祝辞、祝電

陸軍大臣、満洲国大使、対満事務局総裁、大日本青年団長、上陸地知事、市長

7　隊員答辞

8　綱領唱和

9　万歳三唱
10　閉式ノ辞

二　一般関係文書

1「満洲建設勤労奉仕隊要綱」

＊　本要綱は満州建設勤労奉仕隊編成・派遣実施の初年度、つまり昭和一四年度の要綱である。昭和一五年度、一六年度の要綱（たとえば田巻隊派遣文書の「満洲建設勤労奉仕隊ニ関スル件」にある昭和一五年度要綱）とは各種文言・内容に違いがある。それらの比較から初年度からの発展・拡大の様子を見てとれる。以下、各文書共通で、句読点の追加や一部常用漢字への修正を行っている。

第一　方　針

現下ニ於ケル満洲建設ノ重要性ニ鑑ミ日満共同防衛ノ見地ニ基キ、満洲ニ於ケル食糧飼料ノ増産、日本ニ対スル豊富且低廉ナル飼料ノ供給並ニ国防建設ニ寄与スル為、銃後青年ヲ動員シ満洲建設勤労奉仕隊ヲ編成セシメ、主トシテ国境地帯及其ノ背後地竝ニ開拓地等ニ於テ土木、農耕其ノ他ノ建設事業ニ勤労奉仕セシムルト共ニ、併セテ日本農村問題特ニ飼料問題解決ノ一端ニ資ス。

第二　要　領

一、名　称

満洲建設勤労奉仕隊トス。

二、組織竝ニ編成

(1) 勤労奉仕隊ハ大別シ甲種、乙種トス。

イ　甲種勤労奉仕隊

概ネ一農年（播種ヨリ収穫迄）勤労ヲ為スモノニシテ其ノ編成ハ一般農村青年ヲ主流トシテ勤労奉仕セシメ、日本農村飼料問題ノ解決ニ資セシムルノ外、必要ニ応ジ国防建設ニモ勤労奉仕セシムルモノトス。

ロ　乙種勤労奉仕隊

短期勤労奉仕ヲ為スモノニシテ其ノ編成ハ学生ヲ主トシ一般青年ヲ加フルモノトシ、開拓、国防的建設ニ奉仕セシムル外、医療、鉱工、畜産指導等ノ技術的作業ニ勤労奉仕スルモノトス。

ハ　右ノ外特殊作業ニ付キ女子青年団員ノ派遣ヲ考慮ス。

ニ　在満日本人学生、生徒、其他一般青年ヲ各種別ニ夫々参加セシム。

ホ　幹　部

大学其他諸学校教職員、学校配属将校、青年団幹部、在郷軍人会幹部等ヲ以テ之ニ充ツ。

(2) 隊ノ編成

イ　隊ノ編成ハ甲種奉仕隊ニ在リテハ出身地域ヲ、乙種奉仕隊ニ在リテハ学校ヲ編成ノ基礎トス。
ロ　右ノ外必要ニ応ジ医療、測量、建築、家事（女子）、其他ノ特務隊ヲ編成ス。

（3）員　数

毎年概ネ十万人トス。

但シ本年度ニ限リ甲種奉仕隊概ネ六千、乙種奉仕隊概ネ四千トス。

三、運営機関

（1）日本側

官民各機関（在日満洲側各機関ヲ含ム）ノ協力一致ニヨル満洲建設勤労奉仕隊編成本部ヲ置ク。

（2）満洲側

関係官民各機関（在満日本側各機関ヲ含ム）ノ協力一致ニヨル満洲建設勤労奉仕隊中央実践本部ヲ置ク。

四、宣伝募集

（1）日本側編成本部及満洲側実践本部中心トナリ官民各機関ト協力シ極力本運動ノ精神ヲ宣伝シ、青年ノ愛国心ヲ喚起シ、其ノ参加ヲ慫慂スルモノトス。

五、輸　送

隊員及所要物資ノ輸送ハ日満官民各輸送機関ヲ総動員シ、軍事輸送ニ準ジテ之ヲ行フモノトス。

六、奉仕作業

勤労奉仕隊ノ作業ハ開拓、建設、技術、特務ノ四種類ニ分チ、其作業内容ハ概ネ左ノ通リトス。

（1）開拓奉仕作業ハ開拓地ニ於テ開拓民ノ農耕、特ニ除草開墾作業ニ勤労奉仕スルモノトシ、開拓地農作物増産ニ寄与セシム。尚、余力アル場合ハ将来ノ開拓勤労作業地ノ開墾、耕作ヲモ為サシムルモノトス。

（2）建設奉仕作業ハ国境地帯ニ於ケル諸般ノ建設作業（飛行場整備、国防道路ノ建設作業等）ニ勤労奉仕スルモノトス。

（3）技術奉仕作業ハ夫々技術部門ニ依リ鉱工業工場ニ分属シ勤労奉仕スルモノトシ、生産力拡充ニ寄与セシム。

（4）特務奉仕作業ハ医科学生ヲ以テ編成シ、開拓地及勤労奉仕地ニ於ケル医療竝ニ保健衛生指導ニ勤労奉仕スルモノトス。尚、獣医班ヲ編成シ、開拓地ニ於ケル役畜ノ医療竝ニ保健指導ニ勤労奉仕スルモノトス。

（5）勤労奉仕作業ハ全期間同一作業ニ従事スルコトヲ原則トスルモ、地方ノ実情其ノ他ヲ考慮シ数種ノ作業ニ奉仕スルコトアルモノトス。

七、勤労奉仕期間

（1）甲種勤労奉仕隊開拓奉仕隊ハ基幹部隊竝ニ一般部隊ニ分チ、基幹部隊ハ一農年ノ奉仕トシ、一般部隊ハ二交代制ヲ取ル。建設奉仕隊ハ二交代制ヲ取ル。

（2）本年度勤労奉仕隊ノ奉仕期間ハ甲種概ネ三ケ月、乙種概ネ一ケ月半トス。

八、現地ニ於ケル施設及給与其他

現地ニ於ケル施設及給与其他ハ概ネ左ノ要領ニ依ル。尚、将来開拓勤労奉仕ニ就テハ日本各県別奉仕作業場ヲ指定シ日本各県トノ関係ヲ密ニナラシムル様考慮スルモノトス。

（1）宿　舎

宿舎ハ差当リ本年度ニ於テハ開拓農家其他既設ノ建物ヲ使用シ、尚、天幕ヲ使用スルコトアルモノトス。

（2）給　与

作業期間中ノ食料ハ兵食ニ準ジ、之ヲ支給ス。尚、若干ノ小遣又ハ日用品ヲ支給スルコトアルモノトス。

(3) 医　療

イ　医療ハ主トシテ医療特務隊ヲシテ之ニ当ラシメ、尚可及的現地軍、満洲国，満赤、満鉄等ノ医療機関ノ援助ヲ受クモノトス。

ロ　医療ニ要スル資材ハ出来得ル限リ医療特務隊之ヲ携行スルモノトス。尚、現地ニ於テモ可及的之ガ整備ニ努ムルモノトス。

ハ　隊員ハ出発前ニ於テ必要ナル予防注射ヲ行フモノトス。

九、警　備

(1) 警備ハ軍及警察之ニ当ルモノトス。

(2) 特ニ必要アル場合ハ隊員ニ若干ノ銃器、弾薬ヲ貸与ス。但シ、学生部隊ハ可成銃器ヲ携行スルモノトス。

十、帰還、解散及定着

(1) 勤労作業期間終了シタルトキハ編隊ノママ帰還セシメ、編隊地ニ於テ解散セシム。但シ、現地ニ定着ヲ希望スルモノニ就テハ、開拓民其他トシテ之ヲ斡旋ス。

(2) 勤労奉仕隊ノ各地視察見学ニ就テハ、運輸ノ許ス限リ帰途ニ於テ之ヲ考慮スルモノトス。

十一、生産物ノ処置

生産物ハ自給部分ヲ除キ原則トシテ軍及満洲国ノ所得トス。但シ、給料ハ原則トシテ日本国側ニ供給スルモノトス。

十二、栄典及救恤

（1）栄　典

勤労作業ヲ終了シタル者ニ対シテハ満洲国ハ之ヲ褒賞スルモノトス。

（2）救　恤

勤労作業期間中ニ死亡シ又ハ負傷シ、若クハ疫病ニ罹リ、帰還期迄ニ治癒セザルモノハ、青年義勇隊ニ準ジテ之ヲ取扱フモノトス。

十三、経費ノ負担及物資調辦

（1）旅費、食費、其ノ他勤労作業期間中ノ経費ハ、満洲国側ニ於テ之ヲ負担ス。

（2）米、其ノ他主要食糧及調味料ハ、可及的ニ日本内地ニ於テ調達シ、現地ニ輸送スルモノトス。食料ノ調理ニ付テハ可及的ニ開拓団、軍、県公署其ノ他ノ機関ノ援助ヲ受クルモノトス。

（3）被服、毛布、農耕具等ノ携行品ニシテ隊員持合セナキモノニ付テハ、貸与ノ措置ヲ講ズ。

第三　処　置

一、速ニ編成本部及実践本部ヲ設置シ、中央実践本部ノ事務局ヲ開拓総局ニ置ク。

二、実践本部及之ガ地方的機関ニ必要ナル要員トシテ、構成各機関ノ兼務者ノ外特ニ官吏、協和会員等ヨリ適任者ヲ臨時勤務セシムルモノトス。

三、本年度ニ於ケル開拓地各種視察団、学生視察旅行等ハ、極メテ特殊ノモノヲ除クノ外、原則トシテ本勤労奉仕隊ニ編入スルモノトス。

四、編成本部（翌年度）ハ編成計画ヲ前年度内ニ準備シタル上、中央実践本部トノ連絡ヲ密ニシ、当該計画ノ実施ヲ円滑且着実ナラシムルモノトス。

付　記

（1）満洲国ハ本年度勤労奉仕隊ノ生産ノ成果如何ヲ問ハズ勤労奉仕隊ニ報ユル為、日本ニ対シ適当ノ措置ヲ講ズルモノトス。

2　「満洲建設勤労奉仕隊女子青年隊要綱」

＊　本要綱は昭和一五年六月一日付で文部省社会教育局長より発せられたもので、これにより女子青年隊の詳細を知ることができる。

一、趣　旨

満洲建設勤労奉仕隊女子青年隊ハ、満洲建設勤労奉仕隊ノ一環トシテ満洲国ニ於ケル満洲青年義勇隊訓練所・開拓団等ニ配属シ、実習、訓練、其ノ他ノ奉仕作業等ニ勤労奉仕セシメ、此等実践ヲ通ジ女子青年ノ訓練及大陸認識ヲ与へ、以テ日本女子青年ノ報国精神ヲ昂揚シ、訓練、勤労一体ノ実ヲ挙グルモノトス。

二、名　称

満洲建設勤労奉仕隊女子青年隊

三、編　成

（一）隊　員　　九十四名

一道府県ニ二名宛ノ中堅女子青年ヲ以テ組織ス。

（二）指導者

隊　長　一名　隊　附　四名　計　五名

隊　医　一名　隊医附　三名　計　四名

指導者ハ文部省ニ於テ選定ス。

四、隊員資格

（一）身体強健、思想堅実ナル中堅女子青年ニシテ、勤労奉仕作業ニ対シ熱意ヲ有スル者。

（二）年齢　概ネ十八歳以上二十五歳迄ノ者。

五、隊員ノ選定

（一）道府県ニ一任ス。但シ、配偶者ヲ有セザルモノニシテ其ノ選定ニ当リテハ道府県聯合女子青年団ト緊密ナル連繋ヲ取ルコト。

（二）志望者ニ対シテハ厳格ナル身体検査ヲ施シ、既往症（呼吸器病、神経系病、心臓病、脚気、花柳病等）、遺伝等ノ関係ヲ十分調査シ、中途落伍スルガ如キ者無キ様、厳選ヲ期スルコト。

（三）選定セラレタル隊員ニ対シテハ当該道府県出発以前ニ必ズ予防接種、窒夫斯予防注射及赤痢内服ワクチン服用ヲ完了セシメ置クコト。

六、隊員ノ氏名等報告

選定セラレタル隊員ノ氏名等ハ左ノ様式ニ依リ報告ノコト（筆者注、様式省略）。

七、経　費

（一）経費ハ日本及満洲国政府ニ於テ之ヲ負担ス。

（二）各隊員ニ支給スベキ経費ニ関シテハ五月十一日附経会六五八号通牒ニ基クベキモノナルモ、尚、左ノ諸点ニ付了承セラレタキコト。

（イ）曩ニ文部省ヨリ支度料トシテ交付セラレタル一人分十五円ハ、之ヲ各自ニ交付ノ上持参セシメルコト。

右ハ満洲国ヨリ交付セラルベキ支度料及手当一人分二十円ト併セテ別記一七項中（一）ニ掲グル洋服、ズック・短靴、食器一揃及腕章ノ経費ニ充当ノコト。

（ロ）満洲国ヨリ交付セラルベキ経費ハ女子会館ニ於テ各自ニ手渡シス。

八、救　恤

四月十二日附発社八〇号通牒ニ依ル。

九、在満期間

自七月中旬、至八月中旬　　約一ケ月

一〇、集　合

（一）場　　所　東京市芝区増上寺前女子会館

（二）期日及時間　七月四日　午前十一時迄女子会館ニ集合シ、準備ヲ整ヘ一泊ノ上、五日準備訓練所ニ入所ス。

一一、準備訓練

（一）場　所　茨城県東茨城郡下中妻村内原　日本国民高等学校女子部

（二）期　間　自七月十七日、至七月下旬　　約十日間

一二、渡　満

別紙渡満輸送計画予定表ニ依リ七月九日午前内原出発、午後東京着宮城遥拝、同夜東京発、同十日神戸出帆（モ

ンテ丸)、同十三日大連上陸、旅順、奉天、新京、哈爾濱ヲ経テ鉄驪訓練所ニ至ル。

一三、在満中ノ奉仕

在満中ハ左ノ方法ニ依リ奉仕セシム。

(一) 合同訓練奉仕

(1) 編　成　全員

(2) 場　所　青年義勇隊基本訓練所（鉄驪）

(3) 期　間　自七月十七日、至七月下旬　約十日間

(二) 班別訓練奉仕

(1) 編　成　全員ヲ五班ニ分チ編成ス。

(2) 場　所　左ノ実務訓練所ニ於テ奉仕セシム。

第一班　大　石　頭（吉林省敦化県）

第二班　大　　崗（龍江省鎮東県）

第三班　拾川及寧年（龍江省豊裕県）

第四班　大　　林（三江省樺川県）

第五班　薩　爾　図（濱江省安達県）

(3) 期　間　自七月下旬、至八月中旬　約二週間

(三) 奉仕作業

各訓練所ニ於ケル奉仕作業ノ種類左ノ如シ。

一、裁縫（衣服、布団等ノ手入）
一、炊事（料理法ノ指導其ノ他）
一、洗濯
一、清掃（舎内並ニ営庭掃除）
一、其ノ他各訓練所ノ実情ニ依リ必要ト認ムル作業
但シ、裁縫道具、補修材料、洗濯道具、其ノ他作業ニ必要ナル道具及材料ハ、全テ訓練所備付ノモノヲ使用スルモノトス。

(四) 開拓団奉仕
各班別訓練奉仕中実務訓練所ノ最寄開拓団ニ於テ二泊ノ予定ヲ以テ奉仕作業ヲナスモノトス。

一四、見　学
往路若ハ帰還ノ際大連、旅順、奉天、新京、哈爾濱ヲ見学ス。

一五、宿　舎
視察見学ノ途中列車以外ノ宿舎ニ付テハ女学校寄宿舎、小学校等適当ノモノヲ充ツルモノトシ、開拓団ニ於テハ各家庭ニ二名以上宛分宿セシムルモノトス。

一六、帰還及解散
八月二十日羅津出帆（満洲丸）、同二十二日新潟着、同日東京ニ向ヒ、女子会館ニ一泊、翌二十三日同館ニ於テ解散式ヲ挙行ス。

一七、服装並ニ携行品

服装ハ成ル可ク統一スルモノトシ、コレガ為左（一）ニ示スモノハ文部省ニテ準備シ、女子会館ニテ実費ヲ以テ配給ス。（二）ニ示スモノハ成ル可ク各人ガ携帯スベキモノトシ、之ガ調辨不可能ナル者ノ為ニ文部省ニテ準備シ実費ヲ以テ女子会館ニテ配給ス。（三）及（四）ハ必ズ各自ニ於テ準備携行ノコト。

（一）洋　服　約二十円
（紺色ツーピース型、帽子ヲ含ム。ブラウスハ丸襟型白カラー付キノモノ。スカートハ作業ノ場合裾括リ式ノモノ。大日本聯合女子青年団制定ノ団服ニ準ズルモノ。）
ズック短靴　約　五円
食器一揃　約　二円五十銭
腕　章　約　四十銭
（二）水　筒　約　二円
リュックサック　約　九円
軍　手　約　二十五銭
（三）作業用モンペ、作業用三角幅帽（二枚）、認印、懐中電灯、クレオソート丸、蚤取粉、黒色女子用長靴下、夏冬シャツ、肌着、洋傘（晴雨兼用）、寝巻、腹巻、脱脂綿
（四）其ノ他日用品
（五）小遣（二十円以下）

3 「満洲建設勤労奉仕隊米穀増産特別班派遣要綱」

＊ 本要綱は昭和一六年五月、国の募集要項を受けて新潟県から各市町村に発せられた文書である。ほぼ同じ内容の国の文書「満洲建設勤労奉仕隊開拓特別班派遣要綱」は、『農事訓練と隊組織による食糧増産』に所収だが、冒頭「方針」の出だしが「分村分郷計画ノ促進ヲ図リ」となっている。また、「県」は「農林省」となっており、この年の国全体の派遣計画人員数は二、五〇〇名と記載されている。

第一 方 針

現下ノ時局ニ鑑ミ米穀ノ増産ニ資セシムル為、満洲ニ於ケル開拓団ノ母村又ハ母郷（以下母村ト称ス）ヨリ当該開拓団（以下分村ト称ス）ニ対シ満洲建設勤労奉仕隊ノ特別班ヲ派遣シ、其ノ水田ノ一部ヲ開墾又ハ耕作セシメントス。

第二 要 領

一、名 称

満洲建設勤労奉仕隊開拓特別班トス。

二、派遣人員

概ネ二〇〇名トス。

三、編成及輸送

（一）農村青壮年ニシテ米作ニ経験アル者ヲ以テ編成ス。
（二）派遣母村ハ分村ト直接ニ連絡シ、其ノ責任ニ於テ編成及輸送ヲ実施スルモノトス。県ハ右ニ関シ指導及各機関トノ連絡斡旋ニ当ルモノトス。

四、派遣期間
昭和十六年五月ヨリ十月迄概ネ六ケ月トス。

五、現地ニ於ケル施設給与其他
（一）分村水田地区中特別班員ノ耕作スベキ地区ヲ画定シ、少ナクトモ一人当五反歩ノ耕作ヲ完遂セシムルモノトス。
（二）食事、宿泊、寝具等ニ関シテハ分村ノ負担ニ於テ支給又ハ貸与スルモノトス。
（三）農具其他ニ関シテハ分村ニ於テ貸与ヲ受ケ得ルモノノ外之ヲ携行スルモノトス。
（四）特別班員其ノ耕作地区以外ニ於テ開田、畑作等ニ従事シタルトキハ、分村ニ於テ相当ノ報酬ヲ支払フモノトス。

六、生産物ノ処置
（一）生産物ハ総テ特別班員ノ所得トスルモ、其ノ二割程度ヲ謝礼トシテ分村ニ贈与スルモノトス。
（二）生産物其他隊員ノ収入ハ母村ニ於テ適宜再分配ヲ為スコトアルモノトス。

七、補　助
（一）県ハ母村ヲ通ジ特別班員ニ対シ旅費、支度金及家族援護費トシテ隊員一人当一〇〇円ヲ補助スルモノトス。

（二）満洲国側ハ分村ニ対シ班員ノ食事、宿泊費等ニ充テシムル為班員一人当一〇〇円ヲ補助スルモノトス。

（三）班員ノ船車賃ニ付テハ一般勤労奉仕隊ニ準ズル割引ヲ考慮ス。

第三　措　置

一、母村ハ特別班ノ派遣ニ依リ母村ノ農業生産力ヲ低下セシメザル様共同作業、勤労奉仕、移動労働、畜力農具ノ利用等万全ノ処置ヲ講ズルモノトス。

二、特別班派遣ニ関スル細目ニ付テハ母村、分村間ニ於テ豫メ本要綱ニ依リ協定シ置クモノトス。

第四　派遣人員及開拓団名

派遣母村名	満州分村（分郷）名	派遣人員
保内村外岩船郡一円	龍江省甘南県朝陽山	四〇
佐渡、中蒲原郡	龍江省甘南県阿倫河	三〇
南鯖石村外刈羽郡一円	北安省通北県東火犂	三〇
古志郡、魚沼各郡	北安省通北県西火犂	五〇
北、西蒲原、三島郡		
東　中頸城郡	北安省北安県二龍山	三〇
中頸城郡源村及近村	牡丹江省穆稜県馬橋河	二〇
計		二〇〇

第五　生産物配給方法

一　勤労奉仕隊ノ生産シタル糧穀及大豆ハ夫々満洲糧穀会社及大豆専管公社ニ売却ス、糧穀会社及専管公社ハ奉仕隊ヨリ買収セル量ヲ記載セル証明書ヲ奉仕隊ニ発給ス。
二　糧穀会社及専管公社ハ奉仕隊ヨリ買収セル糧穀及大豆ヲ夫々飼料配給会社及日本大豆統制会社ニ売却シ、奉仕隊ニ発給セル証明書写ヲ転送ス。
三　飼料配給会社及大豆統制会社ハ奉仕隊ヨリ提出セラレタル証明書ニヨリ糧穀又大豆ヲ奉仕隊所属ノ町村産業組合ニ配給ス。
四　糧穀、大豆ノ配給価格ハ公定価格トス。

4　「満洲建設勤労奉仕隊派遣要領並出発準備ニ関スル件」

＊　本文書は新潟県庁援護恩給室所蔵の文書で、昭和二〇年三月頃に下田《しただ》郷開拓団建設組合によって作成されたものである。昭和二〇年五月、二〇〇戸送出計画の下で当時の四平《しへい》省梨樹《りじゅ》県に一八戸が入植した、集団第一四次中越郷開拓団（ただし、文書中では「第一三次下田郷」となっている）への勤労奉仕隊派遣に関する文書である。開拓団の先遣隊が前年の五月に渡満していたから、本隊送出と同時に勤労奉仕隊の派遣が計画されたのだろうか。実際に派遣があったのかどうかを含め、確認できる記録の発見がなく詳細は不明である。

一　派遣主体　満洲下田郷開拓団建設組合、下田郷三村
二　派遣趣旨　決戦下日満ヲ通ズル食糧自給態勢確立ノ絶対要請ニ応ズルト共ニ満洲下田郷開拓団建設作業ニ協力挺

身スルタメ、下田郷開拓団勤労奉仕隊ヲ編成シ現地勤労ノ実際ヲ通ジ食糧増産並下田郷開拓団建設ニ寄与シ、之ガ使命達成ノ完璧ヲ期セントス。

三　隊員の資格　隊員ハ当該村ニ於テ人格識見、活動力等当該村ニ於ケル指導者タルノ条件ヲ具備シ、専念熱意ヲ以テ開拓事業ニ当ルモノ又ハ将来渡満ノ熱意ヲ有スルモノヲ条件トシテ選定シ、所在村長ノ推薦ヲ得タルモノトス。

四　派遣員数　十二名（森町村四、鹿峠村四、長沢村四）

五　派遣場所　満洲国龍江省甘南県第十三次下田郷開拓団

六　派遣期間　自昭和二十年四月一日
至昭和二十年十一月末日　八ケ月間

七　出発期日　四月　日　東三条駅発

八　渡満期日　四月　日　新潟港出帆

九　集　合　四月　日　長沢村役場

一〇　壮行式挙行　四月　日　長沢村役場

一一　服装並携行品

（一）服装ハ可及的戦闘帽ニ国民服又ハ青年学校服ヲ着用シ、ゲートル、地下足袋ヲ履クコト。

（二）携行品ハ水筒、湯呑、下駄、寝衣、作業衣、認印、日用品、文房具（内地切手、葉書ハ通用セズ）

一二　給　与

（一）食費、宿舎ハ現地当局ニ於テ支給又ハ準備ス。

（二）派遣手当、現地母村当局ニ於テ通算一ケ月一名九十円支給ス。
（三）旅費ハ実費ヲ満洲下田郷開拓団建設組合ニ於テ支給ス。
一三　其ノ他
（一）戸籍抄本並身分証明書各一通持参スルコト。
（二）兵役ニ関スル隊員ハ、出発ニ当リ村役場ニ於テ外国旅行手続ヲナスコト。

5　「食糧増産隊要綱」

＊　本要綱は『農事訓練と隊組織による食糧増産』所収の文書で、昭和一八年六月二六日付農林次官、農業報国聯盟理事長発、「食糧増産隊ノ編成訓練及活動ニ関スル件」の通知に添付されたものである。

一、趣　旨
戦時下食糧確保ノ絶対的要請ニ応ズルタメ不耕作田畑其他凡ユル休閑地ヲ利用シテ水稲、雑穀等ノ作付ヲ為サシムルコトヽナリタルモ、之ニ要スル労力ハ地元労力ノ活用ニ努ムルハ勿論ナルモ、新ニ各道府県ニ於テ農村青少年等ニシテ食糧増産ニ挺身セントスル者ヲ以テ食糧増産隊ヲ編成シ、随時随所ニ出動セシメ農耕、土地改良等ニ動員セントス。

二、組　織
（一）隊　員　　四、三五〇名

（二）幹　部

隊　長　四〇名

小隊長　八七名（一ケ小隊ノ道府県ニアリテハ隊長ヲ兼ネシムルモノトス）

計　一二七名

（三）隊員資格

（イ）農業増産報国ニ挺身セントスル農業従事者ニシテ長期出動ニ依リ自家農業経営ニ支障ヲ来スコトナキモノ等ヲ原則トスルモ、農業従事者以外ノモノニシテ農業増産ニ挺身セントスルモノヲ参加セシムルハ差支ナキモノトス。

（ロ）満十七歳以上二十五歳迄ノ男子ヲ原則トス。

（ハ）身体強健ニシテ集団農業勤労ニ耐エ得ルモノ。

（ニ）私生活正シク長期禁酒ヲ実行シ得ルモノ。

（ホ）成ル可ク推進隊訓練未参加者タルコト。

（四）幹　部

（イ）幹部ハ隊ヲ統率指揮スルノ実力ヲ有スルモノニシテ推進隊訓練若ハ嚮導隊訓練ヲ終了セル者又ハ農民道場職員ヲ以テ之ニ充ツ。但シ、隊長ハ事情ニ依リ農業報国聯盟支部専任職員又ハ経済更生係員等ヨリ銓衡スルモ可ナリ。

（五）本隊ハ全国推進隊長（註、農業報国聯盟理事長）ノ統制ノ下ニ於テ各道府県推進隊長タル農業報国聯盟支部長ノ指揮ニ入ルモノトス。

三、編　成

（イ）編成ハ出来得ル限リ速カニ行フモノトス。
（ロ）五〇名ヲ以テ一ケ小隊トシ、道府県毎ニ一ケ小隊又ハ二ケ小隊ヲ置キ、隊長之ヲ統率ス。

四、中央訓練
（イ）幹部訓練
期　間　八月一日ヨリ五日迄トス。
場　所　内原満蒙開拓青少年義勇軍訓練所
（ロ）隊員訓練
期　間　八月五日ヨリ二十九日迄トス。
場　所　内原満蒙開拓青少年義勇軍訓練所

五、作　業
（イ）道府県及農業報国聯盟支部ニ於テ隊編成後一定ノ作業計画ニ基キ農耕、土地改良等ニ四ケ月乃至六ケ月間従事セシムルモノトス。
（ロ）農繁期ニ於テハ一定期間帰宅セシメ自家ノ農作業ニ従事セシムルモノトス。
（ハ）時局ノ要請又ハ特殊緊急ノ必要ニ依リ農業報国聯盟本部ニ於テ一定ノ作業計画ノ下ニ前項ノ作業ニ従事セシムルコトアルモノトス。

六、給　与
（一）幹部手当
農業報国聯盟支部ハ左ノ標準ニ依リ給与ヲナスモノトス、其経費ハ農業報国聯盟本部ヨリ之ヲ補助ス。

隊長ニ在リテハ月額八十円以内ヲ、小隊長ニ在リテハ月額六十円以内ヲ夫々支給スルモノトシ、別ニ俸給ヲ受クル者ニ付テハ之ヲ支給セザルモノトス。

（二）隊員手当

月三十円ノ割ヲ以テ支給ス、但帰宅中ハ支給セザルモノトス。

（三）支給品

地下足袋及手套ヲ給与ス。

（四）宿泊費、食費、移動費等

宿泊費、食費、旅費ハ中央訓練ニ在リテハ農業報国聯盟本部、地方訓練ニ在リテハ同聯盟支部之ヲ負担スルモノトス。作業中ノ移動旅費ハ同聯盟支部之ヲ負担シ、宿泊費及食費ハ受益者ニ於テ其全部又ハ一部ヲ負担スルヲ原則トス、但シ同聯盟支部ニ於テ負担スルコトアルモノトス。

七、其　他

青年学校生徒タル資格ニ対シテハ、青年学校教科目ノ習得ニ付適宜ノ措置ヲ採ルモノトス。

（別表）　道府県割当人員

1　神奈川、東京、京都、大阪、奈良、和歌山、沖縄ハ各隊員五〇名、県隊長兼小隊長一名（一個小隊宛）

2　其他ノ道県ハ隊員一〇〇名、県隊長一名、小隊長二名宛（二個小隊宛）

3　合計、小隊数八七、隊員四、三五〇名、小隊長八七名（内県隊長兼任七名）、県隊長四〇名

6 「在満洲国報国農場設置要綱」

＊　本要綱は昭和一八年八月六日付の農政局長通知である。

一、方　針

国民生活確保ノ絶対的要請ニ応ズル為、其ノ応急措置トシテ道府県農業団体其他適当ナル団体ヲシテ満洲国内ニ於ケル日本内地人開拓用地中簡易ニ開墾耕作シ得ベキ土地ヲ報国農場トシテ耕作経営セシメ、以テ食糧ノ応急増産ヲ図ラントス。

二、事業計画

(一) 報国農場

1　満洲国内ノ日本人開拓用地中簡易ニ開墾耕作シ得ベキ相当面積ヲ有スル土地ヲ満洲国ヨリ借用シ、之ニ内地道府県農業団体其他適当ナル団体ヲシテ報国農場ヲ設置経営セシムルモノトス。

2　農耕ニ付テハ主トシテ内地ヨリ派遣スル勤労奉仕隊之ニ当ルモノトス。

3　勤労奉仕隊派遣人員ハ一場ニ付約一五〇人トス。

4　耕作面積ハ一場ニ付差当リ三〇〇陌トス。

5　増産スベキ作物ハ原則トシテ水稲、大豆、麦類及蕎麦トスルモノトス。

6　報国農場用地ノ選定、宿舎ノ準備、耕地ノ開墾等ニ関シテハ満洲側各機関ニ於テ之ヲ援助スルモノトス。

7　農具、種子、家畜、食糧等営農上及生活上必要ナル物資ノ調達ハ満洲国ニ於テ斡旋スルモノトス。

(二)　勤労奉仕隊ノ派遣

1　報国農場ニ派遣スベキ勤労奉仕隊員ハ一般男女青壮年トシ、一場ヲ単位トシ五〇名毎ニ小隊ヲ編成シ之ニ小隊長ヲ配置シ、別ニ之ヲ統率スル隊長一名ヲ置クモノトス。

2　派遣期間ハ毎年四月ヨリ十一月ニ至ル間ニ於テ七ケ月間トス、但シ隊員ノ一部ヲ準備ノ為先発セシメ及農場管理ノ為越冬セシムルモノトス。

3　隊員ニ対シテハ派遣前地方農民道場其他ニ於テ短期訓練ヲ実施スルモノトス。

4　隊員ノ輸送ハ日満両国政府ノ指定スルダイヤニ従フモノトス。

(三)　生　産　物

1　生産物ハ原則トシテ内地ニ供給スルモノトス。

2　生産物売却代金ノ一部ヲ以テ隊員ニ手当ヲ支給スルコトヲ得ルモノトス。

(四)　指導及監督

本事業ニ付テハ日満両国政府之ヲ指導監督スルモノトシ農業報国聯盟、満洲移住協会、満洲拓殖公社等之ヲ援助スルモノトス。

(五)　日満両国政府ノ補助

1　農林省ハ隊員費、指導員費、営農費、事務費ニ対シ補助スルモノトス。

2　満洲国政府ハ隊員宿舎費、隊員食費等ニ対シ補助スルモノトス。

7「在満洲国報国農場設置要領」

＊　本要領は昭和一九年のものである。前掲の昭和一八年度の農政局長通知文書と比較すると、内容が簡潔明瞭になっている。第一「目的」において、在満報国農場の設置と満州建設勤労奉仕隊事業の関連に言及している。

一、報国農場設置の目的
満洲建設勤労奉仕隊事業の趣旨に則り、食糧の増産並に開拓政策の促進に資せんことを以て目的とす。

二、報国農場の経営主体
日本農業報国聯盟、同府県支部その他適当なる団体とす。

三、報国農場の用地及び面積
国有又は満拓公社所有の土地を使用するものとし、その面積は概ね五〇〇陌とする。

四、報国農場施設
（イ）土地、耕地概ね約三〇〇陌、放牧採草地、薪炭備林地約二〇〇陌
（ロ）建物、宿舎、工作物、倉庫、加工場、厩舎、堆肥舎等

五、報国農場の職員
経営主体は若干名の常駐職員を置くものとする。

六、報国農場奉仕隊員

報国農場に奉仕する隊員は経営主体之を編成、送出するものとし、其の員数は概ね一五〇名とす。

七、奉仕隊の奉仕期間

一般隊は四月下旬より概ね七ケ月間とするも、一部は越冬隊として翌年隊の入場迄残置せしむるものとす。

八、報国農場の資金

報国農場の資金については年度内償還のものに限り満拓公社より融通するものとす。

九、報国農場生産物の処理

生産物は日本送付の途を考究するものとす。

一〇、報国農場に対する助成

（イ）補助

日満両国政府は報国農場に必要なる経費に対し予算の範囲内において補助するものとす。

（ロ）土地使用料

報国農場用地の使用については当分の間無償とす。

（ハ）公租公課

地損及び地費相当分は負担するものとす。

一一、報国農場監督

報国農場は日満両国政府の監督に報じ、別に定むる所に依り設立計画書、毎年度事業計画書、毎年度事業報告書を提出するものとす。

8 「特設農場経営要領」

＊　本要領は昭和一六年のもので、各県による在満報国農場の本格的設置に入る前の文書である。農場経営と勤労奉仕隊派遣との密接な関係を述べている。

イ、本農場ハ満拓ニ於テ之ヲ創設経営ス。
ロ、開拓民ノ入植予定地ヲ利用シ一定数ノ農場ヲ創設経営シ、開拓民ニ譲渡スル場合ハ之ニ代ワルベキ農場ヲ補設シ、常ニ一定数ノ農場ヲ維持経営ス。
ハ、一農場ノ総面積ヲ約三千陌トシ、別ニ五百陌ノ休閑地ヲ設ケ、勤労奉仕隊ノ努力ト機械力トヲ組ミ合ワセタル大農経営法ニ依ル。作物ハ小麦・燕麦・包米・大豆等トシ、主穀輪栽式農法ニ依リ適宜休閑ヲ行フ。緑肥ノ栽培及混地其ノ他ニ生ズル野草ノ利用ニ依リ、地力ノ維持増進ヲ図ル。
ニ、勤労奉仕隊員ノ農場駐在ニ要スル経費ハ満洲国政府ノ負担トスル。
ホ、農場生産物中飼料ハ農場ノ経営ニ支障ヲ生セザル範囲内ニ於テ、別ニ定ムル所ニ依リ勤労奉仕作業ノ報酬トシテ提供スルモノトス。

おわりに

長野県埴科《はにしな》郡の屋代高等女学校生徒と地元女子青年団員の計二五名が昭和一五年、同県送出の二つの開拓団に勤労奉仕に出向いた事例を第一部二の４（４）で紹介した。その後埴科郷では独自の分郷開拓団が編成され、集団第一〇次東索倫《さくりん》埴科郷開拓団として東満州の東安《とうあん》省宝清《ほうせい》県に送り出した。集団経営から各戸経営に移行した昭和二〇年五月、母郷は満州建設勤労奉仕隊米穀増産班を派遣した。開拓団には戸主が召集された出征家庭が多くあり、若い労働力は感謝された。

開拓団の記録や一般開拓団員、義勇隊開拓団員の手記は多く残されているが、本書に紹介したとおり、満州建設勤労奉仕隊の記録ならびに隊員の手記は数少ない。その中でも勤労奉仕隊の引率者の手記はなお少ない。

右の昭和二〇年の埴科郷開拓団への勤労奉仕隊の隊付（＝副隊長）であった三輪てる（当時北埴青年学校教師、二〇歳）が手記を残す。昭和二〇年五月に出発、同年一一月には任務を果たして帰国する予定であった。しかし、「その心意気は無残に消えて、団脱出、開拓団の最後の奉仕隊となってなお、若い生命を奪われてしまったのだった。奇跡の生き残りとなった一人の引率者として、開拓団の人たちとは違う立場の奉仕隊の記録は、『私が残しておかなければ』という心を持ち続けながらも、ペンを取るもあまりに辛く、書いては中断し、とうとう五十年という歳月が過ぎ去った」一九九五（平成七）年、『赤い夕陽―長野県埴科郷勤労奉仕隊記録―』を書き上げた。「美しい奉仕の心で渡満した若い生徒たちが、どんな思いで死んでいったか。どんなに悲惨な殺され方をしたか。私たちは誰にも謝罪はしてもらっていないのだ。この人々に捧げる私の祈りを込めた記録は鎮魂の心と恨み節である。」——と記録を残した。

昭和二〇年の隊員は、埴科郷内の三青年学校生および青年学校卒業生一九名（男子五名、女子一四名）である。隊長は当時中埴青年学校教頭であった田中潔、そして隊付に三輪てるの総勢二一名の勤労奉仕隊であった。当時は「増産だ！増産だ！」と校庭をいも畑に変えていたし、男子卒業生の出征の見送りも続いていた。勤労奉仕隊という言葉は「やらねばならぬもの」として強く心に響いていたので、三輪てるは信濃教育会の人選に応じた。「当時の指導者も隊員も、誰も、戦争に負けるなどとは夢にも思っていなかったし、奉仕隊として旅立つことに不安もなく、誇らしくさえ思っていた」のである。

その心は無残にも八月九日の旧ソ連軍の満州侵攻により水泡に帰した。埴科郷開拓団は開拓団員約三〇〇〇名のうち二五〇〇名を失い、勤労奉仕隊も田中潔隊長以下五名を失った。ちなみに、昭和二〇年の在満報国農場隊員および米穀増産班員は、前年からの越冬残留隊員を含め総計六、〇〇〇名に上る。そして、そのうち死亡者が約九四〇名、未帰還者が六五〇名以上を数える。死亡・行方不明者率は実に二六・五％に上る（『満洲開拓史』四四四ページ）。

埴科郷開拓団の犠牲は、昭和二〇年八月二七日のあの佐渡開拓団跡事件によるものであった。勤労奉仕隊は避難途中別行動をとって佐渡開拓団跡には寄っていない。宝清《ほうせい》—勃利《ぼつり》—林口《りんこう》と踏破し、約二〇〇キロ先の牡丹江《ぼたんこう》にたどり着く。その後は新京《しんきょう》の避難民収容所で越冬した。

逃避行の悲惨さがこの世のものではなかったので、三輪てる手記は二五の章立てのうち勤労奉仕活動に関する部分は最初の五章だけで、あとはすべて逃避行の具体である。筆者の目的からすれば勤労奉仕隊の引率者としての体験記録、奉仕隊記録を求めて手記を読んだのだが、残念ながらその目的は達せられなかった。しかし、三輪てるが言うように、「開拓団の人たちとは違う立場の奉仕隊の記録」は後世に伝え残さなければならないという思いには同感する。そして、勤労奉仕期間約三カ月、逃避行約一カ月、渡満から酷寒の越冬を経ての帰国までの約一年の経験は、「若き勤労奉仕隊員にとって何だったのか？」を考えさせられる。

新潟県在満報国農場に勤労奉仕に入った約六〇名の青年男女に対しても、あるいは勤労奉仕隊員自身が自らに、同じ問いを発することができる。彼らの逃避行、帰国までの一年に関しては村松亀治場長の報告ならびに勤労奉仕隊員の報告の通りである（第三部三参照）。一般開拓団員等の体験・状況とは異なる、昭和二〇年派遣の満州建設勤労奉仕隊員を含めた勤労奉仕隊の実態記録は、大きな重みを持って後世に残されなければならないと考える。

満州開拓団や満蒙開拓青少年義勇軍に比しその周知、記録、記憶が少なかった満州建設勤労奉仕隊は、それゆえにその制度や実態の解明に学術研究対象としての光が当てられることが少なかった。しかし今、ここにその全貌を明らかにしたとき、満州建設勤労奉仕隊の送出は、まさに〝もうひとつの満州移民〟と言わなければならない。

以上の趣旨に沿うよう本書を編集し、文書資料を活用・記録した。いくつもの発掘資料から興亜《こうあ》青年勤労報国隊―満州建設勤労奉仕隊―在満報国農場と推移していった勤労奉仕隊派遣の変遷とその実態を、本書で説明できたことを願う。

文書記録の発掘、手記等資料の提供、体験聴取、いずれに関しても市井の一研究者である著者ひとりの努力ではかなわない。多くの人々にお世話になった。ここにお名前を掲げ、感謝申し上げる。

勤労奉仕体験記録のほぼ全部を掲載させていただいた野田良雄さん、手記の解説をいただいたり記念アルバムを開きながら昔を語っていただいたりしたことに対し、最大の感謝を申し上げたい。そして同じ勤労奉仕で野田さんの班の班長で、同じく手記を提供していただいた富井源蔵さん（残念ながら、数年前に死去されたと野田良雄さんからうかがう）、新潟県集団第七次清和《せいわ》開拓団に最初に勤労奉仕に入った田巻隊の隊長、当時の文書つづりを残した田巻甲《こう》さん、その隊員で詳細な勤労奉仕活動記録を残した阿部正雄さん、この人たちの資料がなければ勤労奉仕隊の実態は解明できなかった。

新潟県在満報国農場記録は新潟県庁に、田巻隊長記録は新潟県立文書館に保管されていた。特に県庁福祉健康課援護恩給室には何年かにわたる開拓団関係記録調査を許可いただき、その間に新潟県在満報国農場関係文書を発見することができ、感謝申し上げる。

新潟県の在満報国農場が設置された西火犂《シーホーリ》開拓団、ならびにその近辺に入植地があった五福堂《ごふくどう》開拓団はじめいくつかの新潟県送出開拓団引揚者数名からは、旧ソ連軍の満州侵攻後の避難状況に関してお話をうかがうことができた。避難同行した報国農場隊員の様子がそれによって確認できた。感謝申し上げる。

野田良雄さんが勤労奉仕に入った清和開拓団に関しては、数少ない帰国者のうちの数人から話をうかがうことができた、とりわけ、私たちが現地訪問した前年に現地を訪問していた須田まさ枝さんには、特別な感謝を申し上げたい。須田まさ枝さんの援助により清和開拓団の旧集落配置がほぼ確定できたし、何よりも〝帰ってきたニッコウキスゲ〟が、清和の地に再び黄色い花を咲かせ続けることを可能にしたからである。

本文中においてはそれぞれ敬称を省略させていただいたことを最後に記し、ご了承をお願い申し上げる。

二〇一六（平成二八）年夏　　高橋健男

参考文献

一　基礎文書・文献

阿部正雄、『鎮魂―満州建設勤労奉仕隊新潟田巻隊始末記―』、私家版、一九八〇

富井源蔵、『昭和十六年満洲建設勤労奉仕隊日誌』、私家版、二〇〇八

野田良雄、『満洲建設勤労奉仕隊點描記』、手書きノート、一九四二

野田良雄著・高橋健男編、『満洲建設勤労奉仕隊點描記』、新潟日報事業社、二〇〇八

『康徳八年度満洲建設勤労奉仕記念　新潟県隊』（写真集）、一九四一年九月二五日、野田良雄所蔵

田巻甲、『満洲建設勤労奉仕隊関係書綴』（＝田巻文書）、調整年不詳、新潟県立文書館所蔵

新潟県勤労報国隊本部、『新潟県勤労報国隊第一回動員大会記念帖』、昭和一七年六月一四日

「新潟県送出満洲建設勤労奉仕隊（西火犂報国農場）調査資料」、昭和三七年一一月一五日付（新潟県民生部世話課長発、厚生省援護局援護課長宛文書）、新潟県福祉保健課援護恩給室所蔵

「満洲建設勤労奉仕隊派遣要領並出発準備ニ関スル件」（下田郷開拓団建設組合、昭和二〇年三月頃作成）、同右

「新潟県在満報国農場実態調査表」（報告者・村松亀治場長）、報告年月不詳、同右

「報国農場隊員名簿」、農事振興新潟県支部作製、昭和二二〜二三年頃、同右

「新潟県在満報国農場長の帰還報告」（報告者・村松亀治場長）、昭和二三年頃、同右

「新潟県在満報国農場隊員の帰還報告」（報告者・米持千恵、石塚孝一）、同右
「動乱ノ満洲ヨリ帰リテ」（報告者・農林省要員局運用課・粟根主夫）、昭和二〇年九月一〇日付、同右
「新京東京報国農場資料」、昭和三二年七月二日調整、東京都民政局援護部世話課、同右
「清和開拓団実態調査表」「第七次清和開拓団戦闘状況調書」（一九五三年頃、岩橋熊雄元清和国民学校長報告文書）、同右
神田新次、『新潟県標準農村関係者満洲開拓地視察報告』、一九四四
堀　忠雄、「北安省通北県在留日本人情況報告書」「新潟村生活状況」、昭和二一年四月二五日付（ハルピン居留民会農民部へ提出の『北満農民救済記録』中の文書、合田一道所蔵・提供）
「満洲建設勤労奉仕隊計画」、拓務省、一九四〇
『満洲建設勤労奉仕隊訓練要綱』、拓務省・文部省、一九四〇
『満洲建設勤労奉仕隊概要』、文部省社会教育局、一九四一
『満洲建設勤労奉仕隊女子青年隊概要』、文部省社会教育局、一九四一
『満洲建設勤労奉仕隊特設農場報告書』、農林省農政局、一九四一
「興亜学生勤労奉仕隊派遣要綱」、文部省社会教育局、一九三九
「興亜青年勤労奉仕隊派遣要綱」、文部省社会教育局、一九三九
『康徳七年度満洲建設勤労奉仕隊概説』、開拓総局、一九四〇
『興亜学生勤労報国隊報告書』、文部省教学局、一九四一
『昭和十五年度学生衛生隊報告書』、学生義勇軍本部、一九四一

『興亜学生勤労報国隊満洲建設勤労奉仕隊農業学校隊報告書』、文部省教学局、一九四一、一九四二
『満洲建設勤労奉仕隊特設農場報告書』、農林省農政局、一九四一
『満洲と開拓』、満洲建設勤労奉仕隊実践本部、一九四二
阪本牙城、『満洲建設勤労奉仕隊漫画現地報告』、大陸建設社、一九三九
同　　、『開拓三代記―満洲開拓政策基本要綱繪とき―』、満洲事情案内書、一九四〇
同　　、「興亜勤労奉仕隊随行記」、『家の光』昭和一五年九月号：八八～九二
『新満洲』、満洲移住協会、昭和一四年四月号～一五年一二月号
「初めて来た女子義勇軍」（一四年五月号）、「満蒙開拓学生義勇軍運動」（井上勝英、同六月号）、「ソ聯の燈火見えるが清和は閑かな所です」（監谷要作、同）、「興亜青年勤労報国隊の誕生」（浅利崇、同八月号）、「興亜青年隊現地報告」（同九月号）、「勤労奉仕の開拓団を訪ねて」（同一〇月号）、「満洲建設勤労奉仕隊に期待す」（同一一月号）、「興亜報国運動はじまる」（同一二月号）、「村の飼料を大陸で作る／満洲特設農場」（竹山祐太郎、一五年五月号）、「大陸建設のお手傳ひ、満洲建設勤労奉仕隊」（同六月号）、「勤労奉仕隊思ひ出の記」（藤本浩一、同七月号）、「夢の大陸、土の花嫁候補生、満洲開拓女子義勇軍」（後藤嘉一、同九月号）、「制服をモンペに代えて女学生の開拓勤労奉仕、長野県屋代高等女学校」（同一〇月号）、「興亜の大理想に邁進せよ、満洲建設勤労奉仕隊員各位懇ふ」（五十子巻三、同一二月号）
『開拓』、満洲移住協会、昭和一六年一月号～一九年一〇月号
「満洲特設農場現地報告」（昭和一六年一月号）、「興亜の学生運動を語る、学生義勇軍に訊く座談会」（同一一月号）、「新潟県女子興亜教育を見る」（昭和一七年一月号）、「満洲建設勤労奉仕隊報告記」（同九月号）

『満洲移住月報』『満洲開拓月報』、満洲拓殖公社、昭和一三年一〇月号～昭和一七年一月号
『開拓月報』、満洲拓植公社、昭和一五年一月号～一六年三月号
「康徳七年度満洲建設勤労奉仕隊概要」（一五年四月号）、「本年度満洲建設勤労奉仕隊実施計画」、「特設農場班先遣隊を迎えて（訓示）」（同五月号）、「満洲建設勤労奉仕隊に就いて」「勤労奉仕隊諸君よ」「開拓挺身隊要綱案」（同八月号）、「帰還満洲建設勤労奉仕隊各位に呈す（五十子巻三）」（同一一月号）
『開拓協和』、満洲帝国協和会中央本部、昭和一五年一〇月号～一七年一〇月号
「奉仕隊と開拓団」（一六年三月四月合併号）、「特集・満洲建設勤労奉仕隊現地報告」（一七年八月号）、「特集・満洲建設勤労奉仕隊」（一八年八月号）、「特集・奉仕隊員と燈下に語る」（同一〇月号）
『満洲開拓年鑑』（昭和一五年版～昭和一九年版）、満洲国通信出版部、一九四一～一九四四
『週報』、内閣府情報局、昭和一四年～二〇年
「興亜青年報国隊に就いて」（第一四二号）、「興亜奉公日設定される」（第一四八号）、「満洲開拓事業の展望」（第一六四号）、「満洲建設勤労奉仕隊」（第一九四号）、「興亜学生勤労報国隊現地報告」（第二一二号、第二七〇号）、「青少年学徒の増産運動」（第二三九号）、「伸びゆく女子拓務訓練所」（第二五七号）
北博昭編・解説、『満州建設勤労奉仕隊関係資料』（十五年戦争重用文献シリーズ⑭）、不二出版、一九九三
同　、『興亜青年勤労報国隊　東朝義記録』（同④）、不二出版、一九九一
同　、『興亜学生勤労報国隊関係資料』（同⑯）、不二出版、一九九四
同　、『学生義勇軍関係資料』（同⑲）、不二出版、一九九四
新潟日日新聞社編、『新潟県年鑑』（昭和一三年版～一九年版）、一九三八～一九四四

新聞記事（新潟新聞、新潟県中央新聞、新潟日日新聞、新潟毎日新聞、高田日報、上越新聞、北海道新聞、および『昭和ニュース事典』掲載記事）

二　引用・参考文献（著者アルファベット順）

相庭和彦他、『満州「大陸の花嫁」はどうつくられたか―戦時期教育史の空白にせまる―』、明石書店、一九九六
秋山郁子、「満洲建設勤労奉仕隊―愛知県からの参加者の事例報告―」、『季刊中国』二〇〇六年秋季号、二〇〇六：五四～五九
新井正三、『聖鍬―昭和十六年度満州建設勤労奉仕隊―』、鶴山再来の会、一九七五
粟根主夫、「在満報国農場と米穀増産隊の最後」、『あゝ満洲』、一九六五：八四二～八四四
文藝春秋編、『されど、わが満州』、文藝春秋社、一九八四
出井盛之編、『満洲開拓政策と関東州報国農場』、関東州経済界、一九四四
藤井忠俊、『国防婦人会―日の丸とカッポウ着―』、岩波新書、一九八五
同　　、『在郷軍人会―良兵良民から赤紙・玉砕へ―』、岩波書店、二〇〇九
藤田繁編、『石川県満蒙開拓史』、石川県満蒙開拓者奉賛会、一九八二
深才郷土誌編さん委員会編、『続深才郷土誌』、同委員会、一九八三
深瀬信千代、『満鉄厚生船の最期』、中公文庫、一九八五
五福堂団史刊行会編、『梢火』、同刊行会、一九七七
浜田孝志、『満州に連れ出された女学生―島根県立大東高等女学校皇国農村学徒報国隊の記録―』、かもがわ出

版、一九九六
花谷寛一、「開拓奉仕行」、『島根県満州開拓史』、一九九一：七九九～八一五
長谷川忠雄、『一粒の麦　地に落ちて』、私家版、二〇一四
林茂ほか編、『日本終戦史』（上・中・下）、読売新聞社、一九六三
今井弥吉、『満洲難民行』、築地書館、一九八〇
今井百合子、『土と花と歌と―旧満洲建設勤労奉仕隊興亜報国農場女子青年隊の記録―』、サンケイ新聞特別開発室、一九七九
井上寿一、『理想だらけの戦時下日本』、ちくま新書、二〇一三
石原治良、『農事訓練と隊組織による食糧増産』（食糧政策誌二の（二））、農業技術協会、一九四九
彌栄村史刊行会編、『彌栄村史―満洲第一次開拓団の記録―』、アートランド、一九八六
陣野守正、『「満州」に送られた女たち―大陸の花嫁―』、梨の木舎、一九九二
門脇朝秀編、『祖国はるか―満ソ国境に落ちた紙flower―』、あけぼの会、一九八五
加納美紀代、『戦後史とジェンダー』、インパクト出版、二〇〇五
喜多一雄、『満洲開拓論』、明文堂、一九四四
木村茂光編、『日本農業史』、吉川弘文館、二〇一〇
「北満に汗して」編纂委員会編、『北満に汗して』、興亜学生勤労奉仕隊　満州建設勤労奉仕隊　農業学校隊、一九九四
小林信介、『人びとはなぜ満州へ渡ったのか―長野県の社会運動と移民―』、世界思想社、二〇一五

小平権一、『石黒忠篤』（伝記叢書三四七）、大空社、二〇〇〇
古世古和子『八月の最終列車』、新日本出版社、一九八八
厚生省援護局編、『引揚げ援護三十年の歩み』、厚生省、一九七七
満蒙同胞援護会編、『満蒙終戦史』、河出書房新社、一九六二
窪田菓子、『あぁ……満州』、新風舎、二〇〇六
公文　俊、『宝清難民脱出行―昭和二十年八月宝清より依蘭まで―』、私家版、一九七九
同　　、『宝清難民脱出行―名も無き民の心』、私家版、一九八〇
同　　、『悲惨！　東安省饒河県の末路』、宝清会、一九八九
満洲開拓史復刊委員会編、『満洲開拓史』、全国拓友協議会、一九八〇
満洲回顧集刊行会編、『あゝ満洲―国つくり産業開発者の手記―』、農林出版、一九六五
丸山義二、『北方処女地』、時代社、一九四四
水島令郎編、『渡満学徒勤労奉仕隊の記録』、私家版、一九八一
三輪てる、『赤い夕陽―長野県埴科郷勤労奉仕隊記録―』、近代文藝社、一九九五
宮澤正己、『まぼろしの満洲帝国―熱血のわが青春―』、文芸社、二〇〇三
森田芳夫、『朝鮮終戦の記録―米ソ両軍の進駐と日本人の引揚―』、巌南堂、一九六四
村田徳雄、『年表高柳町昭和史』、私家版、一九八七
長野・第五次黒台信濃村開拓団同志会編、『悲惨！ムーリンの大湿原―第五次黒台信濃村の記録―』、同会、一九七二

長與善郎、『復刻版　少年満洲読本』、徳間文庫カレッジ、二〇一五
中村　薫、『加藤完治の世界―満洲開拓の軌跡―』、不二出版、一九八四
同　　、『学生義勇軍―戦時下、手作りの奉仕活動を貫いた学生たちの集団―』、農村更生協会、一九八七
中村紀雄、『炎の山河―地方から見た激動の昭和史―』、煥乎堂、一九九六
中村雪子、『麻山事件―満州の野に婦女子四百余名自決す―』、草思社、一九八三
根塚伊三松編、『北満報国農場少年農兵隊長の手記』、北国出版社、一九七五
日本青年館、『大日本青少年団史』、同館、一九七〇
新潟県教育百年史編さん委員会編、『新潟県教育百年史　大正・昭和前期編』、新潟県教育委員会、一九七三
新潟県立加茂農林高等学校創立百年記念実行委員会遍、『青海百年』、同委員会、二〇〇二
新潟県立長岡農業高等学校百周年事業実行委員会編、『創立百周年記念誌』、同委員会、一九九〇
新潟市、『市史にいがた　8』、新潟市、一九九一
新潟市義務教育史編集委員会編、『新潟市義務教育史』、新潟市教育委員会、一九七五
小野寺永幸、『秘録少年農兵隊―皇国日本を耕した子供たち―』、本の森、一九九七
櫻井帰順、『静岡県と「満州開拓団」』、静岡新聞社、二〇一二
櫻本富雄、『満蒙開拓青少年義勇軍』、青木書店、一九八七
佐瀬　稔、『祖国よ！　佐瀬稔の昭和事件史』悠飛社、一九九六
佐藤忠男、『草の根の軍国主義』、平凡社、二〇〇七
渋谷善雄、「戦中派百姓学校奮闘記」、戦時下の庶民史刊行会編『生きる―戦時下しばた市民の記録―』、

一九八二：六五六～六五八
滋賀県平和祈念館、『憧れの地　満州―滋賀縣満州報國農場を舞台に―』（第7回企画展示記録集）、二〇一四年一月八日～六月二二日開催ブックレット
西火犂友の会『会報』10号～59号、一九八二～二〇〇八
島木健作、『満洲紀行』、創元社、一九四〇
島根県満州開拓史編纂委員会編、『島根県満州開拓史』、島根県満州開拓史編纂委員会、一九九一
下中弥三郎編、『翼賛国民運動史』、翼賛運動史刊行会、一九五四（復刻、ゆまに書房、一九九八）
白取道博、『満蒙開拓青少年義勇軍史研究』、北海道大学出版会、二〇〇八
白根市教育委員会編、『白根市史　巻6』、白根市、一九八六
須田まさ枝、「北満の悲劇・壊滅の清和開拓団」、講演記録、二〇〇六
杉山　春、『開拓女塾』、新潮社、一九九六
鈴木たま、『凍土に生きて』、私家版、一九八五
鈴木常雄、『北満の哀歌―読書分村録―』、読書公民館、一九五〇
田原和夫、『ソ満国境15歳の夏』、築地書館、一九九八
高木信一、『興亜に乗った少年たち―満州建設勤労奉仕隊参加日記―』、私家版、二〇〇三
高橋健男、『赤い夕陽の満州にて―「昭和」への旅―』、新風舎、二〇〇六
同　　、『新潟県満州開拓史』、文化、二〇一〇
同　　、『幻の松花部隊―若き義勇隊員たちの満州―』、文芸社、二〇一一

同　　、『渡満とは何だったのか―東京都満州開拓民の記録―』、ゆまに書房、二〇一三
同　　、『いくさ、あらすな―「レポート・アルロンシャン」と深田信四郎の願い―』新潟日報事業社、二〇一五
田中コノ、『死線をこえて―満州開拓女教師の記録―』、私家版、一九七九
戸田金一、『国民学校―皇国の道―』、吉川弘文館、一九九七
同　　、『国民学校物語―焼却をのがれた学校文書から―』、文芸社、二〇一二
冨樫昭治、『故国を指して幾百里―ある満州開拓孤児の記録―』、東北出版企画、一九七九
十日町市史編さん委員会編、『別冊市史リポート　手記・私の証言』（第13集）、同委員会、一九九一
辻　清、「滋賀県報国農場長の回想―満州開拓政策の一役を担った」、『海外事情』、拓殖大学海外事情研究所、一九八〇：一六～二七
上垣松之助、『生還者の証言―満洲天田郷建設史―』、両丹日日新聞社、一九八三
内原訓練所史跡保存会事務局編、『満州開拓と青少年義勇軍―創設と訓練―』、内原訓練所史跡保存会、一九九八
若月虎治、『清和開拓団全滅記』、私家版、一九八六
山田昭次編、『近代民衆の記録6　満州移民』、新人物往来社、一九七八
山形県編、『山形県史　本編4　拓植編』、山形県、一九七一
米山経子、『渡満はなんだったのか―勤労奉仕隊体験記―』、南信州新聞社出版部、二〇〇四
全国拓友協議会編、『写真集　満蒙開拓青少年義勇軍』、家の光協会、一九七五

高橋健男（たかはし・たけお）
2006年（平成18）年3月教職を定年退職。新潟県見附市在住。満州移民研究家。厚生労働省社会・援護局援護企画課中国孤児等対策室長委嘱「身元未判明中国残留孤児肉親調査」調査員、「方正友好交流の会」（東京）会員、「満蒙開拓平和記念館」（長野県阿智村）協力会員。
著書に第7回（2010年）新潟出版文化賞大賞受賞の『新潟県満州開拓史』ほか、『赤い夕陽の満州にて—「昭和」への旅—』、『満州開拓民悲史—碑が、土塊が、語りかける—』、『幻の松花部隊—若き義勇隊員たちの満州—』、『渡満とは何だったのか—東京都満州開拓民の記録—』、『いくさ、あらすな—「レポート・アルロンシャン」と深田信四郎の願い—』などがある。

帰ってきたニッコウキスゲ
—満州建設勤労奉仕隊の制度体系と
新潟・清和開拓団班の活動の全貌—

平成28年9月15日　初版発行
著者　高橋健男
発行・発売　創英社／三省堂書店
〒101-0051　東京都千代田区神田神保町1-1　三省堂書店ビル8F
Tel：03-3291-2295　Fax：03-3292-7687
印刷／製本　三省堂印刷株式会社

ISBN　978-4-88142-990-7　C0021